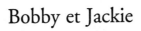

Bobby et Jackie

C. David Heymann

Bobby
et Jackie

Une passion secrète

*Traduit de l'américain
par Nathalie Bru*

Albin Michel

À RKH
1912-2008

Avant-propos

J'ai entendu les premières allusions et rumeurs sur l'existence d'une liaison entre Robert et Jacqueline Kennedy lorsque j'enquêtais pour *Jackie : un mythe américain*, ma biographie de l'ex-Première Dame, parue en 1989. Comme Jackie était encore en vie, il est facile de comprendre la réticence de mes interlocuteurs à entrer dans les détails à l'époque. En revanche, après sa mort en 1994 – et alors que je travaillais déjà sur *RFK*, ma biographie de Robert Kennedy, parue en 1998 –, les mêmes et d'autres se sont montrés soudain beaucoup plus loquaces. Dès lors, presque toutes les biographies de Bobby et de Jackie ont pu rebondir sur mes recherches pour faire état de l'aventure qui les lia, l'enrichissant parfois de nouveaux éléments.

Après la parution de *RFK*, j'ai poursuivi mon investigation et rassemblé de nouveaux documents et informations. La tâche m'a été en partie simplifiée par le *Freedom of Information Act* grâce auquel, en 2007, j'ai pu avoir accès à plusieurs notes et rapports du Secret Service et du FBI. Ces documents, qui couvraient les années 1964 à 1968, période de leur liaison, confirmaient ce que j'avais déjà établi par le biais des interviews. Ce qui, au final, m'a permis de brosser un tableau exhaustif de la relation complexe qu'entretenaient deux des personnalités les plus en vue du XXe siècle.

Trop souvent, les biographies plus anciennes ont eu tendance à présenter Bobby quasiment sous les traits d'un enfant de chœur, alors qu'il avait en réalité la même inclination pour les aventures extraconjugales que ses frères, John – que tout le monde appelait Jack – et Ted Kennedy. Et de toute évidence, ses proches, parmi lesquels Ted et ses sœurs, étaient parfaitement au courant. Quand on sait le chagrin que Bobby et Jackie ont partagé après l'assassinat de Jack Kennedy, il n'est pas bien difficile d'imaginer comment un rapprochement a priori si improbable a pu se faire. Leur relation s'est développée tout naturellement au fil du temps et s'est terminée non parce qu'ils s'aimaient moins mais par pure nécessité pratique, au moment où RFK a décidé de se porter candidat à la présidence des Etats-Unis en 1968. On peut comprendre également ce qui, dans les jours de désarroi qui ont suivi la mort de Bobby, a poussé Jackie à aller chercher du réconfort auprès d'Aristote Onassis, qu'elle a accepté d'épouser et avec qui elle a quitté les Etats-Unis pour élever ses enfants à l'étranger.

Malgré le récit convaincant qu'en ont fait les personnes bien informées citées dans le présent ouvrage, je suis sûr que certains lecteurs douteront encore de l'existence de cette liaison. Durant mon travail d'enquête pour les quatre livres que j'ai écrits sur les Kennedy, il m'a été donné de croiser des gens qui refusent toujours de croire que Jack Kennedy fut un coureur de jupons effréné, avant comme après son élection à la présidence. Il a ainsi fallu près de trente ans au *New York Times*, considéré comme le quotidien de référence aux Etats-Unis, pour admettre noir sur blanc ses nombreuses aventures extraconjugales. Comment, s'interrogent les sceptiques, JFK pouvait-il dans ce cas trouver le temps de diriger le pays ? On peut se poser le même genre de question en qui concerne Bobby et Jackie. Car si une telle liaison a bel et bien existé, comment imaginer qu'ils soient parvenus à la garder secrète ? A la première question, on répondra que le Président Kennedy compartimentait à tel point sa vie que son hyperactivité mondaine ne venait pas interférer dans sa capacité à gouverner. Pour ce qui est de la seconde, on remarquera que dans les années 1960, la vie privée des personnages publics n'intéressait tout simplement pas les médias, en tout cas moins que de nos jours, où le moindre faux pas, sexuel ou non, suscite des articles, une enquête, et encore des articles.

Certains lecteurs se demanderont même quelle nécessité il y a à divulguer les vies intimes (ou privées) de célébrités telles que Robert et Jacqueline Kennedy. En tant que biographe, j'ai toujours été convaincu pour ma part que le comportement sexuel (ou, plus largement, personnel) est indissociable du reste de l'existence, si bien que le connaître nous permet de nous faire une idée plus complète du personnage, plus particulièrement encore dans le cas d'un personnage public. Savoir que Bobby et Jackie ont entretenu une liaison après la mort de JFK – et pour des raisons que le présent ouvrage tentera de révéler – apporte un éclairage totalement nouveau sur qui ils étaient et sur ce qui les motivait. Cela démontre entre autres choses qu'ils étaient mus par les mêmes tentations et les mêmes émotions que n'importe qui. Et nous permet non seulement de mieux les connaître, mais aussi de mieux nous connaître.

1

A midi trente, le vendredi 22 novembre 1963, alors que le cortège du Président John Fitzgerald Kennedy approche du Texas School Book Depository, sur Dealey Plaza, dans le centre-ville de Dallas, une série de coups de feu retentissent. Six minutes plus tard, la limousine Lincoln Continental du couple présidentiel, ce jour-là accompagné de John Connally, gouverneur du Texas, et de sa femme, s'arrête brutalement devant les urgences du Parkland Memorial Hospital. Sur la banquette arrière, berçant son mari agonisant dans ses bras, Jacqueline Bouvier Kennedy refuse de laisser le personnel soignant le hisser hors du véhicule avant que Clint Hill, l'agent du Secret Service, organisme chargé de la sécurité rapprochée du Président, ait dissimulé sous sa veste la plaie béante dans le crâne de JFK.

Les vêtements de Jackie sont maculés de sang, à tel point qu'à l'hôpital, le premier gardien qu'elle croise pense qu'elle aussi a été blessée, tout comme le gouverneur et le Président. A son arrivée à Parkland peu après, Lady Bird Johnson, l'épouse du vice-président Lyndon Johnson, trouve la Première Dame à l'écart dans l'étroit couloir qui mène à la salle de réanimation où le Président a été emmené. « Jamais je n'avais vu quelqu'un d'aussi seul et d'aussi vulnérable que Jackie à ce moment-là », confiera-t-elle plus tard au chef de cabinet de la Maison Blanche, Ken O'Donnell. Tout en l'étreignant, Lady Bird Johnson lui demande si elle a besoin de vêtements de rechange. Offre que Jackie rejette d'un vigoureux signe de tête. « Je veux que tout le monde voie ce qu'ils ont fait à Jack », dit-elle.

Quelques instants plus tôt, quand les balles pleuvaient sur la voiture décapotée, Jackie a grimpé sur le coffre, vraisemblablement pour tenter de s'enfuir, avant d'être immédiatement ramenée sur la banquette par Clint Hill alors que la Lincoln accélérait, passant rapidement de treize à cent quarante kilomètres-heure. A présent, Jackie n'a qu'une idée en tête : se trouver au chevet de son mari agonisant. Après avoir cherché à écarter l'infirmière chef qui lui barre le passage, elle se tourne vers le docteur George Burkley, médecin personnel du Président, dont la première réaction est de lui proposer un sédatif. « Je ne veux pas de sédatif, répond-elle. Je veux être avec mon mari quand il quittera ce monde. » Malgré les objections des médecins dans la salle de réanimation, le docteur Burkley insiste alors pour qu'on la laisse entrer.

Une fois dans la pièce où s'empresse l'équipe médicale, Jackie s'agenouille et prie. Elle se relève quand apparaissent deux prêtres venus administrer les derniers sacrements. Un médecin s'avance vers elle : « Madame Kennedy, votre mari a succombé à ses blessures », lui annonce-t-il. « Je sais », murmure-t-elle. Le docteur Burkley prend le pouls du Président et confirme.

Un garçon de salle couvre le corps. Le linge est trop court, les pieds dépassent, plus blancs que le tissu. Sur le pied droit, Jackie dépose un baiser. Puis elle tire sur le drap et dépose un autre baiser sur les lèvres du Président. Ses yeux sont ouverts, elle les embrasse également. Elle embrasse aussi ses mains, ses doigts, que pendant un long moment elle refuse de lâcher.

A 14 h 31, Mac Kilduff, attaché de presse lors du déplacement au Texas, annonce officiellement le décès du Président.

« Je suis allé trouver Ken O'Donnell, qui avait rejoint Jackie dans la salle de réanimation, raconte Kilduff. Je lui ai dit que j'allais devoir faire une annonce officielle. Les journalistes étaient déjà trop nombreux à être au courant – ou tout au moins à avoir de sérieuses présomptions. Ce n'était plus qu'une question de temps. Et Ken m'a dit : "Pourquoi vous adressez-vous à moi ? Adressez-vous au Président."

« J'ai tout de suite compris ce qu'il voulait dire et suis allé trouver Lyndon Johnson. Ils le tenaient à l'écart dans une autre salle de réanimation, avec Lady Bird et l'agent du Secret Service Rufus Youngblood. Je ne savais pas en quels termes lui parler. Quand je l'ai appelé Monsieur le Président, Lady Bird a eu un hoquet d'émotion. "Nous devons annoncer le décès du Président Kennedy", ai-je dit. Je l'ai vu réfléchir à toute vitesse. Et puis il m'a répondu : "Je n'ai pas la moindre idée de la conspiration à laquelle nous avons affaire. Ils m'en veulent peut-être à moi, au Speaker de la Chambre, au Secrétaire d'Etat. Qui sait ? Nous ferions bien de quitter Dallas dès que possible. Je vais attendre que vous ayez fait votre annonce, puis nous partirons." »

Godfrey McHugh, représentant de l'US Air Force auprès du Président et ami du clan Kennedy, tombe sur la Première Dame et Ken O'Donnell devant la salle de réanimation. « Jackie était atroce à voir, se souvient-il. Son petit chapeau rond, ses bas, son tailleur en laine rose étaient couverts de sang et de matière cérébrale. Je lui ai tendu mon mouchoir qu'elle m'a rendu sans même s'en être servie. Quelques minutes après, elle a ôté son chapeau. C'est le seul effort qu'elle ait fait pour être plus présentable. »

Jackie demande ensuite à McHugh d'appeler Bobby Kennedy sur la Côte est. Elle a toujours été proche de Bobby, plus proche dans une certaine mesure qu'elle ne l'était de Jack. A la demande de McHugh, qui veut un endroit discret où passer l'appel, un gardien de l'hôpital les conduit dans un bureau inoccupé, situé au même étage.

« Bobby doit être chez lui », dit Jackie à McHugh. De mémoire, elle lui indique le numéro de téléphone d'Hickory Hill, la vaste propriété de la famille de RFK, à McLean, en Virginie. McHugh compose le numéro, tend le combiné à Jackie et se retire. Trois ou quatre minutes plus tard, la porte s'ouvre à nouveau. « C'est tellement triste, lui dit Jackie. Bobby a fêté son trente-huitième anniversaire il y a quelques jours à peine. Et maintenant, ça. »

Sans connaître la gravité des blessures du Président, le directeur du FBI, J. Edgar Hoover, a déjà informé Bobby de l'attentat (conversation que celui-ci qualifiera plus tard de « sans passion »). Après avoir raccroché, Bobby a appelé Clint Hill à Dallas. « Est-ce sérieux ? » lui a-t-il demandé. « J'ai bien peur que oui, monsieur », lui a répondu Hill. Le coup de fil de Jackie, quelques minutes plus tard, ne vient donc que confirmer ses pires craintes. La présidence Kennedy vient de s'achever d'une manière aussi brutale qu'inattendue.

Comme Jack après la mort au combat de son frère aîné, Joseph Kennedy Jr., le 1er août 1944, Robert Francis Kennedy endosse, ce 22 novembre 1963, un nouveau rôle dans la hiérarchie familiale en devenant l'aîné des fils du patriarche, Joseph P. Kennedy. A peine a-t-il le temps de se ressaisir qu'il est à nouveau au téléphone pour prendre la tête de la contre-offensive du clan. A la résidence familiale des Kennedy, à Hyannis Port, dans le Massachusetts, Rose Kennedy, l'épouse du patriarche, a déjà appris la nouvelle par la télévision. D'un commun accord, mère et fils décident alors de ne pas encore en faire part au vieil homme, victime d'une grave attaque cérébrale deux ans plus tôt. RFK appelle son frère cadet, Ted Kennedy, à Washington, pour lui confier la tâche ingrate de se rendre à Cape Cod le lendemain afin de mettre son père au courant. Il demande ensuite à sa sœur, Eunice Shriver, de retrouver Teddy là-bas. Ne parvenant pas à joindre sa sœur Jean à New York, il charge Steve Smith, son mari, responsable de la fondation Joseph P. Kennedy, de lui transmettre sa mission : comme elle est, parmi les sœurs Kennedy, la plus proche de Jackie, c'est elle qui ira à Washington lui apporter du réconfort à son retour de Dallas. En Californie, leur sœur Patricia, séparée de son mari, l'acteur britannique Peter Lawford, va prendre elle aussi le prochain avion en partance pour la capitale. Stanislas (Stas) et Lee Radziwill, beau-frère et sœur cadette de Jackie, les rejoindront de Londres. Quant à Sargent Shriver, sans doute celui parmi les pièces rapportées sur qui l'on peut le plus compter, il prêtera main-forte à Bobby et à Jackie pour l'organisation des funérailles.

Tandis qu'à Hickory Hill, famille et amis commencent à affluer, c'est Bobby, entre tous, qui fait preuve du plus grand sang-froid. Sombre et silencieux, il tente de réconforter ceux qui l'entourent, en particulier sa femme, Ethel, et leurs enfants. A sa demande, John McCone, directeur de la CIA, a quitté le siège de l'Agence, situé à cinq minutes de là, pour les rejoindre. Il dira plus tard que face à « l'épreuve la plus pénible qu'un homme puisse traverser, Bobby n'a pas faibli. Il est resté remarquablement solide. Bien qu'évidemment très affecté, pas un seul instant il n'a perdu son calme ». Bobby n'a pas de temps à consacrer à son propre chagrin. Peu après, il cherche à savoir par McCone si des agents de la CIA pourraient être impliqués d'une façon ou d'une autre dans l'assassinat de son frère – et si ce n'est la CIA, alors qui ?

Vers 14 h 30, Bobby reçoit un appel de Lyndon Johnson. Sur le tarmac de l'aéroport de Love Field, à Dallas, le nouveau chef de l'exécutif est monté à bord d'Air Force One et non d'Air Force Two, l'appareil réservé au vice-président. Les autres membres de l'équipe Kennedy sont avec lui, en particulier Jackie et Ken O'Donnell, accompagnés d'un chargement d'une importance capitale : le cercueil dans lequel repose la dépouille du Président Kennedy. Préoccupé, affolé même, Johnson raconte à Bobby plus ou moins ce qu'il a confié plus tôt à Mac Kilduff – il soupçonne quelque complot international, un complot si funeste qu'il pourrait bien aboutir au renversement du gouvernement.

18

Johnson insiste pour prêter serment sur-le-champ, avant de quitter le Texas. « Qui peut s'en charger ? » demande-t-il à Bobby, Attorney General et donc numéro un de la justice américaine. Agacé par l'impatience de Johnson, il lui promet malgré tout de le recontacter dès qu'il se sera renseigné.

Dans la foulée, il appelle son adjoint, Nicholas Katzenbach, qui joint à son tour Harold Reis, au service juridique du ministère. D'après ce dernier, le serment n'est qu'une formalité. Avec le décès de JFK, la présidence revient automatiquement à Johnson. Quiconque est autorisé à recevoir une prestation de serment, au niveau local comme au niveau fédéral, peut recevoir celle du Président, dont le texte figure dans la Constitution. Johnson peut tout à fait attendre d'être arrivé à Washington.

Katzenbach transmet l'information à Bobby, qui revient alors vers Johnson. Mais le nouveau Président a déjà pris les choses en main. Fermement décidé à ne pas décoller sans avoir prêté serment, Johnson – en Texan pur et dur – a convoqué Sarah T. Hughes, qui avait été nommée juge fédéral par JFK. Faute de pouvoir trouver une copie de la Constitution à bord d'Air Force One, on fait appeler Katzenbach qui va dicter le texte à l'un des secrétaires du nouveau Président. Dès l'arrivée de la juge Hughes sous escorte policière, Johnson demande à Ken O'Donnell de trouver Jackie. « J'aimerais qu'elle soit près de moi quand je prêterai serment », dit-il.

« Je sais à quel point Bobby détestait Lyndon Johnson, et depuis longtemps, se souvient O'Donnell. Quand il dirigeait la campagne de son frère, il s'est ouvertement opposé à son choix en tant que colistier. Voir Jackie lui accorder son soutien était bien la dernière chose qu'il aurait voulue. Alors, j'ai dit à Johnson : "Ne me demandez pas une chose pareille. La pauvre femme a déjà suffisamment souffert pour la journée. Vous ne pouvez pas lui faire ça, Monsieur le Président." A quoi Johnson a rétorqué que Jackie avait elle-même émis le souhait d'être présente. Il a également ajouté que le conseil de prêter serment avant de quitter le Texas émanait de Bobby. »

Accompagné du général Chester V. Clifton, conseiller militaire auprès de JFK, ainsi que de Larry O'Brien et Dave Powers, deux des assistants les plus loyaux du Président défunt, O'Donnell va donc trouver Jackie. « Johnson aimerait que vous soyez avec lui pour sa prestation de serment, l'informe-t-il. Vous sentez-vous prête ? » L'ex-Première Dame acquiesce. « Je dois au moins cela au pays », dit-elle.

Jackie emboîte le pas aux deux hommes jusqu'au centre de l'appareil. Debout sur la moquette ocre-jaune, encadré par Jackie et Lady Bird, Johnson lève alors la main droite et prête serment. Il est le 36ᵉ Président des Etats-Unis.

Cecil Stoughton, photographe de la Maison Blanche, immortalise le rituel improvisé.

« Jackie ne pleurait pas, mais elle semblait complètement perdue, se souvient-il. Elle avait l'air en état de choc. En l'espace de quelques heures, elle venait de passer, à 34 ans, du statut de Première Dame à celui de veuve éplorée. »

Une fois la cérémonie express achevée, Jackie retourne à sa place à l'arrière de l'appareil, près du cercueil de son mari. Ken O'Donnell, Larry O'Brien et Dave Powers

– affectueusement surnommés « la mafia irlandaise » –
sont assis non loin. La juge Hughes, quant à elle, s'en va
aussi vite qu'elle est arrivée. Et Air Force One décolle
peu après.

A deux reprises au cours du vol, Lyndon Johnson
envoie Bill Moyers, qui deviendra sous peu assistant présidentiel, inviter O'Donnell et O'Brien à le rejoindre.
Invitations toutes les deux déclinées par les lieutenants
de JFK.

« Nous tenions à rester auprès de Jackie, explique
O'Brien. Nous avions besoin d'elle et elle avait besoin de
nous. Dave Powers a tout de même fini par aller voir
Johnson à l'avant de l'appareil. En revenant, il nous a
appris que celui-ci souhaitait conserver en poste l'ensemble de l'équipe de JFK. Il nous a rapporté ses propos en
imitant l'accent traînant du Texas : "Vous ne pouvez pas
me lâcher maintenant, les gars. Je ne connais personne
au nord de la ligne Mason-Dixon[1]. Je vous veux tous à
bord avec moi". »

C'est à ce moment-là que Ken O'Donnell demande
une bouteille de scotch à l'hôtesse. « Vous, les gars, je ne
sais pas, mais moi, j'aurais bien besoin d'un petit remontant ! » Tous se joignent à lui, Jackie y compris, qui boit
du whisky pour la première fois de sa vie. Même sans en
ressentir particulièrement le besoin, elle vide son verre
d'un trait.

« Je n'avais jamais vu personne faire preuve d'autant

---

1. Après la guerre d'indépendance, la ligne Mason-Dixon était
la ligne de démarcation entre les Etats abolitionnistes du Nord et
les Etats esclavagistes du Sud. (Toutes les notes sont de la traduc-
trice.)

de courage que Jackie ce jour-là, confie Larry O'Brien. D'abord à l'hôpital, puis dans cet avion à destination de Washington, et ensuite durant les trois jours précédant les funérailles. Dans l'intimité, évidemment, elle a dû faire face à des moments de chagrin, mais elle s'en est magnifiquement tirée, au point de devenir un symbole pour chacun d'entre nous, un symbole de dignité et de force de caractère, dans une époque où la grandeur d'âme devenait de plus en plus rare. »

Pendant le vol, l'ex-Première Dame passe deux coups de fil. A Angier Biddle Duke d'abord, le chef du proto-cole de la Maison Blanche, puis à Bobby Kennedy. « Bobby, comment une telle chose a-t-elle pu arriver ? lui demande-t-elle. La vie n'a plus aucun sens pour moi, à présent. »

Bobby Kennedy, escorté entre-temps jusqu'au Penta-gone par le Secret Service, s'apprête à monter dans un hélicoptère pour la base aérienne d'Andrews, où doit atterrir l'avion présidentiel. Le secrétaire à la Défense Robert McNamara et le général des armées Maxwell Taylor, un proche de la famille, l'accompagnent. Arrivés à Andrews à 17 h 30, ils vont s'isoler dans un camion de l'armée garé à proximité de la piste. Une demi-heure plus tard, dans le soir qui tombe, Air Force One se pose sur le tarmac, la dépouille du Président à son bord.

L'avion arrêté, une équipe au sol entreprend d'instal-ler une rampe jaune à la porte avant. Celle-ci n'est pas encore arrimée que Bobby est déjà sur les marches pour s'engouffrer dans l'appareil. Jack Valenti, un responsable de la publicité pour le parti démocrate texan, qui devien-dra bientôt conseiller de Johnson à la Maison Blanche, se souvient de la scène : « L'Attorney General s'est frayé un chemin jusqu'à l'arrière sans jeter un regard autour de lui. Il est passé devant Lyndon et Lady Bird sans même leur accorder un signe. Il avait l'air comme possédé. » RFK ne s'arrête pas avant d'avoir rejoint sa belle-sœur. « Salut Jackie, dit-il avec tendresse en la prenant par l'épaule. Je suis là, à présent.

– Oh, Bobby » répond-elle, en se disant peut-être que Bobby, décidément, est fidèle à lui-même – toujours là quand on a besoin de lui.

Malgré la présence, à bord d'Air Force One, d'une demi-douzaine de membres de l'armée, le cercueil de JFK est pris en charge par un détachement du Secret Service. Dans l'effervescence générale, au milieu des caméras de télévision, nul ne prête attention au nouveau Président. Il s'en plaindra par la suite. « Personne ne m'a adressé la parole, dira-t-il à Jack Valenti le lendemain. Pourtant, je suis le Président des Etats-Unis, nom d'un chien. »

Assis à l'arrière d'une ambulance militaire, Bobby et Jackie accompagnent le corps de Jack jusqu'à l'hôpital de la Marine de Bethesda, dans le Maryland, pour l'autopsie. En chemin, Jackie demande à Bobby de lui confirmer que c'est bien lui qui a conseillé à Johnson de prêter serment avant de quitter Dallas. Bobby dément, si bien qu'elle ajoute : « Lyndon est incapable de dire la vérité, c'est la dernière chose que Jack m'ait dite sur lui. »

Jackie a demandé à Ken O'Donnell et à Larry O'Brien de rester à ses côtés pendant l'autopsie, puis d'être ses invités personnels à la Maison Blanche. Le docteur John Walsh, son gynécologue-obstétricien, la rejoint également à Bethesda. « Il lui a recommandé de se reposer une heure ou deux en attendant la fin de l'autopsie, se souvient O'Brien. Pour l'aider à se détendre, il lui a fait une injection de cent milligrammes de Vistaril. Ce qui, en temps normal, aurait dû la faire dormir une bonne douzaine d'heures. Mais ce jour-là, ça lui a seulement donné un coup de fouet. »

Des heures durant, Robert McNamara, lui aussi arrivé à Bethesda, écoute Jackie lui raconter l'assassinat dans les moindres détails, même les plus morbides. « A son arrivée au Parkland Hospital, tout lui est revenu, dit-il. Le raconter encore et encore était pour elle une sorte d'exutoire qui la soulageait. Bobby, en revanche, ne voulait pas en entendre parler. Si Jackie préférait extérioriser sa peine, lui ne montrait rien. Sans un mot, cependant, il l'a écoutée décrire les horreurs qu'elle venait de vivre à Dallas, avant de se détourner et de s'éloigner. »

A un moment donné, Bobby quitte la pièce pour aller téléphoner. En revenant, il prend Jackie à l'écart. « Ils pensent avoir trouvé l'homme qui a fait ça, lui dit-il. Un petit sympathisant communiste sans envergure du nom de Lee Harvey Oswald. »

« Oh, mon Dieu, murmure Jackie sans quitter son beau-frère des yeux. C'est vraiment trop absurde. » Se dire qu'un « petit homme de rien du tout », comme elle l'appellera plus tard, ait pu assassiner ainsi le chef du monde libre, la rend malade. Cela vient ôter à la mort de son mari toute portée morale. Et banaliser le geste. « Si au moins ça avait été pour ses prises de position en faveur des droits civiques », glissera-t-elle plus tard.

Au cours de la nuit, d'autres les rejoignent. Ethel Kennedy s'approche de sa belle-sœur :

« Vous avez au moins le réconfort de savoir que Jack a trouvé le bonheur éternel, lui dit-elle.

– J'espérais mieux, rétorque alors l'ex-Première Dame. Vous, vous avez de la chance, vous avez Bobby – lui, il est là pour vous.

– Pour vous aussi, Jackie. »

Hugh et Janet Auchincloss, beau-père et mère de Jackie, arrivent à leur tour. « Aussi terrible que ce soit, dit Janet à sa fille, imagine à quel point cela aurait été pire si Jack était resté gravement mutilé. » Jackie presse le couple de s'installer à la Maison Blanche et leur laisse la chambre de Jack pour la nuit.

A 4 h 30, l'autopsie est terminée, Bobby et Jackie ramènent le corps à la Maison Blanche dans un cercueil d'acajou africain. Après un bref office catholique dans le Salon Est, RFK réunit des conseillers et décide, comme le souhaite Jackie, de garder le cercueil fermé durant l'intégralité des cérémonies. A 6 heures, Jackie se retire dans sa chambre tandis que Bobby part se reposer quelques heures dans la chambre de Lincoln. « Seigneur, pourquoi maintenant ? Pourquoi maintenant ? » murmure-t-il après avoir avalé un somnifère que lui a procuré Charles (Chuck) Spalding, l'un des amis les plus dévoués de JFK.

En refermant la porte derrière lui, ce dernier entend le jeune frère du Président assassiné se mettre à pleurer. « J'aurais vraiment voulu retourner dans la pièce et le consoler, raconte-t-il, mais je n'ai pas pu me résoudre à le déranger dans son chagrin. Alors que je m'éloignais,

25

ses sanglots, de plus en plus gros, se sont peu à peu transformés en gémissement. »

C'est Maud Shaw, la vaillante gouvernante anglaise de Caroline et John Jr., qui apprend la nouvelle à la fillette dans le courant de la nuit du 22 novembre. Même si elle n'a pas encore tout à fait 6 ans, Caroline est assez précoce pour comprendre la portée de l'événement. « Elle a tellement pleuré que j'ai eu peur qu'elle ne s'étrangle », révélera Maud Shaw dans son livre de confidences, *White House Nanny*, paru en 1965.

Quant à John-John, qui doit fêter son troisième anniversaire le 25, c'est Bobby qui lui en parlera le lendemain. « Ton papa est parti au paradis pour être avec Patrick », dira-t-il, évoquant l'enfant prématuré de Jack et Jackie emporté par une affection respiratoire le 9 août 1963, à tout juste deux jours.

Malgré les mots simples, cela ne signifie pas grand-chose pour le garçonnet. Pas plus que la lettre écrite de la main de Lyndon Johnson qu'il reçoit le même jour, en même temps que celle destinée à sa sœur. Le successeur de Kennedy a placé en tête de son premier ordre du jour ces deux lettres qui font l'éloge de leur père et des services qu'il a rendus au pays.

Peu avant 10 heures, le 23 novembre, Jackie arrive à la nurserie de la Maison Blanche. Elle n'a pas vu ses enfants depuis l'assassinat. Après les avoir pris dans ses bras, elle les emmène en bas, dans le Salon Est, où mère et fille s'agenouillent pour une prière devant le cercueil, qu'on a posé sur de simples tréteaux drapés de noir. Une garde d'honneur de quatre hommes veille sur la dépouille. Bobby et d'autres membres de la famille se joignent ensuite à Jackie et à ses enfants pour une messe privée célébrée par le père John Cavanaugh. Dans la soirée, Bobby reste dîner avec Jackie et les enfants dans la salle à manger familiale du deuxième étage. « Chaque fois que mes yeux se posent sur Caroline et John, j'ai envie de pleurer », confiera-t-il à Dave Powers.

Plus tard, en larmes et incapable de dormir, Jackie rédige une longue lettre à son mari dans laquelle elle évoque leur vie ensemble, Caroline et John, le petit Patrick, leurs projets d'avenir et leurs rêves à jamais brisés. Elle rassemble ensuite plusieurs objets auxquels JFK était particulièrement attaché, parmi lesquels des souvenirs en ivoire et une paire de boutons de manchette qu'elle lui avait offerte pour son anniversaire. Le lendemain matin, 24 novembre, elle demande à Caroline et John d'écrire à leur père, pour lui dire leur amour et à quel point il leur manque. John-John, qui ne sait pas encore écrire et ne comprend pas vraiment ce qu'on attend de lui, se contente d'un gribouillage sur une feuille blanche. Sa sœur rédige son message au stylo bleu sur une feuille séparée : « Cher papa, tu vas nous manquer à tous, papa. Je t'aime très fort. Caroline. »

Ayant rassemblé le tout, Jackie demande à Bobby de l'accompagner jusqu'au Salon Est, où les attend Godfrey McHugh, le responsable de la garde d'honneur. Lequel aide Bobby à ouvrir le cercueil. Jackie y dépose ses offrandes et Bobby les siennes, dont un rosaire en argent et une épingle de cravate PT-109 commémorant l'engagement du défunt dans la Navy, sur le front du Pacifique, pendant la Seconde Guerre mondiale. Sans un mot, RFK et McHugh regardent Jackie arranger les objets à sa façon. Elle caresse des yeux le visage de son mari, passe les doigts dans ses cheveux auburn. Les minutes s'écoulent sans qu'elle se résigne à retirer sa main. Devançant alors son désir, McHugh s'éclipse un instant pour revenir avec une paire de ciseaux, qu'il lui tend. Jackie se penche et, avec précaution, coupe une mèche des cheveux du Président. Après avoir refermé le cercueil, Bobby repart avec elle.

A 13 h 21, l'information leur parvient de Dallas que Jack Ruby, un ancien patron de boîte de nuit aux funestes connexions mafieuses, vient d'abattre Lee Harvey Oswald à bout portant lors du transfert de celui-ci aux autorités fédérales. Moins de deux heures plus tard, à 14 h 07, heure du centre des Etats-Unis, Oswald succombe à ses blessures à Parkland, dans le même hôpital que JFK. Seule explication donnée par Ruby : il voulait éviter à l'ex-Première Dame le tourment de devoir retourner à Dallas pour témoigner au procès d'Oswald. En l'apprenant, Jackie n'a qu'une phrase, poignante : « Une horreur de plus », dit-elle à RFK.

Plus tard le même jour, alors que Stas et Lee Radziwill sont arrivés de Londres, la dépouille présidentielle quitte la Maison Blanche pour la Rotonde du Capitole, où le cercueil, drapé dans la bannière étoilée, doit être exposé solennellement. En moins d'une journée, plus de deux cent cinquante mille personnes viendront se recueillir, la queue atteindra près de cinq kilomètres. Pendant ce temps, Sarge Shriver s'occupe d'organiser les funérailles au nom du gouvernement. Epaulé par Angier Biddle Duke, il s'enquiert auprès de la Bibliothèque du Congrès des détails des cérémonies organisées pour George Washington, Abraham Lincoln, Woodrow Wilson et Ulysses S. Grant. Jacqueline Kennedy est tenue informée de chaque étape des préparatifs.

Peu après 21 heures, Bobby et Jackie se rendent à la Rotonde. De retour à la Maison Blanche moins d'une heure plus tard, Jackie est examinée par le docteur Max Jacobson, le médecin préféré de son mari défunt, venu de New York sur sa requête. Plus connu sous le sobriquet de « Docteur Feelgood », celui-ci a commencé à soigner Jack et Jackie en 1960, pendant la campagne électorale. Bobby, qui avait appris que Jacobson leur administrait de la méthamphétamine mélangée à d'autres produits aussi peu conventionnels que des glandes de singe écrasées, avait pourtant essayé de dissuader son frère. « Même si c'est de la pisse de porc-épic, je m'en fiche, aurait, dit-on, rétorqué JFK. Ça soulage mon mal de dos chronique. » Cette nuit-là, Jacobson injecte à Jackie l'un de ses cocktails brevetés. « Je n'ai pas la moindre idée de ce qu'il y avait dans la seringue, confie alors Jackie à son beau-frère. Mais ce que je sais, c'est que mes nerfs commencent enfin à se relâcher. »

Surmontant son chagrin, Jackie Kennedy est déterminée à faire en sorte que le rôle historique joué par son mari s'imprime dans la conscience du pays, et que le peuple américain n'oublie pas ce dont on vient de le priver. Ce lundi matin 25 novembre, jour des funérailles, est pour elle l'occasion de souligner la stature tant nationale qu'internationale de John Fitzgerald Kennedy.

Lyndon et Lady Bird Johnson accompagnent Jackie, ses enfants et Robert Kennedy dans la limousine qui les conduit de la Maison Blanche à la Rotonde du Capitole, où doit avoir lieu la cérémonie. Ce jour-là, nous apprend le journal intime désormais publié de Lady Bird, John-

John ne tient pas en place, passant des genoux de l'un aux genoux de l'autre jusqu'à ce que Bobby parvienne à le calmer en quelques mots. A leur arrivée au Capitole, le petit garçon est conduit à l'écart par Maud Shaw, qui a fait le trajet avec des agents du Secret Service. Après les éloges funèbres, parmi lesquels une intervention émouvante du sénateur Mike Mansfield, les téléspectateurs du monde entier voient Jackie et sa fille s'approcher du cercueil, s'agenouiller et y déposer un baiser avant de s'éloigner lentement.

A 11 heures, la cérémonie est terminée et le cercueil de JFK est déposé sur le même caisson qui, en 1945, avait servi à transporter la dépouille du Président Franklin D. Roosevelt. Comme à l'époque, il est tiré par six chevaux blancs. Un cheval sans cavalier, deux bottes à l'envers dans les étriers pour évoquer un héros tombé au champ d'honneur, ferme la marche jusqu'à la cathédrale St. Matthews où doivent se dérouler les funérailles. Au son assourdi des tambours, Jackie, Bobby et Ted Kennedy ouvrent le cortège à pied. Caroline et John Jr. ont, quant à eux, été emmenés en voiture. Des centaines de milliers de spectateurs, la plupart en larmes, se sont massés sur le bord du parcours.

Le cardinal Richard Cushing, dont Jackie a baisé l'anneau en entrant, préside la cérémonie qui durera quarante-cinq minutes. Le geste le plus mémorable, et peut-être le plus théâtral de la journée, va avoir lieu à l'extérieur, juste après la messe. Vêtu d'un splendide manteau bleu, grimaçant face au soleil, le petit John-John lève soudain la main droite pour un salut militaire au passage du cercueil tiré par les chevaux. Comme pour la flamme éternelle qui va brûler sur la tombe de son mari, l'idée vient de Jackie.

Après l'inhumation au cimetière national d'Arlington – durant laquelle Air Force One survole à basse altitude la tombe fraîchement creusée –, Jackie, Bobby et Ted Kennedy retournent à la Maison Blanche pour y rencontrer en privé le général de Gaulle, le prince Philip d'Edimbourg, le Président irlandais Eamon De Valera et l'empereur d'Ethiopie Hailé Sélassié. Puis les trois Kennedy vont recevoir les autres hommes d'Etat et dignitaires étrangers venus par centaines, des quatre coins du monde, rendre hommage au Président défunt.

Un autre visiteur, et hôte pour le moins inattendu de la Maison Blanche, a été vu quelques heures plus tôt sortant de la chambre de l'ex-Première Dame. Son invitation, Aristote Onassis la tient de Jacqueline Kennedy en personne, qui a fait sa connaissance pendant un court séjour en Grèce avec son mari, en 1960, lors d'un banquet sur le *Christina*, le yacht légendaire de l'armateur grec.

« La présence d'Onassis à la Maison Blanche durant la période des funérailles a pris tout le monde de court, raconte Ken O'Donnell. Car il ne figurait pas exactement parmi les favoris du clan Kennedy. » Début 1963 déjà, sa liaison avec Lee Radziwill a défrayé la chronique. Et en octobre de la même année, le couple a invité Jackie en croisière sur la mer Egée, arguant que cela pourrait l'aider à se remettre de la récente disparition du petit Patrick Bouvier Kennedy. Une invitation qu'elle s'est fait une joie d'accepter. Au grand dam, bien sûr, du Président. Et de Bobby. Car Onassis a déjà la réputation d'être un coureur de jupons sans foi ni loi. « Si je pou-

vais, je coulerais son putain de yacht – et le Grec avec »,
aurait un jour dit Bobby à Ken O'Donnell.

A 19 heures, ce soir-là, Jacqueline Kennedy, qui ne
veut pas décevoir son fils, organise une petite fête d'anniversaire pour ses trois ans, à laquelle assistent surtout des
membres du clan. Elle invite également Aristote Onassis.
La fête – avec klaxons, ballons et gâteau glacé – semble
plaire au petit. Caroline, en revanche, reste à l'écart, taci-
turne. Elle passe la soirée seule dans un coin, loin de ses
turbulents cousins, et ne s'illuminera brièvement qu'en
voyant apparaître Bobby, qui arrive avec le cadeau qui va
enchanter John-John : un modèle réduit d'Air Force One.

Selon l'acteur Peter Lawford, à l'époque encore marié
à Patricia Kennedy, l'une des sœurs du Président,
l'ambiance de la fête était « pénible, pleine de frivolité
affectée ». Aristote Onassis devient la cible de remarques
extrêmement désobligeantes. Il prend avec le sourire les
commentaires railleurs sur son yacht et sa fortune.
Teddy rédige un faux contrat exigeant du milliardaire
qu'il cède la moitié de ses biens aux indigents d'Amérique du Sud. Onassis ne se démonte pas et signe, ajoutant même au document des clauses annexes en grec.

A la fin de la soirée, après le départ des convives et
une fois Caroline et John couchés, Bobby et Jackie restent seuls dans la pièce. Plus atteints que quiconque par
la disparition de Jack, ils s'assoient et bavardent un
moment. Il est presque minuit quand, assailli par les
souvenirs, Bobby se penche vers sa belle-sœur et lui dit :
« Et si on allait rendre visite à notre ami ? »

Tandis que Clint Hill prévient Arlington, Jackie va
chercher un petit bouquet de muguet dans un vase du
XVIIIᵉ sur une console au premier étage. Jack Metzler, le

gardien, vient accueillir la Mercury noire à l'entrée du cimetière. Une fois dans l'enceinte, la voiture se gare le long d'Hatfield Drive. Escortés par Metzler, Clint Hill et un deuxième agent du Secret Service ainsi que deux membres de la police militaire, Bobby et Jackie grimpent entre des bouquets de cèdres et de chênes jusqu'à une barrière en bois blanc récemment installée autour de la parcelle des Kennedy. La foule immense de l'après-midi a disparu. Les pelouses vallonnées d'Arlington sont humides, sombres, tranquilles. En surplomb sur une colline se trouve le Robert E. Lee Memorial. Et alentour, à perte de vue, tout n'est que rangées de pierres tombales blanches identiques, sous lesquelles reposent les corps de soldats américains morts au champ d'honneur.

L'un des agents de la police militaire ouvre le loquet du portail métallique. Jacqueline et Robert Kennedy pénètrent dans la parcelle et s'avancent vers la flamme éternelle allumée par Jackie lors de la cérémonie quelques heures plus tôt, et qui tremble, bleue, dans le vent frais. Bobby et Jackie remarquent un béret vert qu'un sergent-major a laissé en hommage dans l'après-midi. Et à côté du brassard blanc et noir déposé par un agent de la police militaire se trouvent aussi la fourragère et la cocarde d'un soldat du troisième régiment d'infanterie. Des symboles de la tradition militaire qui ne les laissent pas indifférents. Ils s'agenouillent alors tous les deux et, tête baissée, se mettent à prier. En se relevant, Jackie dépose les quelques fleurs qu'elle a apportées. Puis, main dans la main, la veuve et le jeune frère de John Fitzgerald Kennedy vont rejoindre les autres pour regagner ensuite leur voiture.

2

Dès son mariage avec John F. Kennedy à Newport, dans le Rhode Island, le 2 septembre 1953, c'est avec Bobby Kennedy que Jacqueline Lee Bouvier se sent le plus à l'aise.

Septième enfant de Joseph P. et de Rose Fitzgerald Kennedy, Robert Francis Kennedy est né au domicile familial de Brookline, dans le Massachusetts, le 20 novembre 1925. On le dira plus tard agressif, opiniâtre et souvent impitoyable, mais, enfant, il est considéré comme le plus doux et le plus charmant de la fratrie Kennedy. Scolarisé deux ans à la Portsmouth Priory School, il est le seul des fils de Joe à avoir passé plus d'un trimestre dans une école catholique. Après avoir obtenu son diplôme de la Milton Academy, prestigieux pensionnat situé à une quinzaine de kilomètres de Boston, il intègre Harvard mais parvient tout juste à maintenir un niveau suffisant pour valider sa première année. Quand éclate la Seconde Guerre mondiale, il interrompt ses études et s'engage dans la marine. Une fois la paix revenue, il retourne à Harvard et en sort en 1948, diplôme d'histoire en poche. Là-bas, malgré sa petite carrure – 1,74 mètre

35

pour 63 kilos –, il joue dans l'équipe de football et obtient sa *varsity letter*, écusson récompensant l'excellence sportive universitaire, un exploit auquel n'a pas pu prétendre son frère Jack. Le 17 juin 1950, alors qu'il est encore étudiant en droit à l'université de Virginie – dont il ne sera diplômé que l'année suivante –, il épouse Ethel Skakel, la compagne de chambre de sa sœur Jean. Grande famille catholique de Greenwich, dans le Connecticut, les Skakel sont comme les Kennedy : riches et forts en gueule.

En 1952, Robert Kennedy entre au département de la Justice à New York, mais démissionne peu après pour prendre en charge la campagne de Jack, qui brigue un poste de sénateur dans le Massachusetts. Après la victoire de son frère, Bobby part s'installer à Washington avec Ethel et devient consultant juridique dans le cadre de plusieurs commissions d'enquête sénatoriales. Le sénateur républicain du Wisconsin Joseph R. McCarthy, ami de la famille, l'invite alors à rejoindre la très controversée, redoutable et largement vilipendée sous-commission d'enquête permanente du Sénat, et il sera conseil juridique du parti minoritaire lors des auditions Army-McCarthy[1]. Il travaille ensuite sans relâche au sein de la commission anticommuniste, qui enquête sur le racket organisé par les syndicats, ce qui le conduit à affronter Jimmy Hoffa, patron des Teamsters, le syndicat des camionneurs. Celui-ci décrit son jeune adversaire

---

1. Du 22 avril au 17 juin 1954, la sous-commission examinera des accusations portées par McCarthy contre l'armée. Ces auditions, retransmises à la télévision, sonneront le glas du maccarthisme en retournant définitivement l'opinion contre le sénateur.

comme « un petit connard arrogant, né avec une cuillère en argent dans la bouche ». Bobby, lui, voit en Hoffa un « criminel mafieux déguisé en syndicaliste ». Et aux yeux de leurs principaux détracteurs, tous les deux ont raison.

C'est finalement Bobby – et non Joe Kennedy, comme on le dit souvent – qui convainc son frère d'épouser Jacqueline Bouvier. Plus que n'importe qui au sein du clan, RFK se rend compte à quel point Jackie peut être une arme politique de choix. Son passage par la Miss Porter's School, pensionnat de jeunes filles situé dans le Connecticut, les mentions qu'elle a obtenues à la prestigieuse université de Vassar ainsi qu'à la Sorbonne, ses racines catholiques en France, ses connaissances en matière d'art et de littérature française – et même son travail de « photographe enquêtrice » plaisante et drôle au *Washington Times-Herald* – en font la compagne idéale pour un sénateur ambitieux et prometteur, en route pour la Maison Blanche. Jacqueline offre aux Kennedy la respectabilité qui leur manquait. Son raffinement d'étudiante de la Côte est complète à merveille la vivacité d'esprit, l'intelligence et la vitalité de son mari. Seuls ou à deux, ils sont aussi incroyablement photogéniques, plus Hollywood que Washington. Comparés à la distinction surannée de leurs prédécesseurs à la Maison Blanche – les Roosevelt, les Truman et les Eisenhower –, les Kennedy personnifient la vigueur et la santé. Ils sont les deux parfaits spécimens d'une nouvelle ère : celle de la télévision. Ils ont aussi ce que la légendaire doyenne de la mode, Diana Vreeland, appelle « de l'allure ». « L'allure, observe cette dernière, n'est pas quelque chose que l'on peut acheter, ni acquérir avec le temps. Soit vous l'avez, soit vous ne l'avez pas. » Et Jack et Jackie, eux, l'ont.

RFK est tout à fait conscient que même si les Kennedy comptent parmi les clans les mieux lotis et les plus influents du pays, ils ont aussi leurs zones d'ombre et leurs personnalités troubles. Personnalités parmi lesquelles, au premier chef, on trouve Joseph P. Kennedy. Coureur de jupons infatigable, Kennedy a d'abord fait fortune dans l'industrie cinématographique et dans l'importation de gin et de whisky pendant la Prohibition, avant d'accroître méthodiquement son portefeuille financier par le biais d'opérations immobilières complexes et de manipulations boursières douteuses. Premier ambassadeur des Etats-Unis en Angleterre d'origine catholique irlandaise, il va devenir un admirateur fervent du IIIᵉ Reich. Soutien honteux qui le contraindra à la démission et à un retour anticipé aux Etats-Unis.

Pour le meilleur comme pour le pire, les exploits du patriarche marqueront de manière indélébile ses neuf enfants. En 1939 et 1940, alors étudiant en droit à Harvard, Joseph P. Kennedy Jr., l'aîné, fonde un club pro-Hitler et isolationniste au sein de l'université. Formé pour réussir, il va ensuite pouvoir se racheter en intégrant les Forces aéronavales en 1942 en tant que réserviste. Il périra deux ans plus tard dans l'explosion de son avion au-dessus de la Manche, lors d'une dangereuse mission de bombardement au nom de l'aviation alliée. Kathleen (Kick) Kennedy, quatrième enfant de Joe et Rose, mourra elle aussi dans un accident d'avion. Installée en Angleterre pendant la guerre, elle a épousé William Cavendish, marquis de Hartington, disparu au combat trois mois plus tard, en 1944. Début 1946, elle entame une liaison avec Peter Fitzwilliam, un lord britannique pas encore divorcé de sa femme. La relation, qui fait couler beaucoup d'encre outre-Manche, s'achèvera en mai 1948 avec la mort du couple dans le crash de l'avion privé qui devait les conduire de Paris dans le Midi.

Puis il y a Rosemary, l'aînée des filles Kennedy, dont les sautes d'humeur imprévisibles à l'adolescence inquiètent ses parents à tel point qu'ils l'envoient consulter une ribambelle de psychologues et de psychiatres, sans qu'aucun parvienne à l'aider. A l'insu de sa femme, Joe Kennedy finit par autoriser une lobotomie. L'intervention laissera Rosemary profondément handicapée, tant mentalement que physiquement. Elle croupira dans une maison de santé catholique du Wisconsin jusqu'à sa mort.

« Pour tout dire, les Kennedy étaient une famille extrêmement dysfonctionnelle, affirme Oleg Cassini, premier styliste de Jackie à la Maison Blanche. Jack était accro au sexe et aux amphétamines, et Teddy alcoolique au dernier degré. Joan Kennedy, la femme de Teddy, buvait encore plus que lui. Les sœurs de Jack, surtout Pat Lawford et Jean Smith, buvaient trop elles aussi. Mais il y avait de quoi. Leurs maris, Peter Lawford et Steve Smith, les trompaient sans vergogne. Lawford était toxicomane et Smith avait des tendances sadomasochistes – il payait des femmes pour une seule raison : avoir le privilège de les battre. Ethel Kennedy, quant à elle, a toujours été incapable d'exprimer ses émotions. C'est une instable. Elle a donné naissance à onze enfants sans savoir comment s'y prendre pour les élever. Comme mère, on ne peut pas faire pire. »

Si ces révélations n'en sont plus à présent aux yeux de tous ceux qui s'intéressent à la famille Kennedy, Jackie, elle, ne découvre ce qu'il en est qu'à son arrivée dans le cercle familial. L'ancien chroniqueur mondain Igor Cassini, frère aîné d'Oleg, se souvient de lui avoir rendu visite un an après son mariage. « Jack et Bobby mis à part, dit-il, tous les Kennedy avaient une relation conflictuelle avec Jackie. Elle n'avait pas l'esprit d'équipe. Toute cette ardeur, ces interminables parties de touch-football et de base-ball organisées dans leur propriété de Floride et à Hyannis Port ne la passionnaient pas. Et les sœurs de Jack ne l'appréciaient tout bonnement pas. Les Kennedy étaient des animaux politiques, et Jackie s'intéressait peu à tout ça – du moins au début. »

Plus d'une fois, les sœurs Kennedy – comme d'ailleurs Rose et Ethel – vont reprocher à Jackie d'être élitiste et snob. Le jour où la future Première Dame demande à être appelée Jacqueline et non Jackie, Eunice Shriver s'en étrangle presque : « Jacqueline, ça rime avec *queen* ! » Puis, lorsqu'elle confie qu'enfant, elle rêvait de devenir ballerine, Ethel Kennedy désigne du doigt sa pointure 40 avant de lui lancer, sarcastique : « Avec ces pieds, ma petite, vous auriez mieux fait de choisir le football. »

Igor Cassini se souvient d'un pique-nique à Hyannis Port, pour lequel les sœurs de Jack avaient rempli paniers et glacière de sandwichs à la confiture et au beurre de cacahuètes, de hot-dogs, de chips et de bière. Dans le sien, en revanche, Jackie avait mis du foie gras, du caviar et une bouteille de champagne. Et tandis que les sœurs étaient vêtues de jeans et T-shirts, Jackie portait une robe fourreau blanche de chez Dior. « Pat Lawford et Eunice Shriver ne se sont jamais remises de ce petit pique-nique, raconte Igor. Des années après, elles en parlaient encore. »

Difficulté de taille pour Jackie, qu'elle ne surmontera jamais complètement : la libido insatiable de Jack. Même si son propre père, John Vernon « Black Jack » Bouvier, avait tout du playboy lui aussi, rien dans le passé de Jackie ne l'a véritablement préparée à ce qui l'attend.

John White, reporter au *Washington Times-Herald* depuis de nombreuses années, qui a connu Jackie pendant son court passage au journal, a pourtant tenté de la prévenir. Ancien soupirant de Kick Kennedy, il a souvent eu l'occasion de sortir avec Jack et sa compagne du jour. « Je savais quel coureur de jupons c'était, dit-il. J'ai dit à Jackie que je ne pensais pas qu'il ferait un très bon mari, que c'était un type sympa pour une passade mais certainement pas le gendre idéal. Je connaissais beaucoup de filles qui avaient eu affaire à lui. J'entendais ce qu'elles racontaient. La plupart vous disaient que se trouver confrontée à tant de force brute, tant de mépris – il cochait votre nom dans un petit carnet noir – était une sacrée gageure. Toutes pensaient certainement qu'elles parviendraient à l'émouvoir. Et puis, il y avait aussi son indifférence. Il avait le sang chaud mais le cœur froid. Avec les femmes, il était totalement insensible et sans pitié – ce que nombre d'entre elles trouvaient charmant, j'imagine. C'était presque comme un lendemain de cuite, comme de prétendre que comme on avait trop bu, on ne savait plus ce qu'on faisait. »

Les dossiers personnels de J. Edgar Hoover croulent littéralement sous les noms de la myriade de conquêtes de John Kennedy. Secrétaires, infirmières, stagiaires, mères au foyer, stripteaseuses, prostituées, comédiennes, mannequins, hôtesses de l'air, étudiantes, femmes du monde, poules de mafieux, aristocrates européennes, femmes de bons amis et célèbres femmes fatales d'Hollywood telles que Laraine Day, Jean Simmons, Gene Tierney, Angie Dickinson, Jayne Mansfield et Marilyn Monroe... toutes y passent. Marilyn, qui contribue à financer la caisse noire de la campagne présidentielle de Kennedy, défend sa liaison avec le Président. « Je préfère avoir un Président qui fait ça à une femme que quelqu'un qui le fait à son pays », lance-t-elle. Ted Sorensen, conseiller spécial de JFK à la Maison Blanche, qui rédige aussi les discours présidentiels et auquel on attribue souvent *Le courage dans la politique*, essai de Kennedy lauréat du prix Pulitzer, présente les choses un peu différemment : « L'administration Kennedy va faire pour le sexe ce que l'administration Eisenhower a fait pour le golf », dit-il. Joan Lundberg Hitchcock, une mondaine de la Côte ouest qui a fréquenté Kennedy quand il était encore sénateur, reconnaît qu'elle n'était « que l'une des nombreuses maîtresses de Jack ». « Il n'était pas exactement monogame, dit-elle. Il passait d'une femme à l'autre comme un char d'assaut russe. »

Même durant leur lune de miel au Mexique, en 1953, JFK trompe sa jeune épouse. Michael Diaz, avocat à Mexico, se souvient d'une réception organisée en l'honneur des jeunes mariés dans une villa surplombant la mer, à Acapulco. « L'ambiance s'est révélée plutôt pesante, raconte-t-il. Il y avait davantage de femmes que d'hommes, et toutes semblaient tourner autour de JFK. Mme Kennedy a passé la plus grande partie de la soirée seule dans la véranda, pendant que son mari était occupé à noter des noms et des numéros de téléphone. A un moment donné, il a impudemment disparu dans une chambre avec l'une des plus belles femmes de la soirée. Ils sont réapparus vingt minutes plus tard, les joues en feu et lessivés. On ne pouvait que plaindre Mme Kennedy. »

Les années suivantes, les exploits sexuels de JFK avec des femmes autres que la sienne se font plus fréquents encore. Durant l'été 1956, après avoir manqué de peu sa nomination en tant que colistier d'Adlai Stevenson à la Convention nationale démocrate de Chicago, Jack prend des vacances en Europe avec son frère Teddy et le sénateur de Floride George Smathers. En son absence, Jackie, alors enceinte de sept mois, s'installe chez sa mère et son beau-père à Hammersmith Farm, leur propriété de Newport. A leur arrivée en France, les trois hommes affrètent un sloop de douze mètres avec capitaine et cuisinier pour une croisière en Méditerranée. Ce que Jackie ne sait pas, en revanche, c'est que la liste des passagers inclut trois jeunes Scandinaves rencontrées sur la Riviera. La vérité éclate quand le capitaine, qui ignore que les trois hommes sont mariés, répond sans rien cacher aux questions d'un journaliste français. L'histoire ne tarde pas à parvenir aux oreilles de Jackie, outre-Atlantique.

Deux jours plus tard, le 23 août, Jackie est prise de violentes douleurs et se met à saigner abondamment. Transportée d'urgence en ambulance à l'hôpital de Newport, elle subit une césarienne. En se réveillant après l'opération, c'est Bobby Kennedy qu'elle trouve à son chevet. Sans ciller, il lui annonce la triste nouvelle : le bébé, une petite fille, est mort avant qu'on ait pu lui donner un prénom, avant même d'avoir poussé son premier cri. C'est la deuxième grossesse que Jackie ne mène pas jusqu'à son terme. La première fois aussi, Bobby est arrivé à ses côtés le premier, avant Jack. Et ce jour-là, elle a murmuré : « Merci, Bobby. Merci d'être toujours là pour moi. »

Ce n'est que le 26 août, lorsque le sloop accoste à Gênes, en Italie, que JFK apprend que sa femme a accouché d'une enfant mort-née. Il appelle alors à Newport pour lui parler. Il a bien essayé de la joindre avant, lui dit-il, mais la radio de bord était en panne. Sans évoquer le dernier écart de conduite de son mari, Jackie lui fait clairement comprendre qu'elle compte sur lui pour rentrer au plus vite. Ce qui, visiblement, a pour effet de le contrarier. Il rentrera, lui répond-il, d'ici quelques jours. Puis il appelle Bobby, qui lui met les points sur les i. « Si tu comptes un jour devenir Président, lui dit ce dernier, tu ferais bien de te dépêcher de revenir auprès de ta femme. » George Smathers est aussi de cet avis. Jack prend donc finalement l'avion le lendemain.

Selon la rumeur, cette année-là Jackie aurait été sur le point de quitter son mari. « C'est le seul moment où ils ont vraiment frôlé le divorce », confirme George Smathers. Une histoire se répand aussi dans les médias selon laquelle Joe Kennedy aurait proposé un million de dollars à Jackie pour la convaincre de rester avec son fils. C'est faux. Ce qui est vrai, en revanche, c'est que Jackie est déprimée et démoralisée. Elle se dit que Jack aurait dû être là pour elle et non en croisière avec un trio de bimbos.

Face aux fréquents écarts de conduite de son mari, Jacqueline choisit généralement la bonne humeur et quelques taquineries qu'elle accompagne d'une kyrielle de remarques désinvoltes. Même si elle croit de moins en moins au mariage, elle a tendance à dédramatiser. Quand Joan Kennedy vient se plaindre que Teddy la trompe, Jackie balaie la remarque d'un « chez les Kennedy, tous les hommes sont comme ça, ça ne veut rien dire ».

Mais la dernière infidélité de Jack, vers la fin de l'année 1956, et son absence à son chevet après la mort de leur nouveau-né, la blessent certainement plus qu'elle ne veut (ou ne peut) l'admettre. En janvier 1957, elle accompagne, seule, son ami homosexuel Bill Walton, artiste et ancien journaliste à Washington (que JFK nommera plus tard directeur de la commission des Beaux-Arts de la Maison Blanche), en Californie pour dix jours. A Los Angeles, ils vont dîner à Coldwater Canyon, chez Charlie Feldman, l'un des agents et producteurs les plus influents d'Hollywood. La liste des invités ce soir-là compte notamment l'acteur de 39 ans, William Holden, et son épouse dévouée, Brenda Marshall, elle-même actrice. Le couple, marié depuis 1941, a deux fils. Surnommé « Golden Boy » par ses pairs depuis qu'il a joué le premier rôle dans le film du même nom, l'acteur oscarisé à l'allure distinguée possède des villas en Suisse et au Kenya, où il a créé le Mount Kenya Safari Club. Jacqueline confiera plus tard à Walton qu'il lui rappelle son père. Si les deux hommes ne se ressemblent en rien physiquement, ils ont en effet d'autres traits en commun. Comme Black Jack Bouvier, William Holden a sa part d'ombre. Alcoolique invétéré, il adore l'aventure, les animaux sauvages et les femmes, quoique pas

45

forcément dans cet ordre-là. Tout de suite, il plaît à Jackie. Laquelle ne s'en cache pas.

Le lendemain, après s'être assuré des sentiments de la jeune femme auprès de Feldman, Holden l'appelle à l'hôtel Beverly Hills, où Walton et elle occupent des bungalows séparés. Cavalière accomplie, Jackie propose à l'acteur une promenade à cheval. A leur retour chez Charlie Feldman, ils entament une liaison qui, selon Bill Walton, était « avant tout motivée par le désir que Jackie avait de se venger de Jack ». Pendant le vol vers Washington, l'épouse jusque-là irréprochable de John F. Kennedy confiera à Walton que l'acteur s'est montré un « amant parfait ». Seul bémol : son affiliation aux Républicains – mais après tout, c'était également le cas de son père, John Vernon Bouvier.

L'affaire n'en reste pas là. Visiblement sans trop y réfléchir, et pour rendre à son mari la monnaie de sa pièce, Jackie lui révèle son aventure. « En l'affichant de la sorte, remarque Bill Walton, elle espérait sans doute ramener à elle son mari. Elle cherchait, j'imagine, à jouer les femmes aguichantes, celles que Jack trouvait généralement irrésistibles. »

Le stratagème semble avoir quelque effet, du moins sur le moment. Mais en avril 1957, Jackie est à nouveau enceinte, de Caroline cette fois. Et quelle que soit la force des sentiments qu'il éprouve pour sa femme, JFK reprend son existence volage. Frank Sinatra lui présente Judith Campbell, une danseuse de revue de Las Vegas aux jambes interminables qui se trouve être aussi la compagne du célèbre mafieux Sam Giancana. Pendant les trois années qui suivent, la jeune femme fera la navette entre le politicien et le gangster, couchant avec les deux et leur servant de messagère. Kennedy ne finira par mettre un terme à la relation qu'un an après son arrivée à la Maison Blanche, lorsque Bobby l'informe que J. Edgar Hoover a compilé un volumineux dossier sur le sujet.

Généralement imperméable au risque médiatique, JFK gère ses liaisons avec une désinvolture absolue. « Il était le fils d'un homme qui ramenait sans vergogne ses maîtresses à la table familiale », note Langdon Marvin, son conseiller de longue date au Congrès et au Sénat. Lors de la campagne présidentielle de 1960, celui-ci se voit confier la triste tâche de recruter des femmes pour le candidat. « Il m'envoyait dans telle ou telle ville ou bourgade, un peu en éclaireur, raconte-t-il. Je lui préparais le terrain. Puis j'allais le chercher à l'aéroport. Il descendait du *Caroline*, l'avion de campagne offert par son père, et me demandait : "Où sont les gonzesses ?" »

Marvin est également chargé de louer les services de prostituées avant chacun des quatre face-à-face télévisés avec Richard Nixon, candidat du parti républicain. Kennedy les reçoit juste avant son passage à l'antenne. Le résultat n'échappe pas aux téléspectateurs. Face à un Nixon nerveux et mal à l'aise, Kennedy apparaît calme et détendu.

Les ragots sur l'appétit insatiable de Jack Kennedy en matière de femmes ne tardent pas à parvenir aux oreilles de Jackie à Washington et à Hyannis Port. Enceinte à nouveau, de John Jr. cette fois, la future Première Dame erre chez elle, abasourdie, tout en faisant son possible pour cacher sa honte et son embarras, d'autant plus au supplice qu'elle sait que les frasques de Jack ne sont un secret pour personne au sein du clan. Elle confie à Pierre Salinger, porte-parole de la Maison Blanche sous JFK, qu'elle soupçonne des membres de la famille de faire quasiment les « maquereaux » ; elle pense en particulier à Peter et Pat Lawford, à Santa Monica, chez qui JFK a rencontré des douzaines de starlettes. Comble de l'ironie, Salinger, lui aussi, joue les proxénètes de temps à autre.

« Après sa victoire, raconte-t-il, Jack m'a demandé de convaincre Jackie : en tant que Première Dame, elle allait désormais avoir besoin de sa propre attachée de presse. Et il avait quelqu'un en tête : Pamela Turnure, une jeune femme qu'il fréquentait secrètement depuis 1958. Pamela avait environ 25 ans et ne connaissait presque rien du métier de secrétaire, sans parler du journalisme et de la presse. Mais Jack s'en fichait bien – il la voulait parmi ses employés. Je suis donc allé souffler l'idée à Jackie. "Pourquoi me faut-il une attachée de presse ?" m'a-t-elle demandé. "Eh bien, Jackie, ai-je répondu, ça va pas mal tanguer ici, nous aurons besoin de toute l'aide que nous pourrons trouver." Je suis certain qu'elle savait tout sur Jack et Pamela, mais elle a néanmoins accepté. Elle connaissait bien la théorie selon laquelle mieux vaut garder ses amis auprès de soi et ses ennemis encore plus près. Ou bien, comme le disait Jack, "pardonnez à vos ennemis mais n'oubliez jamais leur nom". »

Pamela Turnure n'est que l'une des innombrables femmes mises à la disposition de JFK durant ses années à la Maison Blanche. Les séances quotidiennes de natation et d'exercice organisées à la piscine située dans le sous-sol ne sont rien moins que de véritables orgies, durant lesquelles des femmes en tout genre sont discrètement introduites dans la Maison Blanche pour faire la fête avec le Président et ses camarades. Seuls témoins de ces agissements de la mi-journée, autres que les participants : les agents du Secret Service affectés à la surveillance directe du Président. S'ils ont, pour la plupart, du mal à croire ce qu'ils voient, ils apprennent très vite à garder leurs réflexions et leurs sentiments pour eux. Kennedy, pour sa part, apprécie que les agents soient là. Jeunes, beaux et bien éduqués, ils aiment d'ailleurs les femmes et la fête presque autant que leur patron.

« C'était l'ère de James Bond, se souvient l'agent Marty Venker. Et tout le mystère qui planait autour du Secret Service intriguait Kennedy. Il s'identifiait à nous et savait qu'on ne le trahirait jamais. Il y avait au sein de l'Agence un accord tacite qui, en gros, disait : "Tu me protèges, je te protège." On n'allait pas se mettre à raconter à la presse ce qu'on savait de ses penchants sexuels tout bonnement parce qu'on faisait plus ou moins la même chose de notre côté. Ce qui ne veut pas dire que son comportement nous laissait de marbre. C'était le Président, tout de même. La Première Dame nous intriguait aussi. Pourquoi une jeune épouse aussi pétillante et désirable tolérait-elle pareilles inepties ? Soit elle n'aimait pas son mari et n'en avait rien à faire, soit elle l'aimait, et elle était alors la plus grande masochiste de la terre. Une chose qu'il faut reconnaître au Président, en tout cas, c'est qu'il savait compartimenter. Il pouvait baiser une femme dans les sous-sols de la Maison Blanche, et la minute d'après jouer les chefs de famille auprès de sa femme et de ses enfants – ou discuter stratégie dans le bureau ovale avec le Premier ministre britannique. »

Pour Morton Downey Jr., le fils de Mort Downey, crooner irlandais et meilleur ami de Joe Kennedy, le mariage de Jack et de Jackie a tout d'un mariage arrangé (ou négocié). « Elle voulait la fortune et la célébrité, analyse-t-il, tandis que lui avait besoin d'une épouse belle, brillante et distinguée. Je crois que ni l'un ni l'autre ne se sont jamais fait la moindre illusion sur ce qui les attendait. Jackie, au début, a peut-être voulu juger sur pièces, mais elle a vite compris qu'il ne changerait pas. Elle en plaisantait souvent. Quand le *New York Times* lui avait demandé un jour ce que Jack comptait faire après sa mandature, elle avait répondu : "Il prendra sûrement un poste de principal d'une école pour jeunes filles de bonne famille." »

Le pacte faustien du couple est surtout son idée à lui, même si, peu à peu, elle s'y adapte. Tandis que son mari explore les plaisirs de la chair, Jackie se livre à des délices plus matériels : à New York ou Paris, elle dépense des sommes folles en bijoux, vêtements, œuvres d'art et antiquités. Mais sa meilleure acquisition demeure Wexford, la coûteuse maison de campagne qu'elle fait construire à Atoka avec l'argent de son mari. Pendant qu'à cheval, elle sillonne les collines verdoyantes de Virginie, Jack la trompe avec tout un contingent de maîtresses. Dans la dernière fournée figurent la princesse déchue Elisabeth de Yougoslavie (femme de Howard Oxenberg, un riche homme d'affaires new-yorkais) et Mary Pinchot Meyer (ex-femme du gros bonnet de la CIA Cord Meyer Jr.). Mary, qui se trouve être aussi la belle-sœur de Ben Bradlee, directeur de la rédaction du *Washington Post*, avouera plus tard avoir fumé un joint et pris du LSD avec le Président. Et ce, il ne faut pas l'oublier, avant la grande folie des années 1960.

Ses problèmes de dos, contrecoup de blessures reçues pendant la Seconde Guerre mondiale, poussent Jack Kennedy à s'offrir les services d'une kinésithérapeute du nom de Susan Sklover. Surnommée « S.K. LOVER » par les membres du Secret Service (dans les registres duquel le nom n'apparaît nulle part), Susan attendra quarante-cinq ans avant de révéler la véritable nature de son poste auprès de JFK. « J'avais rencontré Peter Lawford à Los Angeles à l'époque où je préparais ma licence de kiné, c'est lui qui m'a recommandée, dit-elle. J'ai pris l'avion pour Washington où je n'ai rencontré, croyez-le ou non, que Pierre Salinger. A ma grande surprise, celui-ci ne m'a posé aucune question sur mes qualifications professionnelles et mon expérience. A la place, il m'a raconté à quel point c'était fantastique de travailler pour le Président. Lorsque je lui ai demandé une copie du dossier médical de JFK afin de préparer un programme de soins, Salinger a bafouillé – et au final, je n'ai jamais rien eu. J'ai compris pourquoi j'avais été engagée quand j'ai enfin rencontré le Président. Il ne souhaitait qu'un seul genre de soin – d'ordre sexuel – et j'étais trop jeune et trop idiote pour refuser. »

Susan constate avec stupéfaction que Jack, malgré sa grande expérience en la matière, est « un amant ordinaire ». Mécanique et froid, il exige des fellations sans jamais rendre la pareille. Après quoi, allongé sur le dos, il demande à la jeune femme de « monter à bord ». Le tout ne dure jamais plus d'une minute ou deux. « Il tenait à ce que tous ses besoins soient comblés, dit-elle, mais il se fichait bien de la satisfaction de sa partenaire. J'ai passé un week-end seule avec lui à Camp David, alors qu'à New York, Jackie se livrait à ce qu'il appelait le "suprême pillage de vitrines". »

Au bout de six semaines, Susan Sklover démissionne. Pierre Salinger lui fait un chèque de cinq mille dollars, avant de lui tendre un contrat par lequel elle s'engage à ne pas intervenir dans la vie privée du Président. « Si vous évoquez les détails de votre poste auprès du chef de l'exécutif, la prévient-il, plus jamais vous ne trouverez de travail. »

Avant de rentrer à Los Angeles, elle reçoit un coup de fil de l'Attorney General Robert Kennedy qui lui demande de le rejoindre dans un hôtel de Washington. « Je n'y suis pas allée, précise-t-elle. J'avais compris que les frères Kennedy, Teddy inclus, aimaient s'échanger leurs conquêtes. Plus tard, j'ai lu que Bobby avait hérité de Marilyn Monroe comme de Jayne Mansfield après le Président. Je ne pouvais pas m'empêcher de me deman-der comment leurs femmes supportaient leurs frasques. »

En matière d'inconvenance sexuelle, c'est cependant le plus jeune des trois frères, Teddy, qui décrochera la palme. Durant la deuxième année du mandat de JFK, celui-ci se rend en Europe sans son épouse. En Belgique, il apprend qu'un couple fortuné donne un dîner le soir même en l'honneur du roi et de la reine. Il décide d'en être. Même si elle ne tient pas à avoir un Kennedy à sa table, l'hôtesse peut difficilement refuser après l'interces-sion de l'ambassadeur des Etats-Unis.

Le couple en question habite un magnifique palais du XVIIIe siècle, au sol recouvert de tapis d'Aubusson et aux murs ornés de toiles des maîtres flamands, comme l'indi-que une de leurs amies, la chroniqueuse mondaine Doris

Lilly. La demeure déborde d'antiquités, de bijoux et d'argenterie.

Malgré l'invitation qu'il a fait des pieds et des mains pour obtenir, Ted ne se présente pas au dîner et n'apparaît, empourpré, chancelant et visiblement éméché, qu'une fois le repas terminé. A son bras, une jeune catin ramassée dans le quartier chaud. Elle est en minijupe – pas franchement la tenue appropriée pour rencontrer la famille royale. L'œil vitreux, c'est à peine s'ils tiennent debout.

Tandis que leur hôtesse s'empresse de conduire le roi et la reine de Belgique dans une autre pièce, Teddy et sa compagne se laissent tomber main dans la main sur l'un des nombreux canapés de la grande salle à la décoration impeccable. La maîtresse de maison n'a pas encore décidé quelle attitude adopter à leur égard que soudain, sous les yeux de tous, du liquide commence à s'écouler le long de la jambe de la jeune femme, imprégnant l'onéreux canapé ancien. Ted n'en prend conscience que lorsque le filet d'urine vient mouiller son pantalon.

Au retour du majordome qui s'est empressé d'aller chercher de grandes serviettes, le mal est déjà fait. Et pour l'hôtesse, la résolution est prise : plus jamais elle n'ouvrira sa porte à un Kennedy.

« Ces Kennedy sont comme les chiens », commentera l'auteur Truman Capote (un temps proche de Jackie) en entendant l'histoire de Teddy-en-Belgique de la bouche de Doris Lilly. « Il faut qu'ils pissent sur toutes les bornes à incendie. »

Dans une veine plus sérieuse, Capote remarquera par ailleurs que Jackie n'ignore rien des pitreries d'étudiants des frères Kennedy. « Il m'est souvent arrivé de

53

me demander ce que ça faisait d'être mariée à un bel homme, bourré de charme, talentueux et accompli, admirable à maints égards, au sommet en politique, et qui proclamait même parfois son amour infini pour sa femme, mais totalement incapable de lui être fidèle. Qu'elle soit restée était sans doute davantage une question d'allégeance à son pays que de dévotion à son mari. Enfants mis à part, à leur arrivée à la Maison Blanche, leur relation n'était déjà plus qu'une farce. J'ai le sentiment qu'elle n'est retombée amoureuse de lui qu'après l'assassinat. Le choc et l'horreur de l'événement ont enflammé son imaginaire romantique. Lorsqu'elle était Première Dame, en revanche, c'est toujours vers Bobby qu'elle se tournait en quête de soutien et de conseils. Il était son rocher de Gibraltar. »

RFK, lui, a toujours été ébloui par Jackie. S'il n'est jamais intervenu pour mettre un terme à son humiliation permanente, il n'en restait pas moins disposé à faire tampon, à être un recours pour elle dans les moments les plus difficiles.

RFK partage également avec sa belle-sœur un intérêt prononcé pour les arts, sujet qui ennuie franchement JFK, dont les lectures se limitent à l'Histoire américaine et aux enquêtes policières. Quand le violoncelliste Pablo Casals vient se produire à la Maison Blanche, JFK s'endort presque. Mais les liens d'amitié que Bobby entretient avec Jackie et tout ce qu'il sait de ses souffrances ne l'empêchent pas de se laisser tenter lui aussi par les aventures extraconjugales.

« Bobby était plus regardant que ses deux frères », précise Abe Hirschfeld, un magnat de l'immobilier new-yorkais aujourd'hui décédé qui contribuait régulièrement aux campagnes des Kennedy. « Il était aussi un petit peu plus discret. Quand il prenait des maîtresses, il les traitait comme des deuxième ou troisième épouses. Il leur demeurait loyal. »

Si l'Attorney General se joint de temps à temps à Jack (et Teddy) lors des fêtes à la piscine de la Maison Blanche, il s'arrange cependant pour garder profil bas, contrairement à ses frères. Mais malgré tous ses efforts, il n'y parvient pas toujours. Peter Jay Sharp, propriétaire de l'hôtel Carlyle, situé à Manhattan, sur Madison Avenue (où les Kennedy louaient à l'année une suite avec terrasse), se souvient :

« Quand JFK était président, le Carlyle ne m'appartenait pas, dit-il. Je l'ai acquis en 1967, mais je les connaissais, lui et ses frères, et j'allais les voir à l'hôtel à chacun de leurs passages en ville. Une fois, début 1962, j'ai trouvé un agent du Secret Service devant la porte de la suite. Celui-ci m'a conduit à l'intérieur, Jack était au lit avec une blonde et Bobby par terre dans le salon avec une brune. J'étais venu voir Teddy, mais quand Bobby m'a dit qu'il était dans la salle de bains avec une autre fille, j'ai décidé de ne pas le déranger. En partant, j'ai demandé à Bobby de dire à son frère de m'appeler dans la soirée. Bobby me faisait la conversation sans perdre le rythme. Prise dans le feu de l'action, sa partenaire m'a à peine remarqué. »

Carol Bjorkman, la jeune femme en question, est chroniqueuse people au magazine *Women's Wear Daily*. RFK l'a rencontrée un an plus tôt lors d'un cocktail à Manhattan. « Carol n'était pas seulement chic, elle était aussi très intelligente », assure Marianne Strong, responsable de la rubrique mondaine au désormais défunt *New*

York World-Telegram and Sun. « Elle était très influente dans le milieu de la mode. Et sur ce plan, elle me rappelait Jackie. D'autant qu'elle était son sosie. »

Pendant les deux années qu'ils passeront ensemble, Carol Bjorkman et Bobby Kennedy se verront surtout au Carlyle. Mais sans pour autant refuser toute apparition en public. « Ils formaient une sacrée paire, à l'époque », se souvient Marianne Strong. On les croise en effet de temps à autre au théâtre, à Broadway ou dans des restaurants chic de New York, souvent en compagnie d'autres couples. Un autre témoin, Peter Lawford, se rappelle que Bobby venait parfois chercher la jeune femme chez son coiffeur sur Madison Avenue. « Le jour où j'étais avec lui, il avait l'air extrêmement impatient, raconte-t-il. "Quand seras-tu prête ?"répétait-il sans cesse. "Quand auras-tu fini ?" J'ai entendu dire, mais ça n'était qu'une rumeur, qu'il aurait demandé à Carol de l'épouser et lui aurait promis de divorcer d'Ethel. Mais Carol aurait refusé. Elle n'avait aucune intention de jouer les briseuses de mariage. »

Toujours au dire de Peter Lawford, Bobby fréquente aussi Lee Remick, qui lui est présentée en 1961 lors d'un dîner au département de la Justice à Washington. De passage à Los Angeles peu après, l'Attorney General demande à Lawford de lui organiser un second rendez-vous avec la star d'Hollywood. Ce dernier, qui deviendra lui aussi par la suite l'amant de la jeune femme, fait mieux : il leur organise un week-end dans une villa retirée de Malibu, propriété d'un ami. Bien que mariée au producteur-réalisateur Bill Colleran dont elle a deux enfants, Lee Remick, alors âgée de 26 ans, tombe manifestement amoureuse de Bobby. Impressionnée par sa vitalité et son audace, elle ne le lâche pas, même lorsqu'elle commence à fréquenter Peter Lawford. Bobby et elle passent plusieurs week-ends ensemble en 1962, dont un au Palm Bay Club de Miami Beach, en Floride.

« Pour autant que je me souvienne, commente Bill Walton, Bobby a rompu ses liens avec Lee Remick quand elle est devenue trop envahissante, et qu'elle s'est mise à l'appeler nuit et jour, chez lui ou au bureau. Bobby n'était pas comme Jack et Teddy, il faisait toujours preuve de discrétion et tenait à ce que ses maîtresses se comportent de même. Son attitude vis-à-vis des femmes contrastait vivement avec sa personnalité. Jack Kennedy avait tendance à se montrer habile et sournois, Bobby, lui, avait le verbe franc et musclé. Là où Jack vous faisait un coup en douce, Bobby vous envoyait un "va te faire foutre" en pleine figure. Jack avait un sens de l'humour fantastique et Bobby pas le moindre. Il ne pensait qu'aux affaires, tout le temps. Malgré ça, cependant, il paraissait plus sensible que le Président, plus en harmonie avec les femmes qu'il fréquentait. »

« Pourquoi Jack ne peut-il pas être comme Bobby ? » demande un jour Jackie à Pierre Salinger. Une question dans laquelle le porte-parole de la Maison Blanche lit la frustration qu'elle ressent de voir son mari la tromper sans cesse, de manière si flagrante et avilissante, alors que Bobby, lui, mène des « opérations clandestines » plus acceptables. La seule chose intolérable aux yeux de Jackie, c'est l'embarras que lui causent les aventures largement ébruitées de son mari, dont beaucoup se déroulent sous son nez.

Une seule fois pendant son mandat – juste après le décès de Patrick en août 1963 –, JFK fait de réels efforts

pour maîtriser son besoin insatiable de conquêtes fémi-
nines. Mais c'est un feu de paille. Quand Jackie part en
croisière sur le *Christina* avec Lee Radziwill et Aristote
Onassis, Jack a déjà repris son style de vie dévoyé. La
veille du départ du couple pour leur funeste déplacement au Texas, lors d'une réception à la Maison Blanche, le Président et sa femme au cœur brisé auront l'un
pour l'autre des mots qui signeront presque leur séparation. La réception, donnée en l'honneur des juges de la
Cour suprême, de leurs épouses et d'autres personnels de
la justice, est la première apparition de Jackie à un événement mondain organisé par la Maison Blanche depuis
le mois d'août.

Jessie Stearns, correspondante à la Maison Blanche,
note que ce soir-là, comme toujours, les journalistes
accordent un grand intérêt à l'allure de la Première
Dame, à sa tenue, ainsi qu'aux détails de la soirée qu'elle
a organisée. « Je me souviens très bien de la réception,
dit-elle, parce qu'elle a eu lieu deux ou trois jours avant
l'assassinat et qu'on nous avait donné un accès sans précédent au Président et à sa femme. Jackie n'avait jamais
aimé la presse. Un jour, elle avait banni un photographe
de la Maison Blanche simplement parce qu'il l'avait
photographiée en train de fumer une cigarette. Dès le
départ, elle s'était montrée désagréable avec nous. Et
voilà que soudain, on nous pressait de venir couvrir la
réception, de prendre des photos, de nous mêler aux
invités. Une telle largesse, si peu caractéristique de Jackie, était l'indice d'un changement de politique au sein
de la Maison Blanche. »

C'est aussi une période, se souvient encore Stearns,
durant laquelle JFK est soi-disant en train de « se poser »

auprès de Jackie, alors qu'en réalité, il continue à « batifoler » avec d'autres. « Il s'était apparemment calmé un moment, indique Stearns, mais il avait recommencé. Sur ce point, les preuves étaient accablantes, plusieurs témoins tout à fait fiables l'avaient vu à l'œuvre. Personne n'en faisait mention dans la presse parce qu'à ce moment-là, on considérait qu'aborder la vie sexuelle du Président aurait dépassé les bornes. »

Pendant la réception, Stearns se poste au pied du grand escalier, par lequel doit descendre la garde d'honneur portant le drapeau présidentiel et la bannière étoilée, suivie de John F. Kennedy, de sa femme et des invités de marque, tandis que la fanfare des Marines joue *Hail to the Chief*.

Soudain, la journaliste entend du remue-ménage, comme une bousculade. Les têtes se tournent. Peu après, le cortège apparaît. Le Président est ébouriffé d'un côté, comme si quelqu'un venait de lui tirer violemment les cheveux. Pendant quelques instants, il a l'air nerveux et décontenancé. Jackie, elle, paraît bouleversée. Tandis qu'ils continuent d'avancer, le Président tente de se recoiffer. « Si je me souviens bien, raconte Stearns, les journalistes ont rapidement été mis à l'écart. Pour des raisons évidentes, les hommes du Président ne voulaient pas qu'on puisse poser de questions. Je n'ai établi que plus tard ce qui s'était passé. »

Une heure avant la réception, la Première Dame, qui vient tout juste de rentrer d'une journée d'équitation à Atoka, apprend (par une femme de chambre de l'aile Est) que son mari a passé une heure dans la chambre de Lincoln avec Mary Pinchot Meyer, souvent considérée par les biographes comme sa dernière maîtresse. Furieuse,

Jacqueline sort alors de ses gonds et utilise tout ce qu'elle a dans son arsenal, des mots, mais pas seulement : elle en vient aux mains. Plus tard dans la soirée, après la réception, le couple se dispute de nouveau. À force de ne jamais rien se refuser, JFK a fait déborder le vase. Ce soir-là, Jackie comprend sans doute une bonne fois pour toutes que jamais elle ne pourra faire confiance à l'homme qu'elle a épousé – et pour qui elle a fait campagne. Jamais il ne lui sera fidèle. Un constat qui va ternir définitivement l'idée qu'elle se fait du mariage. Oui, elle accompagnera son mari à Dallas, mais seulement physiquement, sans y mettre son âme.

3

Après l'assassinat, pour contrebalancer les regrets et les reproches qu'elle s'adresse, Jacqueline Kennedy veut faire en sorte que l'Histoire se souvienne de la présidence de son mari sous son jour le plus favorable. Fin 1963, alors qu'elle habite encore à la Maison Blanche, elle téléphone au journaliste new-yorkais Theodore H. White pour l'inviter à Hyannis Port, dans le Massachusetts, où elle compte prendre quelques jours de repos et revoir Joe Kennedy pour la première fois depuis septembre. « Elle savait que je travaillais sur un résumé de l'assassinat pour *Life*, précise White, et elle voulait que l'on parle de l'héritage que son mari avait laissé au pays. »

Début décembre, le journaliste se rend à Cape Cod à bord d'une voiture avec chauffeur dépêchée par le magazine. Jackie s'est installée dans la villa que possédait le couple au sein de la propriété des Kennedy. En arrivant, elle a passé une heure en tête à tête avec son beau-père, réduit au silence par l'attaque cérébrale dont il a souffert. Elle lui a raconté les conditions de la mort de son fils dans les moindres détails. Et c'est le lendemain que, pâle et visiblement épuisée, elle reçoit Teddy White.

« Elle et moi avons parlé pendant près de quatre heures, se souvient-t-il. Elle a d'abord évoqué la mort de Patrick, comme un prélude à l'assassinat. Le décès du nouveau-né a été pour tous les deux une épreuve extrêmement forte, qui a aussi poussé JFK à se rapprocher d'elle plus qu'il ne l'avait jamais fait jusque-là. De tels moments étaient rares dans leur vie. Je sentais nettement que leur mariage n'avait pas toujours été facile. La mort du bébé avait créé un lien, une intimité. Mais sans entrer dans les détails, Jackie m'a paru sous-entendre que ça s'était peu à peu étiolé, et que jusqu'à la fin, les difficultés l'avaient emporté. »

Jackie fait ensuite un récit circonstancié de l'assassinat de son mari. Elle évoque notamment les anneaux rose clair qu'elle a vus dans son crâne béant. « L'intérieur était tellement beau, raconte-t-elle. J'ai essayé de maintenir en place le sommet de sa tête, pour empêcher d'autres bouts de cerveau de sortir. Je savais qu'il était mort. Son sang et des mèches de cheveux gluantes me collaient au visage et aux vêtements. Dès que nous sommes arrivés à Parkland Hospital, tout le monde a tout fait pour me convaincre d'aller me changer. Mais je ne voulais pas. Je voulais que le monde voie ce qu'ils avaient fait à Jack. »

Son seul réconfort, dit-elle, était de savoir que Jack n'avait pas souffert. Il avait plusieurs fois déclaré qu'il ne voulait pas finir comme son père – muet, à moitié paralysé et condamné à la chaise roulante. Il préférait la mort au handicap permanent. Elle savait cela depuis qu'il s'était fait opérer du dos, au début de leur mariage.

White évoque le climat politique du pays au moment de l'assassinat – l'éventualité d'un complot, voire d'une implication du gouvernement. Mais à sa grande surprise, Jackie n'accorde aucun intérêt à la multitude de thèses qui ont vu le jour concernant le meurtre de son mari. « Qu'est-ce que ça pourrait bien changer, demande-t-elle, qu'il ait été tué par la CIA, le FBI, la mafia, ou simplement par un misanthrope à moitié fou ? Ça ne changerait rien. Ça ne le ramènera pas. Ce qui importe à présent, c'est que la mort de Jack puisse être reliée à un contexte historique dont on se souviendra. »

En l'écoutant, White comprend que de toute évidence, l'ex-Première Dame a longuement réfléchi à la question, pour finalement imaginer le concept de Camelot, terme que l'on n'avait jamais associé jusqu'ici à l'administration Kennedy. « L'idée était ingénieuse », commente White. Lier explicitement le 35e Président des Etats-Unis à la cour du roi Arthur, à ses grands idéaux et à son idéologie progressiste est son invention, sa contribution à la cause. Elle espère ainsi honorer la mémoire de son mari pour que sa présidence reste inoubliable.

Symboliquement, Camelot semble un choix judicieux. Alan Jay Lerner, camarade de promotion de JFK à la Choate School puis à Harvard, a composé les paroles de la comédie musicale, il comptait aussi parmi les invités réguliers de la Maison Blanche. Ironie du sort, le soir de la réception en l'honneur des juges de la Cour suprême, la veille du départ des Kennedy pour le Texas, soir où Jackie apprend aussi la dernière infidélité de son mari, la fanfare des Marines a justement interprété des passages de *My Fair Lady* et de *Camelot*. Parmi eux se trouve le morceau qu'elle va choisir pour en faire un résumé nostalgique de la présidence de JFK :

Don't let it be forgot
That once there was a spot
For one brief shining moment
That was known as Camelot[1].

Après avoir récité ces vers, Jackie ajoute : « Jack ne citait presque que les classiques, alors j'ai honte, mais ces paroles de la comédie musicale ne me sortent pas de la tête. Elles faisaient partie de ses préférées. Il se reconnaissait en elles, et les écoutait souvent sur son électrophone avant de s'endormir. »

L'ex-Première Dame poursuit : « L'Histoire est écrite par de vieux grincheux. Alors que la vie de Jack est plus proche du mythe et de la magie que de la théorie ou de la science politiques. L'Histoire appartient aux héros, et les héros doivent rester inoubliables. Je veux que l'on se souvienne de Jack comme d'un héros, au moins pour mes enfants. Il y aura d'autres grands présidents, mais jamais un autre Camelot. »

Jacqueline s'exprime avec tant de passion que pour White, par certains côtés, tout cela fait sens. « Je voyais bien qu'elle réinterprétait l'Histoire, dit-il, mais j'étais impressionné par la manière dont elle parvenait à exprimer la tragédie en des termes si romantiques, si humains. Ça avait quelque chose d'extrêmement subjuguant, surtout compte tenu des difficultés qu'avait connues leur couple. »

---

1. Qu'à jamais on se souvienne, que pour un court et lumineux moment, exista un jour un endroit, connu sous le nom de Camelot.

Bobby et Jackie

White comprend que Jackie attend de lui qu'il fasse de *Camelot* son épilogue à l'article de *Life*. « Vu les circonstances, ça ne me paraissait pas trop demander, estime le journaliste. Si bien que je me suis dit : pourquoi pas ? Si c'est tout ce qu'elle veut, donne-le-lui. Résultat : *Camelot* est devenu l'épitaphe des années Kennedy – un moment magique dans l'histoire du pays où des hommes galants dansaient avec de superbes femmes, où l'on accomplissait de grandes choses, où le centre de l'univers se trouvait à la Maison Blanche. »

Cependant, lorsque l'humoriste et chroniqueur de presse Art Buchwald tombe sur l'article, il ne peut que rire. « Je savais à quel point Jackie pouvait se montrer convaincante et sérieuse, et sans doute l'était-elle pour que Ted White avale pareille couleuvre, analyse-t-il. Je connaissais Jack et Jackie depuis des années et jamais je n'avais entendu ni l'un ni l'autre ne serait-ce que mentionner *Camelot*. Pour être honnête, Jack détestait les comédies musicales. Il me l'a dit lui-même quand j'ai réalisé son portrait pour l'édition parisienne du *Herald Tribune* en 1962. » Et Buchwald de finir par un jeu de mot : « Le seul lien que je voie entre Camelot et JFK, c'est ce dernier *"came a lot*[1]*"*, glisse-t-il. Là, par contre, ça prend tout son sens pour moi. »

---

1. *Came a lot* : jouissait beaucoup.

4

Maintenant que le Président n'est plus là, Jackie doit
se préoccuper de trouver un logement pour elle et ses
enfants. En 1962, Jack et elle ont vendu la maison de
ville de deux étages qu'ils avaient achetée à Georgetown
six ans plus tôt. Sa mère et son beau-père lui offrent de
venir provisoirement s'installer chez eux, mais l'idée ne
la séduit guère. Elle envisage un temps de déménager à
Wexford, la résidence qu'elle a fait construire pour ses
week-ends à Atoka, en Virginie, mais finit par changer
d'avis. Elle préfère ne pas s'éloigner de Washington afin
que Caroline puisse terminer sa première année d'élémentaire à l'école de la Maison Blanche.

Elle finit par demander conseil à John Kenneth Galbraith, économiste à Harvard nommé ambassadeur en
Inde sous JFK. Celui-ci, qui est rentré aux Etats-Unis
pour les funérailles, en touche quelques mots à Averell et
Marie Harriman, des démocrates influents au sein du
parti, washingtoniens de longue date, qui offrent à Jackie de s'installer chez eux, à Georgetown. Ils ont une
résidence de onze pièces au 3038 N Street, à trois rues
de l'ancienne résidence du couple Kennedy. Pour lui

67

faire de la place, le couple acquiert non loin des suites contiguës au Georgetown Inn. Dix jours après l'assassinat, Jackie, Caroline et John quittent la Maison Blanche. Avec eux, un contingent de domestiques dont Maud Shaw, Nancy Tuckerman (la secrétaire de Jackie en charge des événements mondains à la Maison Blanche) et une équipe d'agents du Secret Service que Lyndon Johnson a affectée à la famille. Le décret présidentiel (validé par le Congrès) stipule que le Secret Service restera auprès de Caroline et John-John jusqu'à leurs seize ans révolus, et auprès de Jackie jusqu'à son remariage le cas échéant, ou pour le restant de ses jours dans le cas contraire.

En signe de bienvenue, les Harriman donnent un dîner au Jockey Club. Le sénateur du Kentucky John Sherman Cooper et sa femme Lorraine, des amis proches de la famille, font de même. L'ambassadeur Charles Whitehouse, qui monte souvent à cheval avec Jackie, lui organise pour sa part un cocktail au Washington F Street Club. Celui-ci décrira plus tard la présidence Kennedy comme « un magnifique coucher de soleil avant une interminable nuit glaciale ».

Mi-décembre 1963, après la parution dans *Life* de l'article de Theodore White qui rend hommage à JFK à travers le mythe de *Camelot*, Bobby et Ethel Kennedy organisent un cocktail chez les Harriman. Parmi les invités figurent Randolph Churchill (le fils de Winston), Robert McNamara, Ted et Joan Kennedy, Steve et Jean Kennedy Smith, Pat Lawford, Pierre Salinger, le ministre de l'Intérieur Stewart Udall, Ben et Tony Bradlee, Stas et Lee Radziwill, George Kennan (l'homme d'Etat, de retour de Yougoslavie où il était ambassadeur) et la propriétaire du *Washington Post* Katharine Graham. Sans oublier Lyndon Johnson, isolé au sein d'une assemblée en grande partie pro-Kennedy. Laquelle a pris l'habitude de le considérer comme un intrus, sans véritable droit au trône. D'autant que Johnson s'exprime avec un fort accent du Texas et n'a pas l'élégance et la sophistication de JFK. Même Jackie se laisse prendre au jeu. Malgré la lettre de remerciements qu'elle lui a adressée le 26 novembre afin de lui exprimer sa gratitude pour l'aide et la bienveillance dont il a fait preuve, elle se met à surnommer le Président et sa femme, moquant leurs origines texanes, « Colonel pain-de-maïs et sa petite côte-de-porc ».

« Le jour du cocktail, se souvient Pierre Salinger, tout le monde l'a tenu à l'écart. On ne pouvait que le plaindre. Il avait fait le maximum, après tout, pour soulager Jackie. A sa demande, parce que JFK avait été à l'origine du programme spatial américain, il avait fait rebaptiser Centre spatial John F. Kennedy la base de l'armée de l'air à Cap Canaveral et le centre de lancement opérationnel de la Nasa. Il a également débloqué un budget de 50 000 dollars par an pendant deux ans pour couvrir les frais de personnel et les frais de bureau de Jackie. Il lui a même proposé de la nommer ambassadeur en France. En retour, les Kennedy l'ont traité misérablement. Durant sa présidence, Ted Kennedy a été le seul membre du clan à avoir maintenu avec lui des relations cordiales. Les autres l'ont considéré comme un lépreux. »

Après la série de fêtes, Jackie craque nerveusement. Elle ne quitte plus que très rarement sa chambre, et presque jamais la maison. Elle se ronge compulsivement les ongles. Elle ne prend plus les coups de fil. Elle ne veut

voir personne, sauf Bobby, et demande à Nancy Tuckerman de décommander tous ses rendez-vous. Lyndon
Johnson l'invite à la Maison Blanche, mais elle refuse
– il est beaucoup trop tôt. Il lui demande alors de rejoindre le comité d'embellissement de Washington créé à
l'initiative de Lady Bird, la nouvelle version du projet de
rénovation de la Maison Blanche lancé en son temps par
Jackie. Elle refuse. Pendant les vacances de Noël 1963,
elle emmène Caroline et John-John voir leurs grands-
parents paternels à Palm Beach, en Floride. Bobby Kennedy est là, lui aussi, et offre à Jackie le cadeau que Jack
avait prévu de lui faire : une petite sculpture de la déesse
égyptienne Isis. Pour le nouvel an, Jacqueline et ses
enfants retrouvent Ted Kennedy et sa marmaille dans un
chalet d'Aspen, dans le Colorado. Ses enfants sur les pis-
tes, Jackie, semble-t-il, se noie dans l'alcool.

A son retour à Washington, consciente qu'elle ne peut
pas s'imposer chez les Harriman éternellement, elle se
met en quête d'un logement. En compagnie de John
Kenneth Galbraith, elle en visite une douzaine avant de
se décider pour une bâtisse de style colonial en brique
fauve située au 3017 N Street, à deux pas de chez les
Harriman. La maison de quatorze pièces sur trois
niveaux est affichée à 215 000 dollars. Jackie ne dispose
pas d'une telle somme et refuse de s'endetter, elle se
tourne donc vers Bobby Kennedy. L'Attorney General
parvient à convaincre le vendeur de la céder pour
195 000 dollars, avant d'autoriser Steve Smith à prélever
pour sa belle-sœur la somme de 100 000 dollars sur les
fonds de la fondation Joseph P. Kennedy. Jackie verse la
différence en liquide.

La résidence du 3017 N Street présente cependant un défaut : elle est bâtie sur une hauteur, en surplomb du trottoir et on y accède par un raide escalier en bois. Conséquence : il est facile, depuis la rue, de voir ce qui se passe derrière les vitres. Même lorsque les rideaux sont tirés, sous certains angles, l'intérieur est clairement visible, si bien que l'endroit devient rapidement l'attraction touristique phare de Washington. Jour après jour, les rues étroites de Georgetown voient défiler les touristes avides d'apercevoir le trio légendaire. Certains pique-niquent sur le bord du trottoir devant la maison, laissant derrière eux sacs en papier froissés et bouteilles de Coca vides. Les plus audacieux grimpent au magnolia devant la maison, ou sur les voitures. Ils se garent en double file, bloquant la circulation, scandent le nom de Jackie encore et encore, comme un mantra. Quelques-uns dorment sur place, dans leur voiture, achetant leurs repas à des vendeurs de rue qui proposent un choix impression-nant de snacks et de plats préparés. On trouve aussi des bibelots et des souvenirs à l'effigie des Kennedy – cartes postales, T-shirts, porte-clés... Sans parler des douzaines de reporters et de photographes de presse qui montent la garde 24 heures sur 24, en compagnie des techniciens radio et des équipes de télévision.

« Depuis que Jackie et ses enfants se sont installés dans leur nouvelle maison sur N Street, peut-on lire dans un éditorial du *Washington Post*, le district de Georgetown autrefois tranquille et coquet commence à prendre des airs de casbah marocaine. » Chaque fois que Jackie ou ses enfants sortent de chez eux, la police de Washington et le Secret Service interdisent l'accès à la rue et leur ouvrent le passage au milieu des hurlements de la foule. La même procédure est appliquée quand ils rentrent. Malgré ces efforts, des badauds franchissent les barricades pour toucher ou embrasser les enfants. Un jour, une folle va jusqu'à attraper les cheveux de Caroline, qu'elle refuse de lâcher jusqu'à ce que la police vienne l'appréhender. Photographes professionnels et amateurs ne se privent pas de mitrailler les enfants effarouchés par les flashs. Les tour-opérateurs de Washington font de la maison un passage obligé dans leurs circuits en autocar, déversant des centaines de passagers chahuteurs qui tiennent à voir tout ça de plus près.

L'étrange atmosphère qui se répand sur Georgetown, le tapage permanent, la clameur érodent peu à peu pour Jackie tout espoir de commencer à Washington une nouvelle vie. Elle est plus déprimée que jamais. Prisonnière chez elle, elle passe ses journées au lit à feuilleter des albums de famille et fond souvent en larmes. Pour lui prouver qu'elle peut sortir sans être agressée, Robert McNamara, secrétaire à la Défense (l'un des rares membres du gouvernement de JFK à être resté en poste sous Johnson), la convainc de sortir déjeuner en sa compagnie. « Ça a tourné au désastre », se souvient-il. Dans la rue, des dizaines de touristes leur emboîtent le pas. Une femme hystérique les rattrape et colle une bible sous le nez de Jackie. Une autre l'interpelle bruyamment pour l'accuser d'avoir commandité l'assassinat de son mari. Et à leur arrivée au restaurant, tout le monde se tait, bouche bée. Tous les regards se tournent vers Jackie. Les serveurs, les serveuses, les placeurs se pressent dans la salle pour la voir de plus près. « J'ai l'impression d'être un monstre de foire, une femme à barbe », lâche Jackie. « Sa présence faisait sortir tous les fous que comptait la ville », remarque McNamara.

Le secrétaire à la Défense a déjà vécu un autre épisode malheureux en compagnie de Jackie. Quand celle-ci s'est installée dans sa villa de Georgetown, il lui a apporté un portrait à l'huile inachevé de JFK, acheté dans une galerie de la ville. Jackie l'a posé par terre dans la salle à manger, contre le mur où elle espérait l'accrocher. Et en le voyant pour la première fois, Caroline est allée couvrir de baisers le visage de son père, avant de fondre en larmes. « Quand elle a vu la toile, Caroline a perdu la tête, racontera Jackie à McNamara le lendemain par téléphone. J'ai dû le cacher dans un placard. Il faut que vous veniez le reprendre. »

D'autres ont des histoires tout aussi émouvantes. Franklin D. Roosevelt Jr., le chaperon de Jackie lors de sa croisière à bord du *Christina* en 1963, se souvient d'avoir un soir raccompagné l'ex-Première Dame après une petite sauterie organisée chez lui. En se garant devant le 3017 N Street, il remarque un groupe d'inconnus assis sur l'escalier en bois qui mène à sa porte. « Je n'en peux plus, lui glisse Jackie. Ils me suivent comme des petits chiens partout où je vais. Ils me rendent folle. » Roosevelt descend alors de voiture le premier pour chasser les intrus. Puis il accompagne Jackie à l'intérieur et passe quelques minutes à tenter de la calmer.

« Elle m'a dit que malgré les antidépresseurs et les somnifères, elle ne parvenait pas à dormir, raconte Roosevelt. Elle était devenue insomniaque. Elle ne cessait de revivre l'assassinat, de s'en repasser les images en se demandant s'il y avait quelque chose qu'elle aurait pu faire pour sauver la vie de Jack ce terrible jour. Elle m'a parlé de Caroline et de John Jr. Elle s'était juré d'être à la fois une mère et un père pour eux, de les élever aussi normalement que possible. Elle a aussi mentionné Bobby Kennedy. Sans lui, m'a-t-elle dit, elle aurait tout aussi bien pu mettre un terme à tout ça, ce qui voulait dire, je pense, qu'elle se serait supprimée. »

Un certain nombre d'amis et de collaborateurs de Jackie à Washington notent un changement sensible dans la personnalité de l'ex-Première Dame. Un jour, Susan Mary Alsop, épouse du journaliste Joseph Alsop, vient prendre le thé avec elle. « Je ne l'avais pas vue depuis les funérailles, et je tenais à lui offrir quelques mots de réconfort pour l'aider à se sentir mieux, raconte-t-elle. J'ai donc bafouillé quelque chose comme "Au moins, Jack repose en paix auprès de Dieu". Elle m'a lancé un regard noir avant de rétorquer : "C'est la chose la plus stupide que j'aie jamais entendue, Susan." Je me suis excusée. Mais elle s'est dépêchée de finir son thé et m'a presque fichue dehors. Je lui ai écrit plusieurs fois, j'ai tenté de l'appeler, mais je n'ai plus jamais eu de ses nouvelles. »

Après l'assassinat, Evelyn Lincoln, la secrétaire de JFK au Sénat et à la Maison Blanche, se voit confier le classement et le catalogage des papiers personnels et officiels du Président. Au bout de quelque temps, elle vient se plaindre à Jackie : elle n'a pas pris une seule journée de repos depuis plusieurs mois. « Madame Lincoln, de quoi vous plaignez-vous ?, lui rétorque alors, insensible, l'ex-Première Dame. Vous avez toujours votre mari et votre emploi. Moi, ma seule perspective à présent est de voir la bibliothèque présidentielle qu'ils projettent de construire à Boston en hommage à Jack. » Entre les deux femmes, la relation va continuer à se dégrader. Jackie va plus tard accuser la secrétaire d'avoir emporté des documents et des textes de la collection, chose que celle-ci démentira catégoriquement. Evelyn Lincoln finira d'ailleurs par refuser de céder ses dossiers personnels à la bibliothèque Kennedy et en fera don à la bibliothèque présidentielle Lyndon Baines Johnson d'Austin, au Texas.

Mary Gallagher, la secrétaire personnelle de Jackie à la Maison Blanche, a droit au même traitement. Engagée pour épauler Evelyn Lincoln dans sa mission, Mary fait l'erreur de demander une petite augmentation à Jackie. Laquelle, après l'avoir chapitrée une heure durant, la renvoie sans un sou d'indemnités, lui accordant seulement deux semaines de préavis. Dans le récit de ses années au service des Kennedy qu'elle écrira par la suite, Mary Gallagher n'aura d'ailleurs pas que des commentaires flatteurs à l'égard de l'ex-Première Dame.

George Plimpton, quant à lui, se souvient d'avoir demandé à Jackie la permission de publier dans le magazine *Harper's* un article parfaitement inoffensif sur la visite de JFK et Caroline à Newport lors de la dernière édition de l'America's Cup. « En réaction, elle a piqué une crise, raconte-t-il. Elle s'est catégoriquement opposée à l'idée et a menacé de porter plainte si l'article paraissait où que ce soit. "Mais, ai-je dit, tu me connais depuis des années. Tu sais parfaitement que je n'écrirais jamais quoi que ce soit de négatif." J'ai cependant mis le papier de côté et ne l'ai publié que des années plus tard, après la mort de Jackie en 1994. »

La publication dans *Paris Match* d'un article insinuant que Caroline est suivie par un pédopsychiatre depuis la disparition de son père suscite, elle aussi, une vive querelle. Après avoir lu l'article, Jackie contacte Pierre Salinger pour lui demander d'exiger une rétractation de la part du magazine parisien. Philippe de Bausset, à l'époque chef du bureau du magazine à Washington, indique alors à Salinger que l'article est fondé sur des informations fournies par une source fiable.

« Et qui donc ? s'enquiert Salinger.

– Nous protégeons nos sources, comme toutes les publications respectables, rétorque le Français. Mais dans ce cas précis, cela ne me gêne pas de vous le dire. Il s'agit de Steve Smith, le beau-frère du Président.

– Voir Steve Smith s'exprimer sur un sujet si personnel est difficile à croire, remarque Salinger. Quoi qu'il en soit, Mme Kennedy exige que vous vous rétractiez. Si vous refusez, elle vous poursuivra en justice. »

Après avoir réuni en urgence le comité éditorial, Bausset rappelle Salinger pour l'informer que *Paris Match* maintient sa version des faits et n'a aucune intention de publier une rétractation. Sachant mieux que quiconque que l'histoire est exacte, et privée de moyens de pression, Jackie retire sa plainte. Non sans avoir au préalable prévenu les journalistes de veiller dorénavant à vérifier leurs sources avant de publier quoi que ce soit concernant ses enfants.

Pour LeMoyne (Lem) Billings, l'un des plus vieux amis de JFK, Jackie souffrait d'un trouble maniaco-dépressif. « On ne pouvait jamais savoir à quoi s'attendre, ni dans quelle humeur on la trouverait, témoigne-t-il.

Tard un soir, elle m'a téléphoné au bord des larmes. Elle m'a dit qu'elle avait demandé le transfert de l'un des agents du Secret Service [Bob Foster] en poste auprès des enfants parce que John-John avait commencé à l'appeler "papa ". "Ce n'est pas si grave, Jackie, lui ai-je dit. C'est presque inévitable." Elle a explosé : "Comment pourrais-tu le savoir, Lem ? Tu es homosexuel – tu n'as jamais eu d'enfants !" »

Billings se rappelle avoir reçu une invitation de Jackie début 1964. Ce jour-là, en arrivant à Georgetown, il croise le docteur Max Jacobson, sur le départ. « Je connaissais Jacobson via Jackie, laquelle m'avait envoyé chez lui plusieurs fois en 1961 et 1962. Il faisait des injections de méthamphétamine. Un produit dangereux. Les piqûres avaient provoqué des infections chez plusieurs de ses patients, d'autres étaient devenus accros. Sans y aller par quatre chemins, j'ai avoué à Jackie ce que je pensais de lui. Et le lendemain, j'ai appelé Bobby Kennedy. Quand je lui ai dit avoir vu Jacobson chez elle, Bobby s'est emporté. Il a appelé le bureau du docteur à New York pour le prévenir qu'il ferait bien de ne plus s'approcher de sa belle-sœur. "Si vous y retournez, lui a dit Bobby, je ferai en sorte que vous ne puissiez plus jamais pratiquer la médecine." »

Quelques jours après l'une des injections, Jackie est vue en train de partager un déjeuner tardif avec Clint Hill, l'agent du Secret Service, au Jockey Club de Washington. « Ils étaient installés sur une banquette au fond du restaurant, raconte Carl Franks, un agent immobilier. Il n'y avait pas grand monde. Je me trouvais là avec ma femme. Il était évident que Jackie avait bu. Elle parlait d'une voix forte, sans articuler, ses propos entrecoupés d'éclats de rire hystériques. Puis, tout d'un coup, elle a glissé de la banquette et s'est retrouvée par terre. D'un bond, l'agent du Secret Service était debout pour l'aider à se relever. Quand ils sont partis, à la fin du repas, il la portait presque. S'il ne l'avait pas soutenue, elle aurait de nouveau trébuché. »

Chaque fois que William Manchester, l'historien choisi par Jackie (et Bobby Kennedy) pour le récit officiel de l'assassinat (*Mort d'un Président*), vient l'interviewer dans le cadre du livre, celle-ci cherche un remontant dans l'alcool. « J'ai réalisé six ou sept entretiens avec elle, certains tard le soir, explique Manchester. Ça devait lui être extrêmement douloureux parce qu'elle buvait beaucoup. Plusieurs fois, elle a dû faire une pause, le temps de se reprendre. J'ai remarqué que son humeur changeait du tout au tout d'une session à l'autre. L'alcool n'y était peut-être pas étranger. »

Les enfants de Jackie ne manquent pas de remarquer eux aussi ses sautes d'humeur imprévisibles. Jacqueline Hirsh, professeur de français de Caroline à l'école de la Maison Blanche, a commencé à donner des cours particuliers aux enfants. Tous les lundis après-midi, elle organise pour Caroline des sorties durant lesquelles elles ne parlent que français. Dans le récit oral qu'elle en a fait pour la bibliothèque JFK, Hirsh indique s'être rapidement rendu compte à quel point Caroline était « pâle et malheureuse ». « Ma maman reste au lit toute la journée et elle ne fait que pleurer », confie la petite fille à sa tutrice. Dès qu'elle voit un reporter ou un photographe, l'enfant se cache derrière Jacqueline Hirsh ou se tapit sur le plancher de la voiture. Une fois, elle va interrompre l'une de ses séances hebdomadaires de catéchisme pour lancer à la cantonade que sa mère a pleuré toute la nuit. « Je lui dis que tout va bien se passer, raconte alors la petite. Mais elle ne s'arrête pas. »

Très vite, à l'école de la Maison Blanche, mère et fille deviennent le principal sujet de conversation. William Joyce, avocat à Washington dont la fille est aussi scolarisée là-bas, a vu l'ex-Première Dame lors de l'anniversaire d'un petit camarade : « Jackie portait une paire de nu-pieds couleur lavande et un vieux tailleur-pantalon froissé. Ses cheveux avaient l'air sale et son maquillage approximatif. Elle n'avait pas du tout bonne mine. Caroline encore moins. J'avais rarement vu une petite créature aussi malheureuse. Alors je me suis approché d'elle et je lui ai dit : "Bonjour, Caroline, comment vas-tu ?" "Bien", a-t-elle répondu. Mais non, elle n'allait pas bien. Elle avait l'air extrêmement tendue et prostrée. »

Tandis que Jacqueline Kennedy pleure la perte d'un mari avec qui elle a vécu une relation déstabilisante, en dents de scie, Bobby Kennedy pleure la mort d'un frère qu'il adorait. Convaincu que sa vie est brisée, RFK ne parvient pas à se contenter du réconfort que lui procurent les prières apprises à l'église lorsqu'il était enfant. La foi d'Ethel est plus spontanée que la sienne, moins encline au doute. Il lui est donc devenu difficile de réconforter son mari. Son ami Coates Redmon se souvient de plusieurs conversations à Hickory Hill après la disparition de JFK : « Quelqu'un demandait : "Qu'allons-nous faire à propos de telle ou telle chose ?" Vous savez, des discussions concernant la conduite du pays. Et Ethel disait : "Jack va s'en occuper, il est au paradis, il veille sur nous, il va nous montrer quoi faire." Elle faisait souvent des remarques de ce genre. Si bien qu'un jour, Bobby s'est adossé à son fauteuil et a lancé : " Vous venez d'entendre la voix de la femme de l'Attorney General des Etats-Unis d'Amérique. A présent, qu'elle se taise." »

Le désespoir de Bobby est dû pour une grande part à la culpabilité du survivant. Connaissant le climat de haine qui régnait à Dallas au moment de l'assassinat de son frère, RFK a le sentiment qu'il aurait dû faire quelque chose pour empêcher le voyage. Le sénateur William J. Fullbright et l'ambassadeur à l'ONU Adlai Stevenson ont tous deux été la cible de violents éditoriaux dans le *Dallas Morning News* ; lors de leurs visites respectives, ils ont été accueillis par une pluie d'œufs. Le 4 novembre 1963, Byron Skelton, responsable au Texas du comité national du parti démocrate, a écrit à RFK : « Pour être franc, le déplacement que le Président Kennedy envisage m'inquiète. » Dallas n'était pas un endroit sûr, Bobby ne le niait pas, mais les obligations politiques passaient avant la sécurité personnelle du Président.

Qu'il ait échoué à s'interposer pèse cependant moins lourd sur la conscience de Bobby que le comportement dont il a fait preuve tout au long de la présidence de son frère. C'est lui, en effet, qui a été le moteur des opérations les plus dangereuses et les plus agressives de l'administration Kennedy. Il a poussé le gouvernement à essayer de se débarrasser de Fidel Castro, à enquêter sur Jimmy Hoffa et à le poursuivre en justice, ainsi qu'à vouloir éradiquer la Mafia et toutes les autres facettes du crime organisé aux Etats-Unis. Il s'est lui-même occupé de régler la situation avec Marilyn Monroe lorsque celle-ci menaçait de rendre publics les détails de sa liaison avortée avec JFK. Il a fait expulser une autre des maîtresses de son frère, une danseuse de revue est-allemande du nom d'Ellen Rometsch, qu'il suspectait d'être un agent russe. Et il fait peu de doute que ces choses et d'autres, menées par RFK au nom de la justice, ont pu jouer un rôle dans l'assassinat de son frère. Moins de vingt-quatre heures après l'événement, Bobby confiera à Larry O'Brien : « Je suis sûr que ce petit enfoiré [Lee Harvey Oswald] a quelque chose à voir avec tout ça, mais il est clair que ce n'est pas lui le cerveau. Il aurait dû me tuer, moi, pas Jack. C'est moi qui veux leur peau. »

Les informations sur l'assassin de Jack et sur l'assassin de l'assassin, Jack Ruby, ne tardent pas. Le jour des funérailles, Bobby sait déjà que Lee Harvey Oswald a des liens avec les communistes et qu'il a séjourné à La Nouvelle-Orléans pour manifester au nom du comité pro-castriste Fair Play for Cuba. Il sait que Jack Ruby est très lié à la Mafia et qu'Oswald s'est lui-même qualifié de « bouc émissaire ». Il sait aussi que la CIA, avec sa permission et sa bénédiction, a ourdi une opération secrète, l'opération Mongoose, en vue d'assassiner Fidel Castro et de renverser le gouvernement cubain, avec l'aide des principaux chefs mafieux recrutés pour l'occasion. Devant un tel imbroglio, il lui est presque impossible de négliger l'éventualité que sa campagne implacable contre Castro et la Mafia ait pu se retourner contre son frère.

S'attachant les services d'agents de la CIA et du FBI dignes de confiance, ainsi que d'employés de son propre département, il passera la plus grande partie de l'année suivante à superviser une enquête approfondie menée à titre privé dans le but de découvrir les véritables raisons de la mort de son frère. « Il ne parlait presque que de ça, indique Ken O'Donnell. Il lui arrivait de m'appeler tard le soir pour passer en revue les multiples combinaisons et permutations qui auraient pu mener à l'assassinat de Jack. C'est parce qu'il n'accordait aucune confiance à l'enquête menée par la Commission Warren qu'il a pris l'initiative de lancer la sienne. Il soupçonnait les Cubains, les Russes, mais aussi la CIA, le FBI et le Secret Service. Il m'a demandé si je pensais qu'une agence du gouvernement pouvait être impliquée. Il a posé la même question à Courtney Evans, l'agent du FBI qui faisait la liaison entre les Kennedy et J. Edgar Hoover. J'ai mentionné le syndicat du crime – la Mafia. Je suis sûr qu'il les pensait compromis. Il soupçonnait Carlos Marcello, le capo de La Nouvelle-Orléans avec lequel Jack Ruby entretenait des liens. Mais il n'a jamais résolu la question de manière satisfaisante. "Ils auraient dû me tuer, moi", répétait-il tout le temps. Sans préciser qui il entendait par "ils". »

Avec tous les ennemis qu'il s'est fait au fil du temps, Bobby se croit responsable de la mort de son frère. « Il se sentait terriblement coupable », se souvient Larry O'Brien, qui l'exhorte à l'époque à « laisser tomber pour l'instant et à passer à autre chose ». « Nous avons besoin de toi pour nous ramener à la Maison Blanche, lui dit-il. C'est ce que ton frère aurait voulu. »

S'il finit par mettre un terme à son enquête personnelle, RFK ne cessera jamais d'envisager la probabilité d'une conspiration. L'idée le hante et le paralyse. Il perd du poids, se tasse littéralement. Ses conseillers au département de la Justice savent tous qu'il ne vient plus au bureau. Les rares fois où il y fait une apparition, il paraît distrait, absent. L'homme qui n'a eu de cesse de dire à ses enfants : « Les Kennedy ne pleurent pas » verse fréquemment des larmes. Comme Jackie, il a du mal à dormir. Refusant les sédatifs que les médecins lui proposent, il prend souvent sa Cadillac et part seul dans la nuit.

Peter Stanford, propriétaire d'un petit bar d'Arlington, n'a pas oublié les visites nocturnes de Bobby juste après l'assassinat. « Il passait trois ou quatre soirs par semaine, toujours seul, raconte-t-il. Il arrivait tard, commandait une bière, et nous discutions. Il aimait mon bar parce que c'était un endroit ordinaire, un bar d'ouvriers. Personne ne venait l'y importuner. Il se remémorait son enfance, la vie avec ses frères, surtout JFK. Il parlait des enfants de Jackie, du fait qu'ils allaient devoir grandir sans père. Vu comment il s'exprimait, je me disais qu'il voyait beaucoup Jackie. Il m'a dit qu'il ne parvenait pas à communiquer avec sa femme. Ethel, qui avait perdu ses parents dans le crash d'un avion privé, était tellement pleine de ferveur religieuse qu'elle s'opposait à l'enseignement des théories de Darwin à l'école privée où étaient scolarisés ses enfants. Jackie, en revanche, le comprenait. Elle savait exactement quoi lui dire, parce qu'ils avaient les mêmes problèmes. »

De fait, Bobby passe plus de temps avec Jackie, Caroline et John Jr. qu'avec sa propre famille. Lui qui adhère au mythe de Camelot adopté par toute la famille, joue de plus en plus souvent les Lancelot pour Jackie, sa Guenièvre, surtout quand il s'agit de l'aider à élever sa progéniture. RFK est devenu un père de substitution pour Caroline et John Jr., note Maud Shaw dans sa biographie, *White House Nanny*. Il arrive chez Jackie, sur

3017 N Street, tôt le matin et s'assoit avec les enfants à la table du petit déjeuner. Il joue avec eux, leur lit des histoires pour les endormir, leur parle de leur père et leur rappelle constamment quel « grand homme » il était. Il leur apprend à skier et à nager. Le jour de la fête des pères, à l'école de Caroline, c'est lui qui vient remplacer son frère. « Ce qui est triste, écrit Maud Shaw, c'était que lui-même a presque failli craquer. S'il n'était pas du genre à s'apitoyer sur son sort, il avait toujours l'air en souffrance. Il était émacié, décharné. Il portait souvent un blouson d'aviateur en cuir avec le sceau présidentiel imprimé en relief. Ce blouson avait appartenu à son frère. Avec tous ses kilos en moins, l'Attorney General le remplissait à peine : il paraissait nager dedans. »

Les souffrances de Bobby sont telles qu'il ne sait plus, avoue-t-il à Jackie, s'il se sent capable de poursuivre une carrière au service de l'Etat. Il veut quitter Washington et s'installer quelque part en tant qu'avocat, de préférence à New York ou Boston. Jackie réagit en lui écrivant une lettre des plus sympathiques et des plus tendres, pour l'implorer de ne pas laisser tomber, de ne pas démissionner. Elle lui dit qu'elle a besoin de lui, et ses enfants aussi. « Maintenant que Jack n'est plus là, Caroline et John ont plus que jamais besoin de toi. Et le pays, par-dessus tout, a besoin de toi. Il est temps d'honorer le souvenir de Jack – de cesser de le pleurer. Toi comme moi, nous manquerions à nos devoirs envers ce souvenir si nous fléchissons. Jack voudrait que tous les deux nous poursuivions ce qu'il défendait et pour quoi il est mort. » Avec la lettre, Jackie glisse dans l'enveloppe des feuilles jaunes de bloc sténo couvertes de l'écriture de Jack et intitulées « Notes prises par le Président Kennedy lors de la dernière réunion de cabinet, le 29 octobre 1963 ». Bobby encadrera les pages qu'il accrochera dans son bureau à Hickory Hill.

La lettre de Jackie, écrite mi-janvier 1964, indique qu'elle a non seulement pris la résolution de sauver Bobby, mais qu'elle veut s'en sortir elle aussi. « Elle paraissait être en voie de guérison, remarque Lem Billings. Il y aurait d'autres revers et d'autres obstacles, mais Jackie se montrait globalement déterminée à se reprendre en main. »

Fin janvier, Margot Fonteyn, la danseuse étoile britannique, vient passer le week-end chez Jackie à Georgetown. Robert Kennedy est très souvent là. Et quand il n'y est pas, il est au téléphone avec Jackie. « Ils paraissaient singulièrement proches, note-t-elle, évidemment attirés l'un vers l'autre par le chagrin qu'ils partageaient. »

Se trouvant enfin en tête à tête avec Jackie, Margot Fonteyn lui fait part de sa tristesse après la mort du Président. D'abord, Jackie ne dit rien, puis :

« Jack me manque, bien sûr, mais surtout pour les enfants, confie-t-elle. Pour être honnête, nous avions notre lot de problèmes et être à la Maison Blanche n'arrangeait pas vraiment les choses.

– Quel couple marié n'en a pas ? » lui répond alors la danseuse étoile.

Margot Fonteyn reconnaîtra plus tard avoir trouvé étrange la candeur avec laquelle l'ex-Première Dame a évoqué ainsi son mariage, même brièvement, devant une quasi-inconnue : « J'avais rencontré les Kennedy pendant qu'ils étaient à la Maison Blanche, mais avant ce week-end-là, je n'avais pas été souvent seule avec Mme Kennedy. Cependant, en y repensant, j'ai commencé à comprendre. Il est toujours préférable de se livrer à quelqu'un que l'on connaît peu, plutôt qu'à un ami. Le soi-disant ami vous trahira, mais pas un étranger. Par ailleurs, Jackie ne m'a pas donné l'impression d'être du genre à savoir s'entourer d'alliés. Elle semblait avoir des difficultés à faire confiance aux gens et en particulier aux femmes. »

Au cours de son séjour, Margot Fonteyn se voit confier d'autres secrets de famille. John Kennedy, le coureur de jupons, s'était mis à se méfier des fréquents rendez-vous de sa femme avec d'autres hommes. Il la soupçonnait notamment d'entretenir une liaison avec Gianni Agnelli, le magnat italien actionnaire principal de Fiat. Et ce, au point d'insister pour que soient réalisés des tests de paternité pour Caroline comme pour John Jr. Apparemment, les résultats l'avaient satisfait, puisqu'il avait cessé d'en parler.

L'aveu le plus surprenant du week-end, cependant, concerne Bobby Kennedy. L'ex-Première Dame va lui raconter que peu après l'autopsie du Président, Bobby s'est débarrassé de plusieurs dizaines de lamelles contenant de la matière cérébrale de son frère. « Il m'a dit, expliquera Jackie, qu'il ne voulait pas prendre le risque de les voir un jour réapparaître dans quelque exposition écœurante au Smithsonian ou ailleurs. Alors il les a jetées, comment le lui reprocher ? »

Ce même mois, la maison de Georgetown reçoit une autre visite, celle d'Aristote Onassis. Lequel s'est remis à fréquenter Lee, la sœur de Jackie, et a nommé son mari

Stas à la tête d'Olympic Airways, l'une des nombreuses entreprises qu'il possède. « Il espérait de cette façon se débarrasser de Stas, explique Pierre Salinger, même si, en réalité, les deux hommes étaient assez proches. Stas avait ses propres petites amies. Le seul accroc dans cet arrangement est venu du chroniqueur indépendant, Drew Pearson, qui, lorsqu'il a eu vent de l'arrivée d'Ari chez Jackie, a écrit un article cinglant suggérant qu'il couchait avec les deux sœurs Bouvier. L'article indiquait également qu'Onassis se livrait à la fraude fiscale aux Etats-Unis depuis deux décennies, pour soustraire à l'impôt ses entreprises, parmi lesquelles des sociétés immobilières et des raffineries. »

Après avoir lu l'article, Bobby Kennedy appelle Pierre Salinger en Californie, où celui-ci brigue un poste de sénateur. « Enfoiré d'Onassis, je le connais depuis des lustres, lui dit-il. La première fois qu'on s'est rencontrés, c'était en 1953, chez Pamela Churchill, à New York. C'était une vipère à l'époque et c'en est toujours une. Compte en banque mis à part, je ne vois pas ce que Jackie lui trouve. »

Le lendemain, Onassis retourne chez Jackie, cette fois avec sa fille Christina, alors adolescente. « Mon père trouve que Jackie a l'air grecque, glisse Christina au journaliste français Pierre Dauphin. Franchement, moi je trouve qu'elle a surtout l'air d'un vampire. Ses yeux sont tellement écartés que je ne peux pas croire qu'ils voient la même chose. »

Si l'amitié et le soutien affectif de Bobby sont indispensables à Jackie, celle-ci passe outre ses mises en garde au sujet d'Onassis. A raison, Pierre Salinger présume qu'Ari prodigue à Jackie à la fois des conseils pour la

gestion de ses affaires, dont elle a bien besoin, et un soutien financier occasionnel. L'essentiel de l'héritage de JFK
est constitué de fonds en fidéicommis au nom de leurs
enfants. Jackie reçoit 200 000 dollars par an, plus une
maigre pension annuelle de veuvage de 10 000 dollars, à
peine assez pour lui permettre de maintenir le train de vie
auquel elle est habituée. Bobby a ajouté à l'héritage
50 000 dollars par an, qu'il a demandé à Stephen Smith
de faire verser en mensualités par la fondation Joseph
P. Kennedy. Pour autant, l'état des finances de Jackie
reste incertain. Et Aristote Onassis n'a aucune difficulté
à combler la différence entre le capital qu'elle perçoit et
ce dont elle a besoin pour continuer à vivre dans le luxe.

Onassis aurait-il continué à « combler la différence »
s'il avait été au courant de ce qui s'est passé peu après sa
visite à Washington, fin janvier ? Le débat reste ouvert.
Le soir du 3 février, en tout cas, Jackie et sa sœur dînent
au Jockey Club avec Marlon Brando et George Englund,
son imprésario. Lee Radziwill a récemment rajouté ce
dernier à son interminable liste d'amants et l'idée du
dîner vient de lui. Dans le premier jet de son autobiographie, *Les chansons que m'apprenait ma mère*[1], en 1994,
Brando consacrait plusieurs pages à sa (ses) rencontre(s)
avec Jackie, mais un éditeur de Random House, ami de
cette dernière, a insisté pour supprimer avant publication les passages trop explicites. Selon l'acteur, pendant
le dîner de trois heures, très arrosé, Jackie va régaler
l'assistance avec des anecdotes de son déplacement semi-
officiel en Inde. Elle raconte en particulier sa rencontre

---

1. Editions Belfond, 1994.

avec Nehru, le Premier ministre qui, dit-elle, lui a appris à méditer des heures durant en équilibre sur la tête. Seule l'irritation de Jackie à la vue d'un groupe de journalistes et de photographes devant le restaurant viendra brièvement entacher la soirée. Après le dîner, les deux sœurs repartent ensemble et sont rapidement rejointes chez Jackie par leurs compagnons de table. En prévision de son rendez-vous galant avec la star sexy, Jackie a envoyé les enfants et leur gouvernante chez sa mère. Tandis que Lee et Englund s'occupent sur le sofa, Jackie et l'acteur dansent et boivent. Jackie, très attirée par Brando, « presse ses cuisses » de manière suggestive contre lui. Ils dansent encore un peu, puis s'assoient et commencent à « se peloter ». « D'après ce que j'avais lu et entendu sur elle, écrit l'acteur, j'avais de Jacqueline Kennedy l'image d'une femme coquette et sensuelle, mais pas particulièrement sexuelle. Je me la figurais plus voyeuse que joueuse. Mais c'était loin d'être le cas. Elle n'attendait qu'une chose, que je la mette au lit. Comme je n'agissais pas, elle a pris le taureau par les cornes et m'a posé la question magique : "Voulez-vous passer la nuit avec moi ?" A quoi j'ai répondu : "Je désespérais que vous me le demandiez." »

Une semaine plus tard, Jacqueline laisse ses enfants à Washington et va passer le week-end à l'hôtel Carlyle de Manhattan, pour revoir Brando, qui la reçoit dans un petit appartement de Sutton Place emprunté à un ami. Après avoir mentionné les « hanches de garçon » et le « corps musculeux » de Jackie, l'acteur dira d'elle : « Sur le plan sexuel, je ne suis pas sûr qu'elle savait ce qu'elle faisait, mais elle le faisait bien. »

Bobby et Jackie

Après avoir passé ces deux nuits avec Brando, Jackie ne cherche plus à le revoir. Deux week-ends plus tard, cependant, elle retourne à New York et s'installe de nouveau au Carlyle. Pendant son séjour, elle partage un petit déjeuner avec l'auteur Irwin Shaw, déjeune avec Truman Capote, et dîne avec Leland et Pamela Hayward (l'ancienne Mme Pamela Churchill et future Mme Averell Harriman). Et termine son séjour en accompagnant Bobby Kennedy (lui aussi à New York pour le week-end) au Waldorf Towers où il doit rencontrer l'ancien Président Herbert Hoover. A moitié aveugle et atteint d'une forme de démence, Hoover s'y perd. « Vous faites un joli couple, vous deux, leur dit-il. Quand vous êtes-vous mariés ? »

De retour à Georgetown, elle appelle Truman Capote (dont sa sœur et elle sont devenues très amies) pour lui dire à quel point New York est fait pour elle. « A New York, personne ne me suit, se réjouit-elle. Je me fonds dans la foule. On me remarque, mais pas autant qu'à Washington. A Washington, tout me fait penser à Jack. Alors que New York me rappelle mon enfance et mon père. Je me sens plus humaine, là-bas. » Quand Capote lui suggère d'envisager de s'y installer, elle lui répond : « Je l'envisage, Truman, je l'envisage vraiment. »

Jackie apprend aussi à Capote que sa sœur a des visées sur Bobby Kennedy, et que récemment, lors d'un déplacement en Extrême-Orient, celui-ci a fait un détour par Londres, où Lee organisait une fête en son honneur. Si elle soupçonne sa sœur d'avoir une liaison avec Bobby, elle n'en a pas la preuve. « Eh bien, elle qui me dit toujours tout ne m'en a rien dit », assure l'écrivain à Jackie. En réalité, pourtant, Capote en est convaincu : RFK et Lee ont bien eu une aventure. Mais il le garde pour lui. « Bobby, comme les autres hommes du clan Kennedy, n'est pas du genre à laisser filer une opportunité », confiera-t-il au producteur de cinéma Lester Persky.

Le week-end de Pâques 1964, plusieurs semaines après le témoignage de l'ex-Première Dame devant la Commission Warren, Ethel Kennedy emmène Caroline, John-John et ses propres enfants skier à Sun Valley, dans l'Idaho, tandis que Bobby, Jackie, Stas et Lee Radziwill ainsi que Chuck Spalding partent une semaine en vacances dans les Caraïbes, invités par Paul et Bunny Mellon dans leur propriété de Mill Reef, qui domine Half Moon Bay à Antigua. Bunny Mellon, la meilleure amie de Jackie, présente ses invités aux financiers américains Jay Gould et Laurens Hammond (inventeur de l'orgue Hammond), qui ont tous les deux une villa sur l'île. Le groupe passe la semaine à se baigner, à faire les boutiques, de la voile, et à dormir. Ils pique-niquent et font du ski nautique. Vont visiter English Harbour et Saint-John. Ils boivent et dansent au Savoy, une boîte de nuit à la mode à l'époque et aujourd'hui disparue, propriété de Roy Chesterfield, un ami des Mellon. Le twist, que Jackie et sa sœur dansent sur un morceau de Chubby Checker, rappelle à Chuck Spalding une soirée de 1962 à la résidence de l'exécutif durant laquelle les sœurs ont interprété la même danse et eu droit à un gros titre dans la page mondaine du *Washington Post* : « Twist à la Maison Blanche. »

« Dans l'ensemble, nous nous sommes plutôt bien amusés à Antigua, se souvient Chuck Spalding. Un soir, nous avons organisé un barbecue sur la plage. Quelqu'un a fait remarquer que Jack ne supportait pas les barbecues

– il avait beau en apprécier la saveur, il les digérait toujours mal. Le simple fait de mentionner son frère a immédiatement plongé Bobby dans la tristesse. Son apparence a changé du tout au tout. Quand elle l'a remarqué, Jackie s'est approchée de lui, lui a mis les bras autour du cou et l'a serré contre elle. Le visage de Bobby s'est illuminé. Je n'ai pas pu m'empêcher de remarquer à quel point ils avaient l'air proches, si bien que je me suis demandé comment Ethel avait bien pu laisser partir son mari en vacances avec Jackie sans l'accompagner. Que lui était-il donc passé par la tête ? »

Il est difficile de ne pas voir qu'entre Bobby et Jackie, l'amitié vire peu à peu à autre chose. Ils se tiennent par la main, se frôlent, se murmurent des mots à l'oreille. Tous les matins, ils font une longue promenade sur la plage. Le soir, assis l'un contre l'autre dans la véranda, ils regardent le ciel étoilé avec émerveillement. « Il se passait clairement quelque chose entre eux, remarque Spalding. Il aurait fallu être idiot, sourd et aveugle pour ne pas le sentir. »

Toujours à Antigua, Jackie offre à Bobby un exemplaire de *The Greek Way*, d'Edith Hamilton, un recueil d'essais sur les personnages majeurs de l'histoire et de la littérature athéniennes. Bobby y trouvera en le lisant une nouvelle philosophie de vie, qui lui permettra de mettre en perspective le décès de son frère. « Quand le monde est mû par la tempête et [...] que surviennent les épreuves, écrit l'auteur, il devient indispensable de connaître toutes les forteresses spirituelles bâties par les hommes à travers les âges. »

Bobby ne se séparera plus de ce livre quasiment jusqu'à sa mort, soulignant les passages clés, écrivant directement ses commentaires sur les pages importantes, prenant par ailleurs des notes, apprenant des phrases par cœur, et sortant son exemplaire aux pages cornées pour en lire de temps à autre des extraits aux amis comme aux inconnus. Le livre deviendra son texte sacré. Celui de la découverte d'un monde de souffrance et de rédemption, un monde dans lequel la destinée de l'homme est déterminée par les dieux, mais aussi un monde dans lequel, malgré la fatalité d'un destin tragique, l'homme n'abandonne pas la lutte. « Ce livre a changé ma vie, dit Bobby. Il m'a donné espoir. »

A l'époque, ce que RFK ne sait pas, en revanche, c'est que Jackie a découvert *The Greek Way* par Aristote Onassis. En le lui donnant, l'armateur lui a soufflé que le livre pourrait l'aider à surmonter sa tristesse. Et Jackie, à son tour, en a acheté un autre exemplaire pour le confier à Bobby. « S'il avait su qu'à l'origine ce livre avait été recommandé à Jackie par Onassis, analyse Larry O'Brien, il ne l'aurait sans doute même pas ouvert. »

5

L'abord souvent dur, sévère et inflexible de Bobby Kennedy n'a jamais empêché Jackie de ressentir pour lui tendresse et compassion. « J'aimerais que tu sois une amibe, lui glisse-t-elle un jour, tu pourrais te multiplier et créer d'autres toi. » Sa fidélité à Bobby, sa détermination à ignorer ses défauts les plus manifestes n'atténuaient cependant en rien le fait qu'il n'était pas doté de la même finesse que Jack, de sa capacité à appréhender calmement une situation, ni de son objectivité mesurée. Au fil des ans, RFK a réussi à s'attirer autant d'ennemis que de partisans et d'amis. « Bobby pouvait être une vraie plaie, témoigne Lem Billings. Soit on l'adorait, soit on le détestait – avec lui, pas de demi-mesure. »

Gore Vidal, le romancier, essayiste et auteur de théâtre, presque parent de Jackie (sa mère, comme celle de l'ex-Première Dame, a été mariée à Hugh Auchincloss), se compte lui-même parmi les détracteurs de RFK depuis une réception à la Maison Blanche durant laquelle celui-ci manque le mettre à la porte pour s'être montré, après quelques verres, trop entreprenant avec

Jackie. Des années plus tard, avec le recul, il dira : « Plus cet épisode s'estompe de ma mémoire, plus je me dis que la seule personne que Jackie ait jamais aimée... était Bobby Kennedy. Il y a toujours eu quelque chose d'étrangement intime dans sa voix quand elle me parlait de lui. »

Au début, leur relation a un côté confidentiel, plutôt discret. Fin mai 1964, deux mois après leur retour d'Antigua, Bobby accompagne Jackie et Ethel à un dîner-croisière officiel à bord du yacht présidentiel, le *USS Sequoia*, sur le Potomac. Selon un article de la journaliste Maureen Orth, qui était encore étudiante à l'époque, paru dans le magazine *Vanity Fair* en décembre 2007, la liste des invités incluait Steve et Jean Kennedy Smith, Red Fay (le sous-secrétaire de la Navy sous JFK), George Stevens Jr. (le chef de la division cinéma de l'Agence américaine d'information), ainsi que l'auteur des discours de JFK (et historien) Arthur Schlesinger Jr. Tout à son admiration pour la splendide robe blanche de Jackie, Maureen Orth, invitée par Red Fay, ne remarque pas ce soir-là le courant particulier qui passe entre Bobby et Jackie. Les regards bouleversants qu'ils échangent à la table du dîner n'échappent pas, en revanche, à Arthur Schlesinger.

« Je savais que les liens de Bobby et Jackie s'étaient resserrés, dit Schlesinger. Je savais qu'ils avaient passé des vacances ensemble à Antigua sans Ethel. Je savais aussi qu'ils travaillaient tous les deux à rassembler des fonds pour la bibliothèque John F. Kennedy de Columbia Point, à Boston. Mais il y avait visiblement plus entre eux que ce que j'avais d'abord cru. »

À un moment donné, au cours du dîner, le nouveau chef de la famille Kennedy et sa belle-sœur s'éclipsent dans l'entrepont et ne remontent que plus de dix minutes après. « Je n'ai aucune idée de ce qui s'est passé entre eux, précise Schlesinger, mais quand ils sont revenus, ils avaient l'air aussi copains et détendus que deux chats du Cheshire. »

Red Fay, lui aussi, se pose des questions quant à la nature de la relation qui lie Bobby et Jackie. « Après la mort de Jack, dit-il, Jackie s'est mise pour ainsi dire en hibernation, et Bobby était toujours à ses côtés. Je ne sais pas si elle lui avait tourné la tête. C'était une femme fascinante. Bobby aimait contrôler les choses. Mais pour peu qu'elle ait décidé d'user de son charme, il était difficile de lui résister. »

Dans la famille, parmi les amis et chez les échotiers mondains, on jase : Bobby passe trop de temps avec la veuve de son frère. Inévitablement, Ethel commence à en éprouver du ressentiment. Un article du *New York Express* note que Bobby et Jackie « sont tout le temps vus ensemble ». Selon l'une des secrétaires de RFK citée par le *New York Post*, Jackie appelle le bureau de l'Attorney General « tous les jours ». Au point qu'Ethel finit par interpeller David Ormsby-Gore Harlech, ambassadeur de Grande-Bretagne sous Kennedy et grand admirateur de Jackie, pour tenter de savoir s'il est au courant de quelque chose. Elle téléphone ensuite à Hervé Alphand, l'ancien ambassadeur de France, et lui pose la même question. Mais ni l'un ni l'autre ne sont en mesure de l'aider.

Quelques jours après la soirée sur le yacht présidentiel, le 29 mai 1964, date de l'anniversaire de la naissance de JFK, Jackie emmène Caroline et John-John au cimetière d'Arlington déposer des fleurs sur la tombe de leur père. Après la messe commémorative à la cathédrale St. Matthew's, elle rejoint Hyannis Port où, accompagnée de Bobby et Teddy, elle adresse aux téléspectateurs américains et européens un message de gratitude pour leurs prières et leurs condoléances.

Moins d'une semaine plus tard, Jackie et Bobby donnent un dîner au St. Regis Hotel de New York : l'objectif est de remercier personnellement les principaux contributeurs, le comité exécutif et le conseil d'administration du JFK Memorial Library Fund, le fonds destiné à financer la bibliothèque. A la fin de la soirée, Bobby Kennedy se lève pour faire, dit-il, « une annonce importante ». Après mûre réflexion et de longues conversations avec les membres de sa famille et ses plus proches conseillers, il a pris la décision de démissionner de son poste d'Attorney General. Il veut s'installer à New York et briguer le siège de sénateur occupé par Kenneth B. Keating, un républicain pur et dur. L'idée a germé avant même que Lyndon Johnson ne déclare, principalement à l'attention de Bobby, qu'il ne choisira pas son colistier pour la présidentielle de novembre parmi les membres de son cabinet. « Il ne faut pas se voiler la face, glisse Bobby à Ken O'Donnell. Si Johnson devait choisir entre Hô Chi Minh et votre serviteur pour le poste de vice-président, il prendrait Hô Chi Minh. » Son choix se fixera finalement sur le sénateur du Minnesota, Hubert Humphrey.

Joan Braden, l'épouse du journaliste et ancien agent de la CIA Tom Braden, une vieille amie de Jackie, se rappelle une conversation qu'elle a eue à l'époque avec l'ex-Première Dame. « Jackie m'a appelée pour m'annoncer que Bobby voulait déménager à New York et se présenter aux sénatoriales, raconte-t-elle. Elle m'a dit qu'elle envisageait, elle aussi, d'aller vivre là-bas et avait déjà mis en vente sa résidence au 3017 N Street et sa résidence secondaire en Virginie. Depuis des mois, elle parlait de quitter Washington, si bien que sa décision ne m'a pas étonnée. Pas plus que je n'ai été étonnée d'entendre parler d'une liaison entre Bobby et Jackie par le téléphone arabe. »

Quelle ne fut pas sa surprise, en revanche, de voir Bobby, qu'elle n'avait pas rencontré depuis l'assassinat, se présenter chez elle sans prévenir, un soir de juin. Elle se souvient qu'il avait l'air vulnérable et abattu. « Pendant plus d'une heure, dit-elle, il m'a parlé de Jack, en essuyant des larmes de temps à autre. La mort de son frère avait bouleversé sa vie. Il pensait qu'en tant qu'ancien de la CIA, mon mari aurait peut-être une petite idée de l'identité des responsables de l'assassinat de Jack. Bobby soupçonnait des mafieux comme Sam Giancana et Carlos Marcello. Je lui ai dit que je poserais la question à Tom à son retour de Californie. »

De but en blanc, Bobby lui demande alors s'ils peuvent monter dans sa chambre. Elle accepte. Sur le lit, ils s'embrassent. Puis il ôte sa cravate. Il veut lui faire l'amour.

« Je n'ai pas pu aller plus loin, avoue-t-elle. Ça l'a blessé, il ne disait rien, il était en colère. Il est parti sans un mot. Par la fenêtre, je l'ai regardé regagner sa voiture sous la lueur des réverbères. Il se tenait très droit, comme s'il se savait observé. L'instant d'après, je me suis demandé ce qui m'avait retenue de lui céder. Mon mari aurait compris, mais pas Ethel. Peut-être dois-je préciser que Tom et moi étions un couple libre. »

Le 19 juin 1964, un petit avion transportant cinq personnes, dont le sénateur Ted Kennedy et le sénateur Birch Bayh de l'Indiana, s'écrase aux alentours de Northampton, dans le Massachusetts. Le pilote et Edward Moss, conseiller de Teddy, trouveront la mort dans l'accident, les autres seront seulement blessés. Teddy s'en tire avec plusieurs vertèbres brisées et un poumon perforé. Quarante-huit heures plus tard, Bobby et Jackie viennent le voir à l'hôpital Cooley Dickinson de Northampton. Malgré les six heures qu'il a passées au bloc opératoire la veille, à leur arrivée ils le trouvent assis sur son lit en train de brailler une ballade irlandaise. Au cours de ses trois mois de convalescence douloureuse, Teddy reçoit de nombreuses cartes de soutien et plusieurs lettres de Jackie. Dans l'une d'elles, elle lui écrit que ses enfants ont besoin de lui autant qu'ils ont besoin de Bobby. Plus tard, elle lui fait parvenir également le corset en cuir que portait Jack après son opération de la colonne vertébrale au début de leur mariage. Et dans le colis, elle glisse une carte : « Jack aurait voulu que tu t'en serves. Porte-le avec panache. »

La résolution prise par Bobby de quitter Washington pour New York précipite celle de Jackie. Pour accélérer le processus, elle se tourne alors vers le Français André Meyer, associé gérant de Lazard Frères, la banque d'investissement new-yorkaise, et lui demande de l'aider à trouver où se loger à Manhattan avec ses enfants. Meyer, conseiller financier du clan Kennedy depuis longtemps, a rencontré Jackie pour la première fois quand elle était Première Dame. A l'époque, le don qu'il avait fait à la Maison Blanche d'un tapis de la Savonnerie du XIXᵉ siècle, d'une valeur de 50 000 dollars, lui avait immédiatement gagné les faveurs de sa nouvelle amie. Son dernier ordre de mission en main, il se met à sillonner la ville à la recherche du domicile idéal et finit par trouver la perle rare, pour laquelle il convainc Jackie de verser les 250 000 dollars demandés : un spectaculaire appartement de quinze pièces, dont cinq chambres et cinq salles de bain au 15ᵉ étage d'une copropriété sise 1040 Cinquième Avenue, au niveau de la 85ᵉ Rue. Quatorze des vingt-trois fenêtres donnent sur Central Park, le Metropolitan Museum of Art et le réservoir, autour duquel on verra souvent Jackie faire de la marche sportive, discrètement escortée par ses gardes du corps du Secret Service.

Jackie va dépenser 125 000 dollars supplémentaires pour la rénovation. Commencés en été, les travaux dureront jusqu'au début de l'automne. En attendant, elle et ses enfants s'installent d'abord dans une grande suite au 18ᵉ étage du Carlyle, puis dans une maison de dix pièces en location à Glen Cove, sur Long Island. Et, comme par hasard, Bobby signe un bail pour une résidence secondaire à cinq minutes de là. Pour se présenter à l'élection sénatoriale, il doit justifier d'une adresse à New York. Il s'achète donc un appartement de neuf pièces au 40 UN Plaza, tandis qu'Ethel, qui préfère manifestement ignorer la liaison de son mari avec Jackie, reste à Hickory Hill avec la plupart des enfants.

Lee Radziwill, qui habite à quelques pâtés de maisons de chez sa sœur, au 969 Cinquième Avenue, lui organise un dîner de bienvenue. Selon Chris Andersen, dans son ouvrage *Jackie après John*, Bobby y assiste sans Ethel et « tourne autour de Jackie comme si elle lui appartenait ». L'un des invités au dîner évoqué par l'auteur remarque qu'entre eux l'atmosphère est « électrique ».

S'il est difficile d'établir précisément quand débute la liaison, on peut sans risque affirmer qu'une fois Bobby et Jackie installés à Manhattan, celle-ci s'intensifie. Un ami de la productrice de cinéma Susan Pollock occupe la suite située en face de celle de Jackie au Carlyle. Plusieurs fois, il aperçoit Bobby et Jackie qui rentrent tard dans la nuit et ressortent ensemble le lendemain matin. « On peut dire en les regardant quand deux personnes ont couché ensemble, remarque Susan Pollock. Et mon ami le voyait bien. Leur liaison, de toute manière, était un secret de Polichinelle. Tout le monde était au courant. »

Bobby et Jackie passent aussi du temps à trier les objets souvenirs de la présidence de Jack ainsi que des affaires personnelles pour la bibliothèque JFK, à laquelle ils vont notamment faire don de son bureau à la Maison Blanche et d'un rocking-chair. Ils vont à Boston ensemble voir où en est le projet et rencontrent I. M. Pei, que Jackie a choisi comme architecte. Samuel H. Beer, un ancien professeur de Harvard et membre du bureau exécutif de la bibliothèque, fait remarquer à RFK que Jackie « a l'air d'un fantôme, comme si elle avait pris trop de calmants ». « C'est son élocution naturelle, lui rétorque alors Bobby. Elle a toujours parlé comme ça. C'est son accent de lycéenne du Connecticut. Elle a peut-être l'air droguée, mais je peux vous assurer qu'elle ne l'est pas. »

L'ex-Première Dame, qui a déjà levé plus de 25 millions de dollars pour la bibliothèque, met en place une dernière campagne de phoning. Elle convainc le gouvernement français de faire don de 100 000 dollars, puis se tourne vers des particuliers triés sur le volet, dont un bon nombre sont déjà donateurs. André Meyer offre 150 000 dollars, Gianni Agnelli 250 000 et Paul Mellon lui signe un chèque de 500 000. Aristote Onassis offre, quant à lui, 1 million, que RFK refuse, disant à Jackie qu'il ne veut pas un centime des « biens mal acquis du Grec ».

Evangeline Bruce, autre contributrice, épouse de l'ambassadeur David Bruce, déjeune avec Jackie au début de l'été. « Elle avait l'air enchantée d'habiter New York, se souvient-elle. Je lui ai demandé si elle regrettait les prérogatives propres aux personnalités politiques dont elle jouissait par son statut de Première Dame. "Vous plaisantez ? a-t-elle répondu. Je n'ai pas oublié les centaines d'interventions publiques, les milliers de fois où j'ai dû poser pour des photos avec l'air attentif ou bienveillant, les millions de mensonges ou de demi-vérités prononcés par opportunisme politique dans lesquels je baignais à Washington. Vous rendez-vous compte que je n'avais jamais voté à une élection nationale avant d'épouser Jack ?" »

Evangeline Bruce lui demande alors si elle a l'intention de s'engager dans la campagne sénatoriale de Bobby.

« Je le lui dois, répond-elle. Je ferai tout ce que je peux pour l'aider. »

Plus tard cet été-là, peu de temps après la fête d'anniversaire surprise que Bobby lui offre pour ses 35 ans, Jackie part dix jours en croisière sur l'Adriatique avec le milliardaire texan Charles Wrightsman et sa femme Jayne. Elle visite la Yougoslavie puis passe un week-end en Italie avec Stas et Lee Radziwill, qui se sont apparemment réconciliés après une énième séparation.

Les milliers de dollars versés par Wrightsman à la campagne présidentielle de JFK n'ont pas empêché une amère dispute avec RFK. En cause : une mise en examen fédérale du chroniqueur mondain (et allié de la famille Kennedy) Igor Cassini, initiée par l'Attorney General Robert F. Kennedy et le département de la Justice en 1963. Igor, qui a épousé Charlene, la fille de Wrightsman, s'est trouvé, à l'époque, accusé d'avoir accepté des fonds du Generalissimo Rafael Trujillo, de la République Dominicaine, en paiement de vagues missions de relations publiques. Le « crime » d'Igor – avoir omis de s'inscrire en tant qu'« agent étranger » – lui vaudra une amende de 10 000 dollars, six mois de prison avec sursis et son licenciement de la Hearst Newspaper Corporation.

Les choses n'en sont pas restées là, cependant. Dans un courrier adressé au Président Kennedy au moment de la mise en examen, Charlene Wrightsman a défendu avec ferveur son mari : « Je ne saurais vous dire à quel point je suis surprise et choquée par la dureté et la sévérité de l'attitude de Bobby. Nous avons toujours pensé que nous étions de bons amis des Kennedy, si bien que Ghighi [Igor] ne parvient pas à comprendre comment le fils d'un homme [Joseph P. Kennedy] qu'il considérait comme l'un de ses plus vieux amis… peut à présent être ainsi déterminé à causer sa ruine. »

JFK a fait suivre la lettre à son frère et l'a incité à abandonner les poursuites. Mais l'Attorney General a refusé. Un mois plus tard, Charlene Wrightsman s'est suicidée en avalant une dose mortelle d'analgésiques et de somnifères.

« En fait, explique Oleg Cassini, le frère d'Igor, Ghighi est allé en République Dominicaine rencontrer Trujillo sur ordre du Président Kennedy. Le fait qu'il ne se soit pas inscrit en tant qu'agent étranger n'était qu'un vice de forme. L'agressivité de Bobby n'avait en réalité rien à voir avec Trujillo. La vraie raison était un article de mon frère racontant qu'à une fête privée donnée à New York, le Président avait dansé toute la nuit avec Marina Cassini, la fille de mon frère issue d'un premier mariage et âgée de 14 ans à l'époque. Bobby n'ayant jamais été du genre à prendre à la légère un affront à sa famille, il a voulu régler ses comptes avec Ghighi. »

Oleg Cassini n'est pas le seul détracteur de RFK à avoir donné son avis sur l'affaire Trujillo. Charles Wrightsman, quant à lui, juge Bobby responsable du suicide de sa fille et ne manque pas d'en faire part à Jackie pendant leur croisière sur son yacht. « Charles a eu des mots très durs pour Bobby, auxquels Jackie a répondu sur le même ton, raconte Jayne Wrightsman. Ils se sont longuement disputés. Elle est restée longtemps fâchée. Elle ne nous a plus donné de ses nouvelles jusqu'en 1968. »

De retour à New York après la croisière, Jackie se rend à une réunion de la fondation Joseph P. Kennedy à l'hôtel Four Seasons, avant de partir pour Glen Cove avec ses enfants et Bobby. Persuadés que personne ne soupçonne leur liaison, Bobby et Jackie s'affichent presque ; ils s'enlacent et s'embrassent sur la plage, se présentent bras dessus-bras dessous dans un restaurant pour le dîner. Un après-midi, Jackie laisse Caroline et John à Maud Shaw et s'en va faire une balade à cheval avec Bobby. Selon Diana Dubois dans sa biographie de Lee Radziwill, *In Her Sister's Shadow*, à leur retour, Bruce Balding, le propriétaire de l'écurie, les surprend en train de s'embrasser près des stalles. Même si ça ne dure qu'un bref instant, Balding les a quasiment pris sur le fait.

En août, encouragée par Bobby, Jackie se rend à Atlantic City, dans le New Jersey, pour la Convention nationale démocrate. « Si quelqu'un pouvait éclipser toute une convention politique, c'était bien Jacqueline Kennedy, observe Arthur Schlesinger. Elle et Bobby ont complètement ravi la vedette. Lorsqu'elle est apparue, Jackie a eu droit à une formidable salve d'applaudissements, presque aussi impressionnante que la *standing ovation* faite à RFK venu présenter le film commémoratif sur Jack. La foule est restée en revanche relativement indifférente à Johnson, ce qui a dû le mettre hors de lui. Il a d'ailleurs fini par se convaincre que ces deux-là allaient d'une manière ou d'une autre contrarier ses projets de victoire, si minutieusement préparés. »

La popularité de Jackie parmi les délégués et les autres membres du parti démocrate tracasse Johnson, mais le risque – réel ou non – qu'un Bobby tout aussi populaire ne prenne la tête d'une révolte de la base pour lui arracher l'investiture l'inquiète tout autant. Il sait que JFK comptait sur son frère pour lui succéder à la présidence en 1968 et n'ignore pas non plus les efforts que Bobby avait déployés pour convaincre le Président Kennedy de ne pas le reprendre comme colistier en 1964. Le torchon brûle à tel point entre eux que Johnson demande à J. Edgar Hoover de mettre Bobby sur écoute à Atlantic City. Trop heureux d'obéir, Hoover affecte une équipe du FBI à sa surveillance pendant l'intégralité de son séjour. Mais le seul mémo intéressant que Hoover reçoit indique que « le sujet [RFK] semble passer tout son temps libre avec Mme John F. Kennedy. Même si cela ne peut pas encore être confirmé, ils ont l'air de partager la même suite à l'hôtel ».

Courtney Evans, l'agent du FBI qui était, dans le temps, chargée de la liaison entre le Bureau et la famille Kennedy, trouve comique que Hoover ait accepté de mener cette opération de surveillance. « Le seul qui semblait capable de "sales coups" pendant la campagne était le Président Johnson. Bobby a toujours eu le sentiment que Johnson, s'il y était acculé, aurait dévoilé les noms des femmes avec qui John F. Kennedy avait eu une relation pendant sa présidence, y compris Judith Campbell Exner, la petite amie de Giancana. C'est d'ailleurs Johnson qui a insisté auprès de Hoover pour que je sois remplacée en tant qu'agent de liaison. Johnson avait le sentiment que j'étais devenue trop proche de la famille Kennedy pour rester objective. Hoover a capitulé et m'a renvoyée faire le gratte-papier. Peu de temps après, j'ai quitté le Bureau pour d'autres horizons plus prometteurs. »

Pour faire surveiller Bobby et Jackie, le Président Johnson enrôle non seulement Hoover mais aussi plusieurs de ses collaborateurs, notamment Jerry Bruno. Responsable de la publicité politique de Johnson, celui-ci reçoit l'ordre exprès de ne pas quitter Bobby et Jackie des yeux. « Il était si obnubilé par eux, raconte Bruno, qu'il a contraint Marvin Watson, le coordonateur de la convention, à remanier le programme de manière à ce que l'intervention principale de Jackie n'ait lieu qu'après le vote. Les Kennedy étaient pour lui une véritable obsession. »

Le dernier soir de la convention, dès que se calme le tonnerre d'applaudissements, Bobby présente un film de quarante-cinq minutes dédié à la mémoire de son frère défunt. Il termine son intervention par un passage de *Roméo et Juliette* de Shakespeare : « Et quand il sera mort / Prends-le, découpe-le en petites étoiles / [...] Et il rendra la face du ciel si splendide / Que tout l'univers sera amoureux de la nuit / Et refusera son culte à l'aveuglant soleil[1]. »

L'allusion à l'« aveuglant soleil », gifle délibérée envoyée au visage de Lyndon Johnson, ne manque pas d'agacer son destinataire et ses partisans. Plus douloureuse cependant, la révélation que Bobby fait à un journaliste du *New York Times* : c'est Jackie qui lui a fourni le passage en question. En représailles, Johnson refuse d'assister à une soirée organisée par Averell Harriman

---

1. Traduction empruntée à Christine et René Lalou.

en l'honneur de Jackie, en clôture de la convention. Lorsque le *Washington Post* lui demande si elle s'est sentie froissée par cette absence, Jackie fait comme à son habitude une réponse sobre mais pleine de malice : « Je ne suis même pas certaine qu'il ait été invité, dit-elle. Et s'il l'a été, je suis sûre qu'il avait mieux à faire. Aux dernières nouvelles, il était toujours Président des Etats-Unis. »

En septembre 1964, Jackie inscrit Caroline en deuxième année de cours élémentaire au Convent of the Sacred Heart, prestigieux établissement catholique pour filles situé dans un bâtiment en pierre à l'angle de la Cinquième Avenue et de la 91ᵉ Rue. Deux des cousines de la fillette, Victoria et Sydney Lawford, y sont elles aussi inscrites. Caroline a l'air souvent triste et n'a pas d'amis hors du cercle familial le plus proche. Seules les visites, apparemment fréquentes, d'« oncle Bobby » semblent la réjouir. Polly Feingold, alors dans l'équipe de campagne pour les sénatoriales, s'est liée d'amitié avec le chauffeur de Bobby, Jim Fitzgerald, flic irlandais à la retraite aux cheveux blancs et aux yeux bleus. Un jour, elle l'entend par hasard raconter qu'aux alentours de minuit, il dépose régulièrement son patron devant l'immeuble de Jacqueline Kennedy sur la Cinquième Avenue, pour ne revenir le chercher que le lendemain matin. « Il sort de l'immeuble l'œil pétillant et le sourire aux lèvres », précise le chauffeur.

Barbara Deutsch, une voisine de Jackie au 1040 Cinquième Avenue, a une anecdote semblable. « A l'époque, j'avais un caniche que je promenais tard dans la soirée puis de nouveau tôt le matin, dit-elle. Trois ou quatre fois par semaine environ, une limousine noire déposait Bobby Kennedy devant l'immeuble. Il s'arrêtait toujours pour caresser le chien, puis il entrait dans le hall et prenait l'ascenseur jusqu'à l'appartement de Jackie. Je le revoyais souvent dans la matinée, qui remontait en voiture. De temps en temps, il repartait avec Caroline, qu'il accompagnait de toute évidence à l'école. »

Dave Powers insiste sur le rôle majeur que Bobby Kennedy a joué dans l'éducation des enfants de Jackie. « Dès le jour de la mort de Jack, dit-il, Bobby les a pris en main. Il leur parlait sans arrêt de leur père. C'est très irlandais de se souvenir des disparus en les évoquant constamment. Bobby était doué avec les gosses. Il savait leur parler sans les prendre de haut. » De fait, quelques années plus tard, quand Caroline et John seront plus grands, Bobby s'entretiendra avec eux du mouvement pour les droits civiques. Il leur parlera des enfants de Harlem, de leurs conditions de vie inhumaines, du quotidien dans les taudis – les rats, les maladies, les logements de fortune sans chauffage ni eau chaude. « Vous rendez-vous compte de la chance que vous avez, les enfants ? » leur dira-t-il. A cette occasion, John Jr. se fera d'ailleurs la promesse de trouver plus tard du travail pour envoyer son salaire aux enfants pauvres de Harlem afin qu'ils puissent s'acheter de quoi manger.

Jacqueline Kennedy, de son côté, se coule peu à peu dans sa vie de mère célibataire new-yorkaise. Le matin, elle accompagne fréquemment sa fille à l'école à pied, puis va la chercher en fin de journée. En chemin, invariablement, toutes les deux s'arrêtent manger un cornet de glace, ou bien vont faire un tour dans l'une des nombreuses boutiques pour enfants de l'Upper East Side. Le week-end, elle emmène Caroline et John-John faire du vélo ou de la barque dans Central Park. Ils vont aussi au zoo du Bronx, visiter le bâtiment des Nations unies, le Muséum d'histoire naturelle, ou voir *Casse-Noisettes* à Town Hall. En gros, elle veut leur offrir une enfance cosmopolite ordinaire, plutôt que celle de rejetons privilégiés d'un Président américain assassiné à l'apogée de son pouvoir et de sa gloire.

Mais le fait est que Jackie n'est pas une mère ordinaire. Elle est même sans doute la femme la moins anonyme au monde. Dès son arrivée à New York, elle se voit offrir sa rubrique dans la presse, son émission de télévision, mais ni l'une ni l'autre de ces propositions ne l'intéressent. « Vous me voyez présenter mon émission, interviewer des stars d'Hollywood ? » dit-elle à George Plimpton. Sa photo fait la une de presque tous les plus grands magazines (et des autres) en Amérique du Nord comme en Amérique du Sud. « Où que vous alliez, sur n'importe quel continent, si vous mentionniez son nom, les gens la connaissaient », remarque Larry O'Brien. Andy Warhol, dont la série de portraits de l'ex-Première Dame intitulée *Death and Disaster* a contribué à accroître sa propre notoriété, l'a invitée une fois au Brooklyn Museum of Art, voir une exposition sur l'Egypte ancienne. « Tandis qu'on flânait dans les galeries, racontera-t-il, on aurait dit que tout le monde la reconnaissait. Les gens se mettaient à chuchoter. Son nom planait dans les airs : "Jackie… Jackie… Jackie…

Jackie... ", on n'entendait rien d'autre. C'était vraiment étrange. »

En août, un mois tout juste avant les primaires, Jacqueline Kennedy se consacre à la campagne sénatoriale de Robert. Elle permet même à Caroline et à John d'y participer. Les enfants apparaissent à côté de leur oncle à Brooklyn et dans le Bronx, ils posent avec lui dans la presse et à la télévision. Pendant ce temps, Jackie s'investit dans la levée des fonds ; elle organise notamment une soirée à laquelle elle convie une flopée de stars, dont Paddy Chayefsky, Gloria Vanderbilt, Leonard Bernstein, Lillian Hellman, Mike Nichols, Lauren Bacall, John Kenneth Galbraith, Arthur Schlesinger, ou encore le décorateur d'intérieur Billy Baldwin, qui l'a aidée à aménager son appartement de la Cinquième Avenue. C'est l'avocat William vanden Heuvel qui reçoit dans son gigantesque appartement de Central Park West. Plus de 1,1 million de dollars sont recueillis, une véritable fortune pour l'époque.

Si les premiers sondages montrent que Bobby peut espérer l'emporter avec une marge confortable face au candidat républicain sortant, le sénateur Keating ne manque ni d'expérience ni de popularité, en particulier au nord de l'Etat. RFK doit aussi surmonter un obstacle supplémentaire : il est considéré par beaucoup comme un outsider, un « parachuté » qui exploite pour ses ambitions personnelles un Etat dans lequel il n'a que peu de racines. Autres points dissuasifs, surtout aux yeux de l'aile réformiste (ou libérale) du parti, même s'ils sont moins évidents : son soutien passé au sénateur

Joe McCarthy, ses relations douteuses avec la Mafia, le recours fréquent à des méthodes autoritaires de pouvoir lorsqu'il était Attorney General, et son conflit interminable avec le Président Johnson. Sans compter que Bobby est celui des Kennedy que l'on associe le plus à l'idéologie politique du père, dont l'importante population juive de New York n'a pas oublié les penchants pronazis avant et pendant la Seconde Guerre mondiale. « Bobby, bien sûr, n'était pas un nazi, remarque Larry O'Brien, mais il était le rejeton de Joe Kennedy, et Joe Kennedy n'était pas ce qu'on appelle "populaire" dans la communauté juive. »

Bobby, qui a battu Samuel Stratton, démocrate sans affiliation à aucun courant et membre du Congrès (une victoire écrasante, 86,4 % contre 13,7 %) lors des primaires de l'Etat, donne le coup d'envoi de sa campagne au Fulton Fish Market, situé à l'époque au sud de Manhattan. Puis les étapes s'enchaînent à un rythme soutenu, de comté en comté et de ville en ville. John Treanor Jr., qui était l'un de ses conseillers, n'a pas oublié l'euphorie de la première semaine de campagne. « Les foules assaillaient Bobby, raconte-t-il. C'était comme le second avènement de JFK. Il y avait même plus de monde et plus d'exubérance que lors de la campagne présidentielle. C'était dément. Les gens s'accrochaient à ses boutons de manchette, à sa montre, à ses vêtements, à ses cheveux, à tout ce qu'ils pouvaient attraper. Après chaque étape – Buffalo, Albany, Glens Falls, Saratoga Springs, Rochester, peu importe – il finissait le visage zébré d'égratignures dues aux bagues, aux ongles des gens, et qui s'infectaient souvent. »

Avec la frénésie que déclenche l'entrée de Bobby dans la course, son opposant républicain semble presque battu d'avance. Même s'il traite Bobby de « pseudo-candidat », Jacob Javits, l'autre sénateur républicain de l'Etat de New York, est forcé de reconnaître que Keating a « une sacrée pente à remonter pour espérer battre Robert Kennedy ». Bobby – comme son frère avant lui – sait « jouer » avec (ou séduire) les foules et ne manque jamais une occasion d'invoquer l'esprit de son frère défunt. Suivant ses traces, il ne va pas non plus tarder à faire preuve d'un autre trait commun : la tendance à mélanger plaisirs charnels et politique.

De fait, avec Jackie à Manhattan et Ethel à Hickory Hill, on dit que l'ancien Attorney General aurait entamé une autre liaison avec une belle jeune femme de 26 ans du nom de Natalie Fell Cushing, dont la mère, Mme John « Fifi » Fell, une mondaine new-yorkaise, aurait quant à elle compté parmi les nombreuses conquêtes du Président Kennedy. Natalie a dit à son mari, le riche producteur indépendant Freddy Cushing, qu'elle comptait partir faire un voyage en voiture avec Ethel Kennedy. Au lieu de quoi elle est allée rejoindre Bobby, toujours en campagne dans l'Etat. Steve et Jean Kennedy Smith, qui sont de bons amis de Natalie, sont tout à fait au courant de son aventure avec le candidat. L'histoire, brève mais intense, va devenir le sujet de conversation principal à Newport, où les Cushing occupent une villa avec vue sur l'Atlantique. Et Natalie et Freddy finiront par divorcer.

Ken O'Donnell se souvient d'avoir entendu parler de la liaison par Steve Smith. « Stephen, qui pilotait la campagne sénatoriale de Bobby, explique-t-il, s'est mis à craindre que l'histoire ne s'ébruite et ne vienne nuire à l'avenir politique de RFK. Comble de l'ironie, Bobby avait été confronté au même genre de soucis lorsqu'il supervisait les différentes campagnes de Jack. »

La mère de Jackie et son beau-père ont pour habitude de passer l'été à Newport. Ce n'est donc qu'une question de temps avant que l'information ne parvienne aux oreilles de Jackie. Et, sans surprise, quand elle l'apprend, celle-ci réagit en se mettant elle-même à flirter. Alors que la campagne de Bobby bat son plein, elle se lance dans une liaison avec John Carl Warnecke, un talentueux architecte de San Francisco qui a achevé en un an (1941) le cursus d'architecture de Harvard, lequel en demande normalement trois. De dix ans plus âgé que Jackie, Warnecke a été sélectionné par elle, alors Première Dame, pour réaménager Lafayette Square, un lieu historique situé en face de la Maison Blanche. Au décès de JFK, la veuve a également confié à l'architecte la conception du mémorial des Kennedy au cimetière national d'Arlington. Divorcé et père de trois enfants, Warnecke annonce à un ancien camarade à Stanford University pendant leurs premières années d'études, Red Fay, qu'il espère pouvoir épouser Jackie un jour. Mais même s'ils resteront amis par la suite, Jackie va mettre un terme à la relation moins d'un mois plus tard pour revenir vers Bobby. Avec le recul, Warnecke n'aura été là que pour combler la déception sentimentale d'une femme abandonnée par son amant marié pour une autre maîtresse.

Réconciliée avec RFK, Jackie s'investit une fois de plus dans sa campagne. Avec ses trois belles-sœurs – Eunice, Jean et Pat –, elle sillonne les cinq subdivisions administratives de New York. Elle serre des mains, prononce des discours, signe des autographes. « Sa fierté ravalée, elle est allée au feu pour Bobby », remarque Truman Capote. A la demande de RFK, Jackie rencontre Dorothy Schiff, directrice de la publication du *New York Post,* d'un âge respectable, et l'invite à déjeuner au Carlyle. Le résultat ne se fait pas attendre : le quotidien préfère appuyer la candidature de Kennedy plutôt que celle de Keating.

Malgré ce soutien, RFK perd peu à peu son avance dans les sondages. Jackie lui suggère alors de faire venir Lyndon Johnson pendant la tournée électorale. Bien qu'il déteste l'idée de demander quoi que ce soit à Johnson, Bobby accepte. Jackie se charge du coup de fil et convainc le Président de s'engager. Pour autant, cela ne changera rien à l'opinion désastreuse que Bobby a de lui. Le mépris qu'il éprouve pour l'ancien vice-président de son frère aura même plutôt tendance à se renforcer. Après le retour de Johnson à Washington, Bobby dit à Jackie : « Je suis si content que le Président nous ait donné un coup de main. Il me tarde de raconter ça à Ethel Bird. » Plus sérieusement, il reproche à Johnson de ne pas avoir écouté ses conseillers politiques. A la différence de Jack, qui débattait de toutes ses décisions avec son entourage, Johnson ne demande conseil qu'à Johnson. « Il est son seul juge et son seul jury », remarque RFK.

La grande absente de la campagne de Bobby est Ethel Kennedy (ou « vieille mère », comme elle se surnomme elle-même). Excepté de rares visites à New York, elle reste la plupart du temps à McLean, en Virginie. Son amie Coates Redmon l'encourage à prendre une part plus active dans la campagne, mais elle refuse. « Je suis sûre que sa réticence était liée au fait qu'elle soupçonnait Bobby et Jackie de coucher ensemble, analyse Coates Redmon. Et ses soupçons étaient fondés. Je suis à 99 % certaine qu'ils entretenaient une liaison, et je suis certaine aussi qu'Ethel avait fini par s'en rendre compte. Dans les dîners à New York ou à Washington, les gens parlaient. Et il était facile de voir comment tout cela avait pu commencer, comment, après la mort de JFK, ils avaient pu ressentir l'un pour l'autre une attirance malsaine et insensée, et comment, ensuite, leurs liens avaient continué à se resserrer. »

Coates Redmon se souvient d'un week-end, au cours de la campagne électorale, où Bobby était venu rendre visite à sa femme et ses enfants à Hickory Hill. « J'étais là moi aussi, précise-t-elle. Nous étions dans le cabinet de travail, en train de regarder des photos de famille. Il y avait ce superbe cliché de Jackie, sur lequel j'ai fait un commentaire. "C'est la plus belle photo d'elle que j'aie jamais vue", ai-je dit. Ethel l'a regardée sans prononcer un mot. Bobby a jeté un coup d'œil lui aussi. "Elle est belle, n'est-ce pas ? a-t-il dit. Ethel, tu ne trouves pas qu'elle est belle ?" "C'est une femme séduisante", a admis Ethel. "Merci de le reconnaître", a répliqué Bobby. La tension dans la pièce était à couper au couteau. Une ou deux minutes après, Ethel s'est levée et elle est sortie. Elle n'avait pas l'air contente. »

Arrive un moment où la femme de Bobby n'essaie plus de dissimuler sa douleur et sa colère aux autres membres de la famille. Mary De Grace, la blanchisseuse de Bobby et Ethel à Hyannis Port pendant plusieurs années, se souvient d'une conversation que lui a racontée l'une de ses collègues : « Katherine, une vieille femme de chambre employée par Ethel, était présente un après-midi quand Teddy Kennedy, quelque temps après son accident d'avion, est passé voir Ethel ; quand il s'est penché pour l'embrasser, Ethel l'a repoussé et lui a dit : "Pas de machin à la Bobby et Jackie sous ce toit." »

La femme blessée « appelait sans cesse mon frère pour lui parler de la situation », raconte Merribelle Moore, une amie de la famille Skakel. « Elle ne comprenait pas ce que Bobby trouvait à Jackie. Mais Frank n'avait aucune envie de se mêler de tout ça. Il a conseillé à Ethel de trouver un conseiller matrimonial qui pourrait l'aider à sauver son couple. »

A la fin de l'automne, Jackie adresse un courrier à C. Douglas Dillon, secrétaire au Trésor, pour lui dire que si ses enfants ont toujours besoin de la protection du Secret Service, ce n'est plus son cas, en particulier entre 23 heures et 7 heures. « Qu'ils passent ainsi la nuit dans le froid devant mon immeuble ne rime à rien », écrit-elle. Pour Pierre Salinger, la vraie raison est ailleurs : ne plus les avoir permettrait à Bobby d'aller et venir sans devoir montrer patte blanche.

Bon nombre de dossiers du Secret Service concernant Jackie durant cette période semblent avoir mystérieusement disparu, mais ceux qui restent offrent des morceaux de choix. Un lot de documents, daté du 18 octobre 1964, révèle ainsi que Bobby et Jackie ont partagé une chambre au moins une fois chez Steve et Jean Kennedy Smith à New York. Un autre, non daté celui-là, indique qu'ils ont logé dans une suite occupée par Peter Lawford à l'hôtel Sherry-Netherland de Manhattan.

Franklin Roosevelt Jr. s'étonne qu'une liaison ainsi affichée ait pu malgré tout rester si longtemps secrète. « Tout le monde était au courant, remarque-t-il. Ils se comportaient comme des adolescents en mal d'amour. Au Le Club, on les trouvait qui dansaient collés l'un contre l'autre la nuit durant. Je soupçonne Bobby d'avoir souhaité larguer Ethel pour épouser Jackie, mais c'était bien sûr impossible. Je doute, de toute façon, que Jackie ait jamais eu l'intention de se remarier. Malgré tout l'espoir, tout l'optimisme qu'il avait suscité chez ses concitoyens pendant sa présidence, en tant que mari – avec ses rendez-vous clandestins quotidiens et toute une vie de maladies vénériennes graves – JFK n'a causé que des soucis. Jackie n'avait aucune intention de remettre ça – pas à ce moment-là, en tout cas. »

Une fin d'après-midi de la mi-octobre, Roosevelt accompagne RFK et Jackie à l'hôtel Plaza où Richard Burton les attend pour un verre. Bobby connaît l'acteur depuis peu. « Après une demi-douzaine de whiskys irlandais, se souvient Roosevelt, Burton a commencé à encourager Bobby et Jackie à se marier. Cela a duré une bonne vingtaine de minutes. Jusqu'à ce que Jackie finisse par changer de sujet en le pressant de leur réciter du Shakespeare. Et Burton, largement imbibé, a accepté. »

Ce même mois, au base-ball, les World Series opposent les St. Louis Cardinals aux New York Yankees. Au Yankee Stadium, on demande à Bobby Kennedy de lancer la première balle. Joe DiMaggio, l'ex-star des Yankees et ex-mari de Marilyn Monroe, est là lui aussi.

Bobby et Jackie

Il tient Jack et Bobby Kennedy pour responsables du suicide accidentel de Marilyn et refuse de serrer la main de Bobby. Dans sa page sports, le *New York Daily News* titrera : « Joltin' Joe n'est pas fan de RFK ! »

La publicité négative causée par la rebuffade du sportif si près des élections perturbe Bobby, tant à cause de ses implications personnelles que professionnelles. Le lendemain, il déjeune avec Jackie au King Cole Bar de Manhattan. Sachant que la confrontation l'a rendu soucieux, elle essaie de lui remonter le moral en lui offrant un exemplaire du poème d'Alfred Lord Tennyson, *Ulysse*, qui contient ces vers prophétiques : « Voguer au-delà du couchant, là où baignent / Tous les astres de l'occident, jusqu'à ce que je meure. » Un autre passage – « Allons amis / Il est encore temps de chercher un monde nouveau[1] » offrira à JFK le titre de l'un de ses ouvrages, paru en 1967. Ce qui lui fait le plus plaisir ce jour-là est d'entendre Jackie lui avouer que le poème comptait aussi parmi les préférés de JFK.

Le 27 octobre au soir, une semaine jour pour jour avant l'élection, la chaîne CBS propose d'organiser un débat d'une heure entre Robert Kennedy et Ken Keating. Les deux candidats ne parvenant pas à se mettre d'accord sur un format pour l'émission, RFK se retire. Le 26 octobre, Adam Walinsky et Peter Edelman, deux de ses conseillers, ont appris que Keating a acheté une demi-heure de temps d'antenne sur cette même chaîne

---

1. Alfred Lord Tennyson, *Le rêve d'Akbar et autres poèmes*, traduction de Claude Dandréa, La Découverte, 1992.

durant laquelle il prévoit de « débattre » face à une chaise vide pour grossir à son avantage le refus supposé de son adversaire. RFK appelle immédiatement la chaîne et demande à réserver la demi-heure suivante. Ce qu'on lui refuse. Il décide alors de faire remonter sa demande plus haut, jusqu'au président de la chaîne, William Paley, un très bon ami de Jackie, en Californie. Après le coup de fil de l'ex-Première Dame, Paley appelle le bureau de New York et le temps d'antenne demandé par Bobby lui est rapidement alloué.

Dans l'intervalle, quelqu'un dans l'équipe de Bobby a eu une idée : pourquoi ne pas faire arriver Bobby par surprise dans le studio d'enregistrement pendant la présentation de Keating afin d'inviter ce dernier à un débat improvisé ? Les conseillers de Bobby sont partagés sur l'opportunité d'une telle tactique. Avant de trancher, le candidat appelle sa belle-sœur. « Je trouve l'idée fabuleuse, assure Jackie. Si j'étais toi, je le ferais. »

Le 27 octobre à 19 h 27, trois minutes à peine avant le début de l'émission de Keating, Bobby Kennedy et son équipe arrivent dans les studios de CBS. « Je suis là pour débattre avec le sénateur Keating », annonce Bobby au gardien en uniforme. Lequel passe un coup de fil et un juriste de la chaîne apparaît sur-le-champ. Devant les photographes et les caméras de télévision, qui enregistrent la confrontation, celui-ci indique à Bobby que son temps d'antenne est prévu à 20 heures. « Le sénateur Keating, ajoute-t-il, a décidé de ne pas débattre avec vous en face à face. »

« Dans ce cas, répond Bobby, j'exige que la chaise vide soit retirée du plateau et que la remarque de Keating selon laquelle je refuse le débat soit coupée. »

121

Keating va jusqu'au bout de son débat-monologue mais accepte un face-à-face avec Bobby le 30 octobre sur le plateau du *Barry Gray Show*, une émission radio très écoutée à New York. « Bobby avait l'air deux fois plus jeune et deux fois plus énergique que Keating, se souvient l'animateur. J'ai trouvé qu'il lui avait mis la raclée. »

A la dernière minute, Hubert Humphrey, le colistier de Johnson, rejoint New York pour épauler Bobby dans sa campagne. « Je n'avais jamais rien vu de tel, témoigne-t-il. Nous étions dans un de ces cortèges de voitures qui descendait la Cinquième Avenue... et la foule était en délire. Les gens se jetaient littéralement sur Bobby Kennedy, et je me souviens que des femmes lançaient leurs chaussures à l'intérieur de la voiture ; à la fin de la tournée, il y avait par terre dans l'habitacle un sous-vêtement, une sorte de gaine porte-jarretelles, si bien que j'ai dit à Bobby : "Vous êtes un sorcier. Comment faites-vous ?" Jamais je n'avais vu une excitation telle que celle qu'il avait suscitée à cette occasion-là. »

Bobby Kennedy remporte l'élection sénatoriale avec quelque sept mille voix. Le lendemain, Jackie les rejoint, Ethel et lui, à une fête de famille organisée chez Steve et Jean Kennedy Smith.

« Eh bien, nous avons réussi ! s'exclame Jackie au cours du dîner.

– Qu'entendez-vous par "nous" ? lui demande Ethel. Vous n'avez même pas voté, cette année, Jackie. »

De fait, malgré les sentiments qu'elle éprouve pour Bobby, en 1964, Jackie a refusé d'aller aux urnes. Bobby et elle en ont longuement discuté. L'ex-Première Dame n'en dit pas plus sur le sujet que dans la brève allusion qu'elle y fait au cours de ses entretiens pour la bibliothèque John F. Kennedy. « Bobby m'a dit que je devrais voter et j'ai répondu : "Je me fiche de ce que tu me diras, je n'irai pas." C'était une réaction émotionnelle qu'on a exagérée pour en faire je ne sais trop quoi. Ma décision venait du cœur. Elle ne voulait rien dire. Mais je l'avais prise, et personne ne l'a approuvée. Je crois que tous les autres Kennedy sont allés voter. »

Même si, dans l'ensemble, elle demeure loyale au clan Kennedy, Jackie ne s'est jamais sentie complètement à l'aise dans le rôle de squaw de la famille. Ce qui n'était déjà pas compatible avec son tempérament quand elle était l'épouse d'un Kennedy, l'est encore moins maintenant qu'elle a le statut de maîtresse. Elle ne tient pas à se couler dans la matrice psychologique de cette tribu turbulente et attirée par le pouvoir.

6

Mary Harrington, surnommée « Magnolia », une célèbre beauté sudiste quatre fois mariée et bien introduite dans la haute société, a rencontré Bobby dans un nightclub de Las Vegas en 1959. « J'étais allée à Vegas rendre visite à Barbara Marx, une vieille amie mariée à l'époque à Zeppo, le frère aîné, moins célèbre, de Groucho Marx, raconte-t-elle. Barbara et moi assistions à un spectacle avec Frank Sinatra et Sammy Davis Jr. au Tropicana. Même si, plus tard, Barbara a épousé Sinatra, ce soir-là, elle n'avait d'yeux que pour Bobby Kennedy, qui était assis dans le public à côté de son beau-frère Peter Lawford. »

Selon les souvenirs de Mary Harrington, « Bobby et Barbara ont échangé un regard et tout d'un coup on ne les a plus vus. Personne n'a eu de leurs nouvelles jusqu'au lendemain matin. Barbara n'a jamais voulu admettre avoir eu une aventure avec Bobby, mais moi, je peux témoigner que si. La liaison a duré trois ou quatre mois. Frank Sinatra en a toujours voulu à Bobby – il ne supportait pas l'idée que RFK soit passé avant lui. »

Pour détourner les soupçons, Mary Harrington

accompagne Bobby et Barbara à chacun de leurs rendez-vous. Bobby ne tarde pas, cependant, à voir en elle autre chose qu'une couverture bien pratique. Elle a un appartement au Carlyle de New York, et chaque fois que Bobby passe en ville, il l'appelle pour aller boire un verre. « Au début, je n'étais pas intéressée, poursuit-elle, mais peu à peu il a commencé à me plaire, comme ce doit sans doute être le cas pour beaucoup de femmes. Il n'était pas aussi beau que son frère Jack, que j'avais rencontré plusieurs fois, mais il avait l'air beaucoup plus sincère. Quand il vous parlait, il vous regardait droit dans les yeux. Et s'il avait un ton un peu trop strident quand il prononçait ses discours, en tête à tête, il parlait au contraire d'une voix douce et calme. Comme une caresse. En réalité, avec les femmes, il se débrouillait mieux que Jack. JFK les baisait et lui leur faisait l'amour. »

Début 1960, les coups de fil de RFK à la jeune femme se font plus réguliers, il lui dit qu'il doit rompre avec Barbara Marx qui commence à lui faire trop d'histoires. Puis, en mars, Mary Harrington, victime d'une phlébite, est hospitalisée au New York Hospital. Bobby lui fait parvenir un message accompagné de fleurs et d'un bracelet de chez Cartier. Il envoie des amis s'assurer qu'elle va mieux. Et, tard un soir – au-delà des heures de visite –, il vient la voir en personne. Mary apprendra plus tard qu'il a soudoyé l'infirmière de nuit pour qu'elle le laisse entrer. Il avoue à Mary qu'il se sent tomber amoureux d'elle. Leur liaison débute quand Bobby se glisse dans le lit d'hôpital. Mary rentrée chez elle, sept jours plus tard, ils se verront en moyenne deux fois par semaine, le plus souvent à New York mais aussi à

Washington et Boston. Lorsque Bobby s'investira dans la campagne de son frère, la relation deviendra plus épisodique. Mais ils ne cesseront cependant jamais d'être amis.

Dans le courant des vacances de Noël 1964, après la belle victoire de Bobby sur Keating, Mary Harrington se retrouve par hasard voisine des Kennedy à Palm Beach. « Une pure coïncidence », assure-t-elle. Un matin, depuis la fenêtre de sa chambre du troisième étage qui donne sur la propriété des Kennedy, elle aperçoit Jackie qui prend le soleil sur la pelouse à côté de la maison, vêtue simplement d'un bas de maillot de bain noir, sans le haut. Une porte s'ouvre et Bobby apparaît en maillot de bain blanc. Il vient s'agenouiller près d'elle. « Quand ils se sont embrassés, raconte Harrington, il a posé une main sur son sein et glissé l'autre sous le bikini. Environ une minute plus tard, elle s'est levée, s'est enveloppé les seins et les épaules d'une serviette et s'est dirigée vers la maison. Bobby lui a emboîté le pas. J'étais choquée. Bobby couchait avec sa belle-sœur, c'était clair. »

Mary Harrington va profiter de leur prochaine conversation téléphonique pour reprocher à Bobby cet étalage public d'affection.

« Tu veux dire que tu nous observais ? s'étonne Bobby.

– Involontairement, répond-elle. Je me suis juste trouvée à la fenêtre de la chambre d'amis à ce moment-là. Je ne t'espionnais pas. »

Bobby donne alors à Mary Harrington tous les détails de sa relation avec Jackie – il lui explique comment, en tant que sénateur, il parvient à partager son temps entre Jackie à New York et Ethel à McLean, en Virginie. C'est

127

presque comme s'il avait deux familles, dit-il à Mary, et deux domiciles. Il aime Ethel, mais il aime Jackie aussi. Il sait que les deux femmes ont besoin de lui, tout comme les enfants de part et d'autre. Ceux qu'il a eus avec Ethel sont très indisciplinés. A Hickory Hill, ils se ruent sur la pelouse, envahissent le terrain de tennis, se jettent dans la piscine. Ils passent leur temps à se pousser, à se bousculer, à se battre. Tous ont des animaux : chèvres, cochons, serpents, lapins, oiseaux, chiens, chats, souris. Bobby Jr. a même un boa constrictor qui se régale de rats. Hickory Hill est une porcherie – jouets et vêtements traînent dans tous les coins. Les meubles sont éraflés, maltraités. Ce qui n'empêche en rien d'accueillir en permanence des invités : hommes politiques, amis, famille ou célébrités. On peut tout aussi bien y croiser Mick Jagger que Warren Beatty ou la star du base-ball à la retraite Ted Williams. Hickory House est une ruche, un cirque, une maison de fous. Le téléphone y sonne en permanence. Les postes de télévision hurlent. Par comparaison, chez Jackie tout paraît calme, tranquille, presque solennel. L'appartement est meublé d'antiquités et de bibelots rares et fragiles – des pièces dignes d'un musée. Des livres, des plantes, des fleurs occupent le moindre recoin, le moindre interstice. De la musique classique et les chansons de Noël Coward filtrent de chaque chambre, même de celles des enfants. Parmi les visiteurs de Jackie se trouvent quelques-uns des écrivains, artistes et hommes d'Etat les plus en vue dans le monde. Le plus régulier reste cependant Robert Kennedy. Caroline et John Jr. lui sont attachés comme ils l'auraient été à leur propre père si celui-ci avait vécu. La réciproque est tout aussi vraie, RFK aime ses neveux comme ses propres enfants.

Pourtant, malgré toute l'attention qu'il leur accorde à tous les trois, Bobby demeure essentiellement un amant à temps partiel et un père de substitution. Pour combler le vide, l'ex-Première Dame passe encore pas mal de temps en compagnie d'André Meyer, qu'elle accompagne au théâtre, à l'opéra, dans les vernissages. Elle fait partie des habitués des cocktails du vendredi après-midi que celui-ci donne à son appartement du Carlyle. La situation est résumée en une phrase par Cary Reich, le biographe du vieux financier : Meyer est tombé amoureux de Jackie. « Jackie jouait avec lui en permanence, analyse-t-il. C'est la manière dont elle s'adressait à lui, comme une petite fille perdue, hors d'haleine, qui lui faisait perdre les pédales. "André, que dois-je faire ? Je ne sais pas quoi faire." C'était une femme très intelligente mais également un peu superficielle. Elle se comportait ainsi devant l'épouse de Meyer [Bella], devant sa famille, et devant les autres invitées du vendredi après-midi. Ces dernières étaient d'ailleurs extrêmement jalouses de Jackie. Pour une raison évidente : Jackie accaparait toute l'attention de Meyer, elle ne laissait rien pour les autres. »

Parmi les autres soupirants plus âgés de Jackie : le docteur Henry Lax, un médecin de Park Avenue d'origine suisse, dont la liste des patients inclut non seulement André Meyer, chez qui Jackie l'a connu, mais aussi Aristote Onassis. Bientôt, Jackie se mettra d'ailleurs elle aussi à consulter chez lui.

Renee Luttgen, assistante administrative et compagne du médecin, se souvient à quel point Jackie pouvait se montrer aguichante et charmeuse quand elle s'adressait au médecin avec cette voix d'ingénue, affectée et

« insupportable ». « Elle arrivait au cabinet comme on entre en scène, affirme Renee Luttgen. Tout – le sourire, les gestes, les mots – paraissait artificiel et répété avec soin. Elle portait ces grandes lunettes de soleil ovales sur le dessus de la tête. Quand j'ouvrais la porte, elle prenait la pose, comme si elle s'attendait à voir sortir des boiseries une équipe de télévision. Henry et elle étaient proches, mais devant moi, elle l'appelait toujours "Docteur Lax". Elle le consultait pour tout, de son lourd programme d'exercices physiques à ses finances. Elle lui a posé quelques questions très directes sur la physiologie sexuelle, en prétendant que son éducation catholique ne lui avait jamais permis d'apprendre les ressorts de la satisfaction féminine. Henry a alors dessiné l'anatomie de la femme sur un bout de papier, puis de nouveau du bout des doigts dans le creux de la main de Jackie, en lui expliquant comment tout cela fonctionnait. Mais je doute fort qu'elle n'ait pas été au courant. »

Si Henry Lax et Jackie n'ont jamais eu de relations charnelles, le médecin confiera à Renee Luttgen qu'elle lui a avoué avoir passé une nuit avec André Meyer. « Une expérience qu'elle n'a apparemment pas trouvée très satisfaisante, précise l'assistante. Cela étant, Meyer avait toutes les qualités que Jackie admirait chez un homme. Il était plus âgé, extrêmement puissant et très riche. »

Selon Renee Luttgen toujours, l'ex-Première Dame a également parlé au Dr. Lax de sa liaison avec Bobby Kennedy. « Je ne connais pas les détails, précise-t-elle. Mais visiblement, elle l'adorait. Politiquement, c'était un idéaliste, et comme il ne pouvait pas divorcer, il est devenu l'inaccessible objet de ses désirs. »

Célibataire à nouveau, Jackie est une menace sérieuse pour Ethel Kennedy et Bella Meyer, comme d'ailleurs pour toutes les femmes de son entourage. Avec sa personnalité, sa célébrité, sa beauté, il lui suffit de pénétrer dans une pièce remplie de couples pour que toutes les conversations s'interrompent instantanément. Sa présence électrisante fige tout autour d'elle, et les hommes s'empressent de venir tirer gloire des quelques mots qu'ils pourront échanger avec elle. Quant à ceux qui restent à distance, ils sont à la fois intrigués et intimidés. Car Jackie suscite la jalousie des femmes et intimide les hommes. Des hommes qui ne sont pas tous à la hauteur d'une relation sentimentale avec quelqu'un d'aussi célèbre que Jacqueline Kennedy.

Aristote Onassis, lui en revanche, l'est. Son audace, sa ténacité et sa fortune finissent par séduire Jackie, au moins au point de la voir se décider à s'engager dans une liaison avec « le Grec ». Début février 1965, l'ex-Première Dame rejoint Ari à bord du *Christina* pour cinq jours de croisière jusqu'à Nassau. Si elle n'a aucune intention d'embarrasser politiquement Bobby Kennedy en fréquentant Onassis, Jackie comprend qu'en ne cédant pas aux avances de ce dernier, elle risque de perdre son amitié et son patronage. Elle l'a déjà repoussé trop longtemps.

John Karavlas, le second capitaine du *Christina*, n'a pas oublié un épisode dont il a été témoin après l'arrivée du yacht à Nassau : « Nous avions jeté l'ancre au large de l'île, la veille au soir. Dans la matinée, j'ai été convoqué par le premier capitaine. Il voulait discuter avec Onassis d'un dîner prévu ce soir-là à bord du yacht, mais ne parvenait pas à le trouver. Ni Mme Kennedy non plus. Il m'a demandé de vérifier sur le bateau – peut-être étaient-ils encore endormis. J'ai fait le tour de toutes les cabines, de tous les ponts – pas d'Onassis, pas de Mme Kennedy. Puis j'ai entendu du bruit provenant d'un petit bateau de pêche à fond plat qu'Onassis gardait attaché au flanc du *Christina*. Je me suis approché du bastingage pour jeter un coup d'œil et là, à bord de l'embarcation, j'ai vu un postérieur mâle qui allait et venait. C'était Onassis. Il était dessus. Mme Kennedy sous lui. Ils faisaient l'amour. »

Onassis sent la présence du second.

« Qu'est-ce que vous voulez ? lui crie-t-il.

– Je vous cherchais, c'est tout, monsieur.

– Eh bien, vous m'avez trouvé », lui répond Onassis.

De retour à New York, Onassis parle à Johnny Meyer, son conseiller et confident, de son escapade avec Jackie. « Vous serez heureux d'apprendre que j'ai enfin emballé la reine », se vante-t-il, d'une manière que Meyer juge absolument écœurante. « Aux yeux de Bobby, continue le Grec, je ne suis qu'un riche connard qui fait des avances à la veuve de son frère. Tôt ou tard, ce sera le bras de fer entre nous. »

Quoique de vingt-cinq ans son aîné (et de vingt-neuf celui de Jackie), Aristote Onassis n'est pas bien différent de son jeune rival. « Ari pouvait se montrer très impérieux, mais il ne manquait pas non plus de charme, remarque Johnny Meyer. S'il n'obtenait pas ce qu'il voulait par la gentillesse, il avait recours à l'intimidation, une tactique qu'utilisait aussi RFK. Tous les deux aimaient avoir tout sous contrôle. Et tous les deux se détestaient. Onassis n'avait jamais de mots assez durs envers RFK. Il était à tel point convaincu que Bobby avait assassiné Marilyn Monroe qu'il avait engagé un détective privé. Mais celui-ci n'a rien trouvé de concluant. »

Deux semaines après son retour de Nassau, Jackie accompagne Bobby Kennedy quelques jours chez Audrey Zauderer (aujourd'hui Audrey del Rosario), une mondaine propriétaire d'un somptueux domaine à Round Hill, le coin le plus chic de Montego Bay, en Jamaïque. Plusieurs années après, Kathryn Livingston, éditrice et journaliste new-yorkaise, a eu l'occasion de discuter de la visite avec Audrey Zauderer : « Quand j'ai commencé à parler de la relation entre Bobby et Jackie, Audrey, toujours extrêmement discrète, m'a paru – consciemment ou inconsciemment – évasive. Tout le monde en parlait. "Jackie est venue avec John-John et la gouvernante [Maud Shaw], m'a-t-elle dit. Et j'ai dû supporter la présence de tous ces gens du Secret Service." Et Bobby ? "Bobby est venu aussi, m'a-t-elle répondu. Il est venu seul, sans Ethel." Elle a continué ainsi un moment, sans rien dire d'important. Si bien que j'ai fini par le lui demander franchement : "Alors, vous croyez que Bobby et Jackie avaient une liaison ?" Elle n'a rien dit mais a eu ce petit sourire en coin qui semblait signifier que j'avais enfin compris. D'un signe de tête dénué d'ambiguïté, elle m'a fait comprendre que oui. "Oui ? ai-je alors demandé. Vous me dites qu'ils étaient ensemble ?" Et cette fois, elle l'a dit franchement : "Absolument !" »

Un autre témoin, Maud Shaw, écrit à Evelyn Lincoln, l'ancienne secrétaire personnelle de JFK dont elle est devenue l'amie, que même si Bobby et Jackie « avaient des chambres séparées, ils n'arrêtaient pas de passer du boudoir de l'un au boudoir de l'autre, ne faisant aucun secret de leur badinage. J'ai assisté à cela dans l'intimité de l'appartement de Mme Kennedy à New York, mais qu'ils soient si peu discrets devant Mme Zauderer m'a choquée. »

Bernard Hayworth, un scénariste allemand qui se trouvait en vacances au Round Hill Resort, au sud de la propriété d'Audrey Zauderer en descendant le long de la plage, se souvient d'avoir vu le groupe dîner dans la salle à manger de l'hôtel. « Tout le monde à l'hôtel ne parlait que de ça : Bobby et Jackie, Jackie et Bobby. Personne, à l'époque, ne savait qu'ils entretenaient une liaison, nous savions juste qu'ils étaient en vacances dans les environs. Peut-être avais-je vu passer un ou deux articles les concernant dans un tabloïd ou un autre, mais pour moi, ça n'était que des ragots de journalistes. Puis un jour, en fin d'après-midi, j'étais sur la plage à ne rien faire quand j'ai vu apparaître Bobby et Jackie Kennedy. Le soleil commençait à se coucher. C'était le crépuscule. Je ne crois pas qu'ils m'aient vu tout de suite car j'étais assis tout au bout de la plage. Bobby a posé une couverture sur le sable. Jackie a ôté son peignoir avant d'aller se mettre à l'eau – elle glissait à la surface, presque comme un oiseau de mer exotique. Elle avait quelque chose de majestueux, de merveilleux. Quand elle est revenue, à peu près un quart d'heure plus tard, elle s'est séchée et s'est allongée sur le ventre à côté de Bobby. Il s'est alors mis à lui masser le dos et à l'embrasser dans le cou. Je me sentais de trop, alors je me suis levé pour partir et c'est là qu'il m'a vu. Il s'est figé et moi aussi. Après ce qui m'a paru une éternité, il a repris son massage. Et moi, je suis parti. Je ne sais pas ce qui s'est passé après mon départ, mais je peux tout à fait l'imaginer. »

« Bobby Kennedy n'était pas accro à sa dose quotidienne de sexe comme l'était son frère Jack, mais il savait comment en trouver quand il en voulait, remarque Morton Downey Jr. Comme son père et ses frères, il ne manquait pas d'audace concernant les femmes. Sa relation avec Jacqueline Kennedy, cependant, n'était pas seulement charnelle. A la différence des autres femmes dans sa vie, il nourrissait pour elle de vrais sentiments. Exceptions mises à part, pour Bobby, le sexe était un truc de macho, c'était comme s'il cherchait à se prouver quelque chose. Je ne l'ai jamais connu sans maîtresse. Il était sexuellement actif quand il était jeune, pendant son mandat d'Attorney General, et durant toute la période où il était sénateur. Bobby et Ethel étaient proches, mais ça n'excluait pas des écarts de sa part quand l'occasion se présentait. »

Morton Downey, qui a connu une petite notoriété au cours des années 1980 en tant qu'animateur d'une émission de débats télévisés, est le fils du ténor irlandais devenu le meilleur ami de Joseph P. Kennedy. A l'époque, les Downey vivent la plus grande partie de l'année à Palm Beach, non loin de la propriété des Kennedy, et sont également propriétaires d'une résidence à Hyannis Port. Mort Jr., qui a grandi avec Bobby, s'installe à Los Angeles en 1963. RFK et lui resteront toujours en contact. Et Downey soutiendra Bobby lors de sa campagne présidentielle.

Parmi les brèves aventures de RFK alors qu'il est Attorney General, figure l'actrice Kim Novak. « Kim était la réponse de Bobby à la liaison de Jack avec Angie Dickinson, sauf que Novak était plus belle », remarque Mort Downey. Fin 1961, RFK aide l'actrice à se procurer les documents de voyage nécessaires à un séjour d'un mois en Russie. A son retour aux Etats-Unis, Bobby lui rend visite à l'hôtel Plaza de New York. Mel Finkelstein, photographe de presse et confident de l'actrice, raconte que tandis que RFK et Kim « font l'amour dans sa chambre d'hôtel », une alarme à incendie se déclenche. Suivie quelques minutes plus tard par un coup de téléphone : un réceptionniste leur demande d'évacuer les lieux. Bobby, qui ne tient pas à être vu dans le hall avec une actrice d'Hollywood à son bras, quitte l'étage par un escalier situé à l'arrière pour rejoindre ensuite l'entrée principale, où il apprend que quelqu'un a par inadvertance déclenché l'alarme. Kim Novak et lui ne se reverront jamais, mais garderont le contact par téléphone et par courrier.

« Quelque part, Bobby était attiré par les célébrités et par la grande vie, poursuit Downey. Il aimait les grands restaurants. Il adorait aller à Hollywood, aux soirées qu'on y donnait. Lors de l'une d'elles, chez Tony Curtis, la moitié des hommes présents étaient travestis. "Si j'avais su, s'est-il exclamé, j'aurais amené J. Edgar Hoover." »

Lors de ses séjours à Los Angeles après 1963, RFK loge le plus souvent chez Andy Williams et Claudine Longet, la jeune et très jolie jeune femme parisienne d'Andy. Il est parfois accompagné d'Ethel. Les deux couples passent bon nombre de vacances ensemble et se rendent régulièrement visite d'une côte à l'autre. Au milieu des années 1960, Andy Williams anime une émission télévisée de variétés, tandis que Claudine, aspirante actrice, décroche de temps à autre des rôles au cinéma et à la télévision. Sans surprise, il s'avère qu'en plus, Bobby et elle se voient secrètement. Quoique peut-être pas si secrètement que cela.

Downey affirme que Bobby lui a raconté s'être lancé dans une liaison avec Claudine par exaspération vis-à-vis de Jackie qui refuse de laisser tomber Onassis.

« Je ne sais pas comment, raconte Downey, mais Bobby avait découvert que Jackie ne se contentait pas de tenir compagnie à Onassis – elle couchait avec lui. RFK était celui qui, à l'origine, avait poussé Jackie dans les bras d'Onassis, ce qui, en retour, l'autorisait à lui rendre la pareille. Peu importe que Jackie ait été célibataire et pas lui. Un jour, j'ai dit à Bobby : "Tu ressembles de plus en plus à Jack." Dans un sens, je crois que l'idée lui plaisait. »

Pierre Salinger qui, avec Sammy Davis Jr., Paul Newman, Joan Collins, Anthony Newley et Peter Lawford, a investi dans un night-club chic de Los Angeles, la Factory, partage le point de vue de Mort Downey concernant l'attirance de RFK pour les stars et les starlettes d'Hollywood. « Il était très copain avec Shirley MacLaine et Mia Farrow, raconte Salinger. A ce moment-là, Mia était mariée avec Frank Sinatra. Une fois, Sinatra se trouvant à New York pour le tournage d'un film, Bobby est venu à la Factory avec Mia et quelques amis. Il aimait danser. Mia et lui ont passé toute la soirée sur la piste. On dit que lorsque Sinatra, qui déjà détestait RFK, l'a appris par la presse, il a ordonné à ses avocats d'envoyer à Mia les papiers de divorce. »

Par hasard, Salinger se trouve à la Factory le soir où RFK arrive accompagné d'Ethel Kennedy, Andy Williams et Claudine Longet. Au cours de la soirée, il remarque que les deux couples se sont recomposés. « Bobby et Claudine étaient bien occupés l'un avec l'autre, tout comme Andy et Ethel de leur côté, raconte-t-il. Cela m'a surpris que personne dans la presse n'ait noté ce juteux petit épisode et que rien ne paraisse. »

Autre actrice en herbe avec qui RFK passe du temps : Candice Bergen, qu'il rencontre en 1965. De plus en plus ébranlé par la liaison toute fraîche de Jackie avec Aristote Onassis, Bobby demande à la jeune actrice, alors âgée de 19 ans, de l'accompagner à un dîner à New York chez l'ex-Première Dame. Candice, qui habite un appartement situé sur la 86ᵉ Rue Est, à Manhattan, n'est apparemment pas au courant des rapports qui existent entre RFK et Jackie. George Plimpton, invité lui aussi, se souvient que Candice – qui était aussi photographe professionnelle à l'époque – et Jackie – un temps « photographe enquêtrice » au *Washington Times-Herald* – vont longuement discuter appareils photo et objectifs. « Si Jackie nourrissait quelque jalousie, elle ne le montrait pas, raconte-t-il. A moins qu'elle n'ait simplement feint l'indifférence, bien sûr. Car elle a toujours été une comédienne hors pair. Elle n'avait pas le choix, c'était pour elle une question de survie. Il suffit de regarder son mariage avec John F. Kennedy. »

Bobby et Candice vont continuer à se voir. A Paris, le sénateur Kennedy est un jour invité d'honneur chez Hervé Alphand. Parmi les autres personnalités présentes ce soir-là : Shirley MacLaine et Catherine Deneuve. Bobby arrive accompagné de Candice Bergen, qui se trouve quant à elle à Paris pour un tournage. « Il y avait une bonne ambiance à la fête, se souvient Alphand. Nous avons dîné, puis dansé. Bobby et Candice avaient l'air très à l'aise ensemble. »

Avant de quitter Paris, Bobby et Candice vont se revoir ensuite pour dîner, cette fois sans la foule autour d'eux. Tête-à-tête qui donnera lieu à un commentaire futile dans la rubrique mondaine d'un journal local, *Paris-Presse*. « Le sénateur américain Robert F. Kennedy, écrira Edgar Schneider, n'a pas pu résister au plaisir de revoir encore la belle Candice Bergen. Las des banquets officiels et des réunions politiques, Kennedy a décidé que rien ne pouvait être plus agréable pour clôturer son séjour à Paris qu'un dîner intime à Saint-Germain-des-Prés. Sans détour, Bobby a donc demandé à Mlle Bergen de partager avec lui sa dernière soirée. »

Le même article ajoute également que Candice Bergen est venue accompagnée de son petit chien, un Yorkshire, resté sous la table pendant le repas. RFK, qui adore les chiens, donne à l'animal quelques bouchées de son repas. Après le dessert, il va se pencher pour attraper le chien et le fourrer sans ménagement à l'intérieur de sa veste, avant de quitter le restaurant pour héler un taxi.

L'aventure de son mari avec Candice Bergen n'échappe pas plus à Ethel Kennedy que sa liaison avec Jackie. Pour son amie Coates Redmon, la femme de Bobby « ne pouvait que l'avoir remarqué, tant RFK et Candice faisaient peu d'efforts pour dissimuler leur manège. Je ne sais pas pourquoi Ethel restait, au moins en apparence, si passive face à la situation. J'avais la sensation que toutes les épouses Kennedy, y compris Rose, fermaient les yeux sur ces aventures extraconjugales. Le féminisme n'était pas encore un mouvement populaire aux Etats-Unis. Si tout cela s'était passé aujourd'hui, je me demande si Ethel aurait réagi de même ».

« Bobby et Candice n'étaient pas discrets, leurs agissements étaient évidents, raconte Truman Capote. En Suisse à l'époque, je suis tombé par hasard, dans un journal local, sur un article qui en parlait, alors imaginez... Je les connaissais tous les deux. Candice avait ce côté très propre sur elle, très Nouvelle-Angleterre, qui plaisait à tous les hommes du clan Kennedy. Et comme Shirley MacLaine et Mia Farrow, elle ne m'avait pas l'air bête. Bobby n'aimait pas autant les bimbos que ses deux frères. Ses liaisons à lui étaient plus longues et plus sérieuses. Il avait tendance à être un peu plus regardant. Je ne dis pas pour autant qu'il n'ait pas eu d'aventures d'une nuit, mais d'une manière générale, il semblait préférer les relations sérieuses. »

Quoi qu'on puisse penser de RFK, il convient de souligner que, tant dans son caractère que dans sa personnalité, c'est un être divisé. Bobby et Robert F. Kennedy sont presque deux individus distincts, opposés dans leurs idées comme dans leurs valeurs – joueur et romantique d'un côté, sérieux et meneur d'hommes de l'autre. Dans le quartet d'origine des frères Kennedy, RFK est le plus religieux, donc le plus semblable à sa mère. Mais, comme son père, il est aussi prisonnier de sa sexualité. Sans doute son directeur de conscience doit-il s'en donner à cœur joie lorsque Bobby vient se confesser.

« Malgré toutes ses "liaisons sérieuses", constate O'Brien, Bobby ne refusait pas une bonne partie de jambes en l'air de temps à autre. »

Ainsi, au printemps 1965, raconte Jerry Oppenheimer, auteur de *The Other Mrs. Kennedy*, une biographie d'Ethel Kennedy, lors d'un barbecue à Hickory Hill, RFK va s'échapper à moto avec Polly Bissell, une jeune diplômée de Radcliffe College qu'il a engagée à son bureau au Sénat après l'avoir rencontrée à Martha's Vineyard chez l'écrivain William Styron. Le journaliste télé Douglas Kiker, invité ce jour-là, précise à Oppenheimer qu'en partant garer la Harley dans un bois des environs, Bobby et sa blonde compagne ne portaient rien d'autre qu'un maillot de bain.

Mais le couple va être rapidement interrompu par une voiture de patrouille de la police de McLean. Selon ce qu'on en a rapporté à Kiker, voyant arriver le véhicule, Bobby va remonter son maillot de bain en vitesse avant de disparaître dans le sous-bois, laissant Polly Bissell affronter seule la situation. Il n'émergera de sa cachette qu'une fois la jeune fille ramenée sous escorte jusqu'à Hickory Hill. Plus tard, celle-ci assurera au journaliste qu'elle et Bobby étaient à peine amis et voulaient simplement aller faire un tour dans les environs.

En Virginie, un rapport de la police de McLean daté du 25 mai 1965 et signé par l'agent de patrouille Charles Duffy, stipule cependant qu'un homme et une femme ont été repérés à huit cents mètres d'Hickory Hill « en train de copuler en public ». Le rapport précise également qu'à l'approche des deux officiers, l'homme a fui dans les bois, abandonnant sur place la jeune femme et la moto. « Celle-ci s'est identifiée comme étant une invitée du sénateur et de Mme Robert Kennedy, apprend-on sur le document. Elle est rentrée à Hickory Hill en moto, et nous l'avons suivie. L'homme n'a, quant à lui, jamais été identifié. Il n'y a eu ni citation à comparaître ni arrestation. »

Malgré ses vagabondages et son histoire d'amour avec Jacqueline Kennedy, Bobby – tout le monde le sait – retourne toujours chez sa femme. Si elle n'a rien d'un mannequin et n'a ni l'allure ni le panache de Jackie, Ethel a ses manières à elle. Et quand il s'agit de faire la fête, elle n'est pas la dernière. Au milieu des années 1960, elle et son mari se rendent à une soirée organisée à Washington pour marquer la démission de McGeorge Bundy, conseiller à la sécurité nationale de Lyndon Johnson. « Ethel les a tous épatés avec son *frug*, l'autre soir », raconte un article de presse consacré à la soirée, en faisant référence à une danse en vogue dans les années 60. Tout comme elle « les » a, de toute évidence, « épatés » avec sa tenue. Tandis que les autres femmes arrivent vêtues de leurs plus belles robes longues en mousseline et peau de soie, se souvient le journaliste de Washington Joe Alsop, Ethel porte des bottes Courrèges et une mini-robe en vinyle noir et blanc ornée de bandes en strass aux épaules. Les festivités ne s'achèveront qu'au petit matin et Ethel aura passé la nuit à danser. « Physiquement, ça n'était pas une bombe, mais elle avait une belle silhouette et une belle paire de jambes. Elle était loyale et très dévouée à Bobby. A ses yeux, il ne pouvait rien faire de mal », dit-il.

Ses employées sont plus jeunes, les actrices qu'il convoite plus belles, Jacqueline Kennedy plus créative, mais RFK chérit sa femme pour des raisons que peu en

142

dehors de leur couple peuvent comprendre. Marie Ridder, une journaliste et amie, remarque cependant que les proches de Bobby savent à quel point il a besoin d'elle. « Je me souviens m'être trouvée à bord d'un avion privé en leur compagnie, raconte-t-elle. Ethel était nerveuse en avion, parce qu'elle avait perdu ses parents puis un frère dans deux crashs. Mais on voyait à quel point Bobby était content de l'avoir près de lui. Il a gardé la main sur son épaule tout le trajet. On entendait des rumeurs concernant d'autres femmes. J'ai également pris l'avion avec Bobby une fois où Candice Bergen était à bord, et je suppose qu'ils flirtaient, ou même couchaient ensemble. Mais je ne pense pas que cela ait représenté grand-chose à ses yeux. Je ne suis pas qualifiée, en revanche, pour faire des commentaires sur sa relation avec Jackie, car je ne les ai jamais vus ensemble en privé. J'ai entendu dire qu'il l'aimait, mais Ethel restait la compagne de sa vie. Ils étaient dévoués l'un à l'autre. »

En mars 1965, Maud Shaw informe Jacqueline Kennedy qu'elle a l'intention d'aller passer son mois de vacances annuelles de printemps à Sheerness, en Angleterre, pour rendre visite à son frère et à sa sœur, qui sont âgés. Elle sait que Jackie a le projet de passer une partie du mois de mai et du mois de juin à Londres avec Caroline et John, et se demande si les enfants pourraient la rejoindre quelques jours dans sa famille. A sa grande surprise, l'ex-Première Dame lui répond qu'à compter de l'automne, elle n'aura plus besoin de ses services et lui suggère donc de prendre sa retraite et de rester en Grande-Bretagne. Pour bien se faire comprendre, elle lui offre aussi un cadeau de départ : un album à reliure de cuir rempli de photos des enfants.

Le 22 mars, Maud Shaw écrit à Evelyn Lincoln : « J'avais prévu de me rendre en Angleterre avec les enfants en mai, mais Mme Kennedy vient de m'annoncer qu'elle n'aurait plus besoin de moi à mon retour aux Etats-Unis. Je dois bien avouer que cela m'a fait un petit choc. »

Tandis que Jackie reste à Londres chez Stas Radziwill avec sa sœur et Tina et Anthony, les enfants de celle-ci, Caroline et John vont passer une semaine dans la famille de Maud Shaw. A Londres, Jackie déjeune avec Evangeline Bruce qui, par coïncidence, est venue voir sa sœur au même moment.

« Jackie trouvait que ses enfants étaient devenus trop grands pour Maud Shaw, indique Evangeline Bruce. "Miss Shaw est douée avec les jeunes enfants, m'a expliqué Jackie, mais je veux quelqu'un de plus en phase avec ce dont ils ont besoin à présent." J'ai su peu après, cependant, qu'elle s'était séparée de la gouvernante après avoir appris que celle-ci avait signé un contrat avec un éditeur britannique et un éditeur américain pour un livre de confidences relatant les sept ans et demi qu'elle avait passés au service de la famille. Le livre [*White House Nanny*] est paru plus tard la même année. Jackie craignait qu'il ne révèle des informations compromettantes sur sa relation avec Bobby Kennedy. Elle considérait cela comme une atteinte à la vie privée, puisque Maud Shaw (comme tous ses autres employés) avait signé un accord de confidentialité assurant qu'elle n'écrirait rien sur les Kennedy. Jackie a d'abord appelé à la rescousse Sol Linowitz, le président du conseil d'administration de la

Xerox Corporation, et menacé de poursuivre les éditeurs. Mais elle a fini par laisser tomber. »

Un autre ouvrage inquiète Jackie tout autant. *The Pleasure of His Company*, que Red Fay s'apprête à publier. Elle a peur qu'il ne révèle les noms de certaines des partenaires extraconjugales de son mari avec force détails salaces. Elle contacte donc Fay et le supplie d'abandonner son projet. Un compromis est trouvé, selon lequel celui-ci accepte de laisser Bobby Kennedy relire le manuscrit et couper les passages potentiellement embarrassants avant publication.

Plus exaspérant encore pour Jackie, *Mort d'un Président*, de William Manchester, dont certains passages sont sur le point de paraître dans le magazine *Look*. « Pour des raisons que je ne comprendrai jamais, raconte Manchester, Jacqueline Kennedy, qui m'avait choisi personnellement pour la rédaction du livre, a soudain décidé de s'opposer à sa parution. J'imagine qu'il lui a semblé contenir trop de matériau décapant sur son mariage avec le Président défunt, et elle était déterminée à arrêter les presses, à moins que je n'accepte de me plier à un contrôle complet du contenu. Comble de l'ironie, elle s'est même tournée vers J. Edgar Hoover pour qu'il l'aide et en moins de deux, je me suis trouvé pris en filature par une équipe du FBI. »

Jackie exige également de Bobby Kennedy qu'il intervienne. Parmi les membres de son équipe sénatoriale, un certain nombre – employés ou conseillers –, dont Ed Guthman, Burke Marshall, John Seigenthaler, Frank Mankiewicz et Richard Goodwin prennent eux aussi part à l'affaire, relisant le manuscrit et offrant leurs suggestions de coupes et de modifications. Voyant que l'auteur n'accepte pas en bloc toutes les corrections, Jackie va requérir une injonction pour empêcher l'ouvrage (et les extraits dans le magazine) de paraître. Par loyauté et par amour, Bobby apporte un soutien aveugle à sa belle-sœur, peu importe si ses exigences sont déraisonnables et irrationnelles, mais il la prévient tout de même que la guerre qu'elle mène contre *Mort d'un Président* est pure folie qui, à long terme, risque surtout de ternir son image auprès du public. Sans tenir compte du conseil, Jackie insiste : il doit continuer à tout faire pour contenir Manchester.

« Bobby, que j'avais toujours aimé et admiré, s'est mis à me harceler physiquement, indique ce dernier, évoquant ce jour où il croise RFK dans le hall d'un hôtel de New York. Il a complètement perdu la tête, raconte-t-il. Il s'est mis en travers de ma route pour m'empêcher d'avancer. Il criait et hurlait si fort qu'il écumait littéralement de rage. "Vous feriez bien de respecter les souhaits de Jackie, a-t-il braillé, ou je ferai le nécessaire pour que votre putain de livre ne paraisse jamais !" »

Si Manchester finit par accepter de procéder aux retouches demandées ainsi que de verser un pourcentage important des gains du livre à la bibliothèque John F. Kennedy, Jackie rumine toujours la situation en juin 1965, lorsqu'elle quitte Londres avec ses enfants pour se rendre à Runnymede, le site où a été signée la *Magna Carta* en 1215. C'est là que la reine Elizabeth doit inaugurer un monument national en hommage au Président Kennedy, cérémonie à laquelle vont assister le Premier ministre britannique Harold MacMillan, le secrétaire d'Etat américain Dean Rusk, RFK et Ted Kennedy, ces trois derniers venus des Etats-Unis à bord d'un Boeing 707 affrété par Lyndon Johnson. Après la cérémonie, le groupe va rejoindre la reine pour le thé au château de Windsor. Les jours suivants, Bobby et Jackie emmènent les enfants visiter la capitale, voir Whitehall, Buckingham Palace et la Tour de Londres, où John Jr. trouve le moyen de se coincer la tête dans la bouche d'un vieux canon dont il faudra le dégager à grand-peine.

Avant de quitter Londres, Caroline et John posent aussi devant l'objectif de sir Cecil Beaton. Satisfaite des photos, Jackie a dû l'être moins de la description que Beaton va faire d'elle dans ses *Journaux*, publiés à la fin des années 1970, où il la qualifiera de « caricature démesurée d'elle-même ». A son amie, l'aristocrate britannique Edith Roades, il dira : « Pendant plus d'une heure, Mme Kennedy n'a pas cessé de se plaindre de tous les livres écrits sur elle et sur le Président défunt. Puis elle a entrepris de jouer les poètes en parlant du sénateur Robert F. Kennedy, de qui elle semble très amoureuse. Il lui rendait la pareille en faisant tout ce qui était en son pouvoir pour lui plaire. Je me suis dit que s'il devenait Président, elle serait de nouveau Première Dame. »

7

Fin juin 1965, à son retour d'Angleterre avec une nouvelle gouvernante, Jacqueline Kennedy emmène les enfants en vacances à Hawaii. Elle loue une grande maison à Diamond Head, dans le comté d'Honolulu, inscrit sa fille à un cours de danse « hula » pour enfants et engage un étudiant de l'île pour qu'il enseigne à Caroline et John Jr. les rudiments du surf. Un après-midi, John Jr., qui s'est aventuré seul dans les vagues, se trouve pris dans le courant causé par le reflux et ne doit son retour sain et sauf sur la plage qu'à la vigilance d'un agent du Secret Service. Le lendemain, le même agent sauve à nouveau le garçon en le tirant des flammes d'un feu de camp allumé par des voisins sur la plage.

Jackie, Caroline et John sont rejoints à Honolulu par John F. Nash, un neveu d'Hugh Auchincloss, avec ses six enfants, auxquels se joignent les trois de Peter Lawford, présent lui aussi. Christopher Lawford, son fils de 10 ans, sera l'auteur quarante ans plus tard d'une autobiographie dans laquelle il racontera avoir par inadvertance vu Tante Jackie nue sortant d'une cabine de douche. Plus étonnant, la gifle que Jackie inflige à sa fille sous les yeux de Peter Lawford pour la punir de s'être barbouillé les lèvres et les joues avec un tube de rouge à lèvres apporté par l'un des petits Nash.

« L'accès de rage était déplacé, raconte Lawford. Jackie était en colère contre Bobby Kennedy, qui l'avait appelée pour exiger qu'elle renonce publiquement à l'argent fédéral versé pour le maintien à New York d'un bureau destiné au classement des papiers présidentiels de John F. Kennedy. Jackie continuait à percevoir des fonds publics, ce qui, surtout si l'on considère la fortune des Kennedy, risquait selon lui de ternir l'image de la famille. Ça l'a mise hors d'elle. "A quels autres sacrifices dois-je consentir pour faire plaisir à ce fichu clan ?" s'est-elle exclamée. Elle n'a finalement accepté de renoncer à la somme que lorsque Aristote Onassis lui a promis de prendre en charge ses dépenses de bureau. Ce qui, en retour, a rendu Bobby furieux. "Je ne veux pas de l'argent du Grec pour les papiers de Jack", a-t-il aboyé. "Alors, c'est toi qui paies", a rétorqué Jackie. Elle n'avait pas tort. Bobby pouvait se montrer très autoritaire. Maintenant qu'il avait accédé à une fonction élective, il se préoccupait surtout de son image personnelle. Tout ce que faisait – ou ne faisait pas – la famille avait des retombées sur sa carrière politique en devenir. Il visait déjà la Maison Blanche en 1965, ça ne faisait aucun doute. »

Laissant pour l'instant de côté la question des finances de la famille, Jackie rentre à New York, avant d'emmener les enfants au Canada, visiter Montréal et Toronto. En juillet, elle fête ses 36 ans à Hyannis Port avec le clan Kennedy au complet. Elle rend visite à Paul et Bunny Mellon en Virginie, avant de faire un saut à Hammersmith Farm, à Newport, pour aider sa mère à planifier la construction d'un nouveau moulin habitable sur la propriété d'Auchincloss – le précédent ayant été entièrement détruit par un incendie.

En août, elle accompagne Bobby Kennedy à Boston à l'anniversaire du cardinal Cushing, puis rentre à Newport pour assister à un dîner donné par le sénateur et Mme Claiborne Pell. Avant de repartir, elle organise avec George Plimpton une fête de fin de vacances d'été pour Caroline : les adultes sont déguisés en pirates et une malle au trésor a été enterrée. Bobby Kennedy offre un chiot à Caroline. Laquelle s'empresse de lui donner un bain et de le brosser avec la brosse à dents de sa mère.

« Jackie avait le sourire, raconte Plimpton, mais elle paraissait de mauvaise humeur. Ça n'avait rien à voir avec sa brosse à dents. C'était à cause de Bobby. On sentait entre eux comme une colère sous-jacente. »

Un jour de début septembre, accompagné de Peter Lawford et de l'une de ses petites amies, Taki Theodoracopulos, auteur prometteur et nouveau compagnon de Lee Radziwill, vient déjeuner à l'hôtel Sherry-Netherland de Manhattan. En se rendant à la salle de restaurant, tous trois remarquent Bobby Kennedy et Jackie assis l'un contre l'autre à l'extrémité du bar. Depuis toujours, l'endroit est l'un des lieux favoris pour les rencontres discrètes du couple. « Peter et Bobby étaient brouillés, précise Taki, ça ne m'a donc pas vraiment surpris quand Peter s'est tourné vers son amie pour lancer à haute voix : "Tu vois, je te l'avais bien dit, ce fils de pute se la tape." »

Temporairement réconciliés, Bobby et Jackie sont ensuite vus ensemble au dîner organisé par le couple huppé Charles et Jane Engelhard. A la demande de Bobby, l'ex-Première Dame assiste en octobre à une réception aux Nations unies donnée en l'honneur du pape Paul VI. Le même mois, elle et l'avocat new-yorkais William vanden Heuvel louent le Sign of the Dove, un restaurant de Manhattan, pour un buffet et un bal en nocturne où va jouer le groupe de « Killer Joe » Piro, en l'honneur de John Kenneth Galbraith. « Bien qu'ils aient rompu, raconte ce dernier, Jackie a invité John Warnecke. Elle était radieuse, en particulier quand Bobby Kennedy a fait une brève apparition. Elle l'a regardé comme on regarde son ou sa bien-aimé(e). Bobby jouait les enfants de chœur et tout le monde, presse incluse, tombait dans le panneau. Pourtant, le vrai Bobby n'avait rien d'un enfant de chœur. »

Quelques jours plus tard, Bobby accompagne Jackie à Bernardsville, dans le New Jersey, pays de l'Essex Fox Hounds Club, où elle a récemment signé un bail pour une petite ferme, un endroit où aller « pour fuir le monde ». De temps à autre, quand ses obligations séna-toriales le lui permettent, RFK y passe le week-end avec Jackie et les enfants. Quelques années plus tard, elle rompra le bail pour acquérir une ferme rénovée et cinq hectares situés à quelques encablures de chez ses amis de Bernardsville, les Murray McDonnell, un clan catholi-que irlandais aussi important et prospère que celui des Kennedy. Jackie place ses chevaux et ses poneys en pen-sion chez les McDonnell et les sort pour d'insouciantes balades à travers bois. Le dimanche, elle participe à la chasse au renard hebdomadaire organisée par le club. Bobby ne reste qu'un visiteur occasionnel.

C. Douglas Dillon, un voisin qui a parrainé Jackie au Essex Hounds, se souvient du choc qu'il a eu de le voir se présenter chez elle sans prévenir un samedi matin, et de les apercevoir ensuite en train de « se bécoter » derrière la maison. « Je devais être idiot, dit-il, parce que je les croisais souvent lors de réceptions et d'événements divers organisés à New York, et jamais ça ne m'avait effleuré l'esprit qu'il ait pu y avoir entre eux autre chose que des liens de profonde amitié, renforcés par la mort de John F. Kennedy. Mais quand je les ai vus ensemble ce jour-là, tout m'a soudain paru logique. »

Lors d'un dîner organisé par une amie à elle, Kitty Carlisle Hart, Carl Killingsworth, responsable des relations publiques chez NBC-TV, fait la connaissance de Jackie. Kitty, qui siège au conseil d'administration de la Croix-Rouge américaine, a proposé à l'ex-Première Dame de visiter un hôpital du Bureau des anciens combattants situé à Queens, qui héberge des soldats blessés au Vietnam. Encouragée par Bobby, Jackie a accepté. Elle vient de passer un après-midi à discuter avec les blessés et les mourants. Au dîner de Kitty, elle confie à quel point la visite l'a émue. Pour Carl Killingsworth, c'est Bobby Kennedy qui semble avoir sensibilisé sa belle-sœur aux sujets politiques, et en particulier à la présence militaire américaine au Vietnam, contre laquelle le sénateur monte au créneau de manière de plus en plus virulente. Il lui a aussi fait partager son intérêt pour le sort des indigents et la question des droits civiques. Pour lever des fonds et attirer l'attention sur la cause, Jackie l'accompagne fréquemment dans ses visites des quartiers populaires.

« Jackie et moi sommes devenus assez proches, indique Killingsworth. Il lui arrivait de m'appeler pour aller voir un ballet ou un film, puis nous terminions invariablement la soirée à la brasserie P.J. Clarke autour d'un hamburger ou d'une omelette. De temps en temps, Mike Nichols se joignait à nous. Ainsi que Truman Capote et Leonard Bernstein. Jackie semblait préférer la compagnie des hommes à celle des femmes. Elle n'avait pas beaucoup d'amies femmes. Elle m'a dit un jour qu'elle trouvait les hommes moins mesquins que les femmes. Les femmes étaient rancunières, les hommes non. Pourtant, Jackie elle-même pardonnait rarement à ceux dont elle considérait qu'ils l'avaient trahie. »

Au bout d'un certain temps, Killingsworth se fait la remarque que Jackie ne mentionne presque jamais Camelot ni le Président Kennedy. Par contraste, Robert Kennedy est l'un de ses sujets de conversation favoris. Lors de sa première visite chez Jackie sur la Cinquième Avenue, Killingsworth note l'absence de photo de JFK. Dans le séjour, seul trône un grand portrait encadré de Bobby Kennedy posé sur le piano. Y est gravé : « Pour Jackie, mon amour. Pour toujours, Bobby. »

Killingsworth, qui ne sait pas s'il doit ou non faire une remarque, finit par pointer le doigt vers la photo en disant : « Jackie, en voyant cette photo, les gens risquent de se faire des idées.

– Franchement, lui répond Jackie, ce qu'on dit de moi m'est bien égal. Pour Bobby, je me jetterais par la fenêtre. »

Bobby et Jackie

En janvier 1966, l'avocat de Washington Clark Clifford, ancien président du comité consultatif du renseignement étranger du Président Kennedy puis conseiller du Président Johnson, reçoit un coup de téléphone de J. Edgar Hoover, qu'il connaît depuis la présidence Truman. Le directeur du FBI lui demande de passer le voir à son bureau dès que possible.

A son arrivée, Hoover le conduit dans un bureau adjacent où ont été installés un projecteur et un écran.

« Qu'est-ce que c'est que tout cela ? demande Clifford.

– Vous allez voir », lui répond Hoover.

Une fois les deux hommes assis et les lumières baissées, un employé allume le projecteur. Et Clifford se trouve face à un film de trois minutes en noir et blanc sur lequel Marilyn Monroe, l'actrice décédée, se prête à un acte sexuel sur un homme dont le visage demeure hors champ.

« Il ne faisait aucun doute pour moi que la femme à genoux en train de faire une fellation était Marilyn Monroe, dit-il. Je n'avais pas la moindre idée, en revanche, de l'identité de son partenaire. »

Une fois le film terminé et la lumière rallumée, Clifford se tourne vers Hoover. Le directeur du FBI a l'air content de lui.

« Vous voulez qu'on le repasse ? demande-t-il.

– J'en ai assez vu, je pense, répond Clifford.

– Vous avez reconnu le couple ?

– J'ai reconnu Marilyn Monroe, répond l'avocat. Comment donc pourrais-je identifier l'autre personne ? Nous ne voyons jamais sa tête.

– Nous avons des raisons de penser qu'il s'agit de Robert Kennedy, répond Hoover.

– Et comment donc pourriez-vous le savoir ? demande Clifford. Comment savez-vous que ce n'est pas le Président Kennedy ? N'a-t-il pas eu lui aussi une liaison avec Marilyn ? Ce pourrait d'ailleurs être n'importe qui. »

Hoover explique alors que la scène a été filmée par une caméra dissimulée dans la chambre de l'actrice peu avant sa mort, époque où elle fréquentait Bobby, et non Jack. Le film a été transmis au FBI en 1965 par un ancien conseiller du patron des Teamsters, Jimmy Hoffa, la cible numéro un de RFK, alors Attorney General.

« J'imagine, poursuit Hoover, qu'Hoffa avait prévu de faire chanter Robert Kennedy pour ne plus avoir le département de la Justice sur le dos. Nous savons également que Joe DiMaggio a proposé à Hoffa une belle somme en échange du film. Mais la transaction n'a jamais eu lieu. Je vous ai appelé en me disant que vous aimeriez peut-être discuter de cela avec votre ami le Président Johnson.

– Qu'est-ce que Lyndon Johnson a à voir avec tout ça ? demande Clifford. Même si l'on part du principe que c'est bien Robert Kennedy dans le film, pourquoi le Président s'en mêlerait-il ?

– Je ne sais pas trop, répond Hoover. Tout ce que je sais, c'est que le Président a ses propres griefs à l'encontre du sénateur Kennedy. Il devrait être mis au courant de l'existence de ce film, vous ne trouvez pas ? »

Sachant que Hoover n'a jamais aimé l'ancien Attorney General, Clifford en conclut qu'il espère se servir du film pour mettre un terme à la carrière politique de RFK – et si possible via le plus haut niveau de l'État. Même s'il n'a aucune intention de remettre le film au Président Johnson, Clifford dit à Hoover qu'il va y réfléchir.

Quelques mois plus tard, Clark Clifford croise Jacqueline Kennedy à un dîner organisé par Diana Vreeland, la rédactrice en chef de *Vogue*. « A un moment donné, au cours de la soirée, Jackie m'a pris à part, se souvient Clifford. Elle m'a regardé droit dans les yeux et m'a demandé si je savais quoi que ce soit sur "un certain film" concernant Marilyn Monroe et Bobby Kennedy en plein acte sexuel. Je ne sais absolument pas comment elle en avait eu vent, ni même si elle savait que J. Edgar Hoover m'avait montré le film. J'imagine qu'elle avait ses espions partout à Washington, si bien que peu de choses échappaient à sa surveillance. Quoi qu'il en soit, je n'allais pas me mêler de l'affaire. Je lui ai dit que je n'en savais rien. Je ne crois pas qu'elle m'ait entièrement cru, mais elle n'a pas insisté, et nous sommes retournés à la table du dîner. Elle ne m'en a jamais reparlé, et je ne sais rien de particulier sur ce qu'il est advenu du film. »

En février 1966, de nouveau sur les conseils de Bobby Kennedy, Jackie inscrit John Jr., désormais âgé de cinq ans, à la maternelle de la St. David School sur la 89ᵉ Rue Est, à cinq minutes de chez elle. Ecole catholique de garçons, la St. David School accueille principalement les fils des vieilles familles fortunées de la ville, mais intègre aussi parmi ses quelque trois cents élèves un nombre important d'enfants boursiers d'horizons divers. Un environnement hétérogène qui plaît à Jackie, laquelle ne veut pas voir ses enfants devenir trop gâtés.

S'il est plutôt bien apprécié de ses petits camarades, John doit cependant passer par une période d'ajustement. Durant sa deuxième semaine d'école, il fait saigner du nez un enfant qui insiste pour l'appeler John-John. Convoquée par le directeur, Jackie se présente avec Bobby Kennedy. Lequel réprimande le bambin : « Sers-toi de ta langue et de ton cerveau, pas de tes poings. » Jackie va plus loin et insiste pour conduire l'enfant chez le célèbre pédopsychiatre Erik Erikson, qui plus tard suivra également Caroline.

RFK continue à jouer les mentors à tout bout de champ, il vient spécialement de Washington assister aux réunions parents-professeurs avec Jackie et remplace son frère décédé les jours de visite. Comme pour Caroline par le passé, Jackie se fait un devoir d'accompagner John à l'école le matin et de venir le chercher l'après-midi.

« Invariablement, la présence de Jackie au Sacred Heart ou à St. David attirait les foules, raconte Carl Killingsworth. Elle provoquait des embouteillages. Devant elle, les gens restaient bouche bée. Les parents, les élèves, les professeurs, les passants – même les agents de police – s'arrêtaient pour la regarder. Elle attirait les journalistes comme les paparazzis. C'est à ce moment-là que Ron Galella a commencé à la pourchasser avec acharnement, surgissant des buissons de Central Park ou de derrière des voitures garées sur la Cinquième Avenue. Les New-Yorkais, qu'on dit pourtant raffinés, ne pouvaient pas résister à la célébrité de Jacqueline Kennedy. C'était comme le Second Avènement. »

Un jour de la première année de Caroline au Sacred Heart, Jackie vient chercher sa fille en compagnie d'Adlai Stevenson, ambassadeur à l'ONU sous Kennedy.

Ils vont ensuite tous les trois prendre un ice-cream soda. Adlai Stevenson les accompagnera aussi lors de plusieurs autres sorties, parmi lesquelles une promenade en ferry jusqu'à la statue de la Liberté et une excursion à Coney Island pour déguster des hot-dogs et profiter des manèges. D'un naturel effacé, Stevenson montre un intérêt plus que passager pour Jackie. Plus il la voit, plus il se sent attiré par elle. Lorsqu'elle s'en rend compte, Jackie bat en retraite et lui envoie plusieurs petits mots badins mais destinés à repousser ses avances. Agacé par ses méthodes, Stevenson confie alors à Katharine Graham, la propriétaire du *Washington Post*, avec qui le bruit court qu'il a eu une liaison, que Jackie est « une allumeuse de première, une des plus grandes tentatrices de son temps ».

Jackie a le même problème avec Robert Lowell, le célèbre poète américain, marié à l'époque à la critique littéraire Elizabeth Hardwick. Elle entretient une amitié distante avec Lowell depuis 1964, date à laquelle il lui a fait parvenir un exemplaire de son dernier recueil de poèmes ainsi qu'une édition des *Vies* du philosophe grec Plutarque (qu'elle offrira par la suite à Bobby Kennedy) et entame bientôt avec lui une correspondance. En 1965 et au début de 1966, ils se voient de temps à autre, par l'entremise de leur ami commun Blair Clark, un politicien qui fut proche de Jack Kennedy. Lowell vit à Manhattan, dans le West Side, à un pâté de maisons du Café des Artistes. Dans une des lettres qu'elle lui adresse, Jackie lui dit à quel point elle a de la chance d'avoir « un ami de l'autre côté de Central Park », ce qui deviendra plus tard le titre d'un des poèmes de Lowell. Cette amitié vient officiellement alimenter les ragots le 1er décembre

1965 lorsqu'un cliché du couple, photographié à la sortie du théâtre après la première de *Hogan's Goat*, une pièce de William Alfred, paraît en une du magazine *Women's Wear Daily*. Dès lors, Lowell ne tarde pas à annoncer à ses amis qu'il a l'intention de divorcer pour épouser Jackie Kennedy.

« Lowell était subjugué par Jackie, raconte Blair Clark. Je ne sais pas si elle l'encourageait, mais de toute évidence elle ne s'est pas rendu compte qu'il était maniacodépressif, qu'il prenait du lithium et faisait des séjours réguliers en hôpital psychiatrique. Quand j'ai vu à quel point il était devenu obsédé par elle, j'ai dit à Jackie qu'à mon avis, il entrait dans l'une de ses phases maniaques et qu'elle ferait bien de se méfier. Son obsession a fait office de déclencheur. Lui et moi étions proches et on m'appelait chaque fois qu'il avait une crise. J'en reconnaissais les signes. Il faisait une fixation sur elle. Elle l'éblouissait. Elle savait manipuler les hommes comme des marionnettes ; ils dansaient à ses pieds. Elle aimait Lowell, mais seulement pour ce qu'il représentait, quelqu'un avec qui parler littérature de temps en temps. »

Lowell traverse bel et bien un épisode maniacodépressif. A Noël 1965, il est hospitalisé à McLean, près de Boston. Jackie lui écrit pour le remercier pour la biographie d'Alexandre le Grand qu'il lui a envoyée et pour lui dire qu'elle a entamé la lecture de l'œuvre de Juvénal et de Caton comme il le lui a conseillé. Préférant éviter le sujet de sa maladie, elle ajoute qu'il a bien fait de « s'en aller » pendant les fêtes – comme s'il était parti en vacances et non en hôpital psychiatrique.

A son retour à New York après un mois d'internement, au cours duquel il a subi des douzaines de séances d'électrochocs, Lowell recontacte Jackie. Il s'invite même un jour chez elle, dans son appartement de la Cinquième Avenue, pour passer plus de deux heures à lui lire un nouveau recueil de ses poèmes. En février 1966, il l'invite à passer le week-end dans une petite auberge aux environs de Boston. Elle décline.

Carl Killingsworth se souvient de l'incident qui a sonné le glas de l'amitié de Jackie avec le poète. « Fin février 1966, dit-il, Rudolf Noureiev avait convié des amis au Russian Tea Room de New York. J'y étais. Jackie est venue accompagnée de Lowell. Il y avait d'autres personnes. Nous étions à table quand le nom de Sidney Kaye est venu dans la conversation. Kaye était le propriétaire du restaurant. Innocemment, quelqu'un a mentionné qu'il était juif. Et Lowell a démarré au quart de tour. Il s'est mis à dégoiser à tout-va contre les juifs. "Si j'avais voulu manger juif, a-t-il dit, je serais allé dans un delicatessen." Et ainsi de suite. C'est allé crescendo. En fait, Lowell était un antisémite virulent. Ne supportant plus ses vociférations, Jackie s'est levée. "Je ne me sens pas bien, a-t-elle annoncé. Je rentre chez moi." Je l'ai accompagnée pour trouver un taxi. "Cet homme est un parfait imbécile", a-t-elle simplement dit en se glissant sur la banquette arrière. Pour autant que je sache, elle ne lui a plus jamais reparlé, même si Bobby Kennedy, qu'elle lui avait présenté, est resté en bons termes avec lui. »

Robert David Lion Gardiner, l'excentrique héritier new-yorkais, a fait la connaissance de Jackie chez lady

Jean Campbell. En mars 1966, il l'invite sur Gardiners Island, l'îlot dont il est propriétaire au large de Long Island. Après le dîner en compagnie de sa femme (l'ancien mannequin britannique Eunice Bailey Oates) et de quelques autres invités, tous prennent le café et un cognac sur la terrasse en bois. Gardiner raconte que Jackie sort alors un paquet de cigarettes et cherche du feu. Elle remarque un briquet en or sur la table basse. Celui de Mme Gardiner. Après avoir allumé sa cigarette, elle glisse le briquet dans son sac à main. Gardiner, qui l'a remarqué, ne sait pas tout d'abord quelle attitude adopter.

« Qu'étais-je censé faire ? se souvient-il. J'imagine que j'aurais pu dire : "Madame Kennedy, pourriez-vous s'il vous plaît me rendre le briquet de ma femme ?" J'étais absolument convaincu qu'elle savait exactement ce qu'elle avait fait. Je ne voulais pas faire d'histoires, parce que c'était une ex-Première Dame, peut-être la femme la plus célèbre au monde. »

Au terme de plusieurs minutes de gêne, Gardiner ouvre la cave à cigares qu'il garde à proximité sur une commode, en sort un cigare dont il tranche le bout et lance à la cantonade : « Quelqu'un aurait-il vu le briquet en or de ma femme ? Madame Kennedy ? Vous êtes, je crois, la dernière à vous en être servie. »

Jackie hausse les épaules. « Je ne sais pas du tout où il est passé », répond-elle.

Le briquet, parti avec Jackie, ne sera jamais restitué à sa propriétaire. Gardiner ripostera en faisant courir des rumeurs sur l'ex-Première Dame, l'accusant de kleptomanie et d'autres actes délictueux. Médisance qui ne tarde pas à parvenir aux oreilles d'Aristote Onassis, lequel demande alors à Jackie ce qu'elle sait du briquet. Elle l'a glissé par accident dans son sac à main, lui répond-elle, et ne s'en est rendu compte que plus tard.

« Où est le briquet à présent ? s'enquiert alors Onassis.

– Je n'en ai pas la moindre idée, lui dit-elle. Je ne l'ai pas vu depuis des semaines. »

Pour clore l'incident, l'armateur grec enverra finalement à Gardiner un chèque de 5 000 dollars accompagné d'un message de menaces dont voici un extrait : « Vous trouverez ci-joint un chèque qui devrait couvrir le coût du briquet de votre femme… Si vous persistiez dans vos insinuations malveillantes à l'encontre de Mme Kennedy, je me verrai contraint de faire appel en son nom à un avocat afin de vous poursuivre pour diffamation. »

Le briquet finira mystérieusement par réapparaître ; après la mort de Jacqueline Kennedy en 1994, il sera vendu aux enchères chez Sotheby's, à New York, avec le reste de ses biens, chiffrés à plusieurs millions de dollars.

8

Début 1966, Jacqueline Kennedy s'investit dans la création d'un fonds international pour la conservation des œuvres d'art de Florence, dont un grand nombre ont été récemment endommagées par de graves inondations dans la région. Elle gagne Bobby Kennedy et Robert McNamara à sa cause, les encourage à débloquer immédiatement tous les fonds qui peuvent l'être par la voie officielle. Elle est par ailleurs nommée présidente honoraire du CRIA (Committee for the Rescue of Italian Art), une œuvre philanthropique préexistante dont elle va combiner les ressources avec celles de l'organisme qu'elle vient de fonder.

« Quand Jackie se lançait dans un projet, que ce soit la bibliothèque JFK ou l'art italien, indique Robert McNamara, elle ne faisait pas les choses à moitié. Au moment des inondations à Florence, ça ne lui posait aucun problème de m'appeler trois ou quatre fois par jour. Angie Novello, la secrétaire personnelle de Bobby Kennedy, m'a aussi dit que Jackie appelait son bureau au Sénat quotidiennement et à longueur de journée. Tous ses amis ont été sollicités, Aristote Onassis inclus. Elle a

même convaincu Lyndon Johnson de mettre la main à
la poche. Elle a levé des millions. Elle a sauvé, à elle
seule, les trésors artistiques de Florence. Puis, ceci fait,
elle s'est tournée vers Venise, qui s'enfonce peu à peu
sous les eaux. »

Lors d'un passage bref et discret en Europe, Jackie fait
une halte de quelques jours au chalet alpin de John Kenneth Galbraith, dans la ville suisse de Gstaad, avant de
partir pour Rome rencontrer quelques-uns des principaux membres du CRIA. Là-bas, elle a également rendez-vous avec Valentino, un couturier sans grande
renommée internationale à l'époque, dont elle a découvert quelques années plus tôt à New York les élégantes
créations. Elle annonce au styliste qu'elle fera de lui son
couturier principal à deux conditions. La première : qu'il
accepte de verser une assez grosse somme au CRIA. La
seconde : que tous ses frais vestimentaires soient facturés
à la fondation Joseph P. Kennedy Jr., à Manhattan.
Quand les factures exorbitantes commencent à parvenir
au siège de la fondation Kennedy, Steve Smith en
informe Bobby qui lui fait remarquer que puisque sa
femme, sa mère et ses sœurs procèdent ainsi, il ne voit
pas pourquoi Jackie s'en priverait. Néanmoins, Rose
Kennedy, elle aussi, se plaint ; elle accuse sa belle-fille, la
veuve du Président, d'être incapable de se refuser quoi
que ce soit et de dépenser dix fois plus pour sa garde-
robe que n'importe qui d'autre dans la famille. « Que
veut-elle ? » rétorque alors l'ex-Première Dame quand
Bobby lui fait part de ces reproches. « Je suis déjà prisonnière de la famille Kennedy. Jamais plus mes enfants et
moi nous ne connaîtrons les joies de l'anonymat. Faire

plaisir à Rose implique-t-il également de se montrer aussi parcimonieux qu'elle ? »

A Pâques 1966, Jackie emmène les enfants à Córdoba, en Argentine, dans le ranch de Miguel A. Carcona, dont les trois filles ont souvent fréquenté les trois fils aînés de Joe Kennedy. Là-bas, John Jr. ajoute un caillou sur un tas de pierres commencé des années plus tôt par son père. Le lendemain, sur une plage privée, Jackie est photographiée à demi-nue en train de passer son maillot de bain. Le photographe professionnel, dissimulé dans des buissons, va publier les photos dans *Gente*, un magazine argentin à gros lectorat masculin. Se refusant à tout commentaire sur l'incident ou sur les clichés eux-mêmes, Jacqueline rentre ensuite avec ses enfants à New York, avant de partir quelques jours plus tard pour l'Espagne où elle a été invitée par le duc et la duchesse d'Albe, en même temps qu'Angier Biddle Duke, l'ambassadeur des Etats-Unis.

Plus déterminée à exercer un contrôle sur la presse européenne qu'elle ne l'a été à le faire sur la presse sud-américaine, Jackie insiste pour que ni photo ni citation ne soient publiées sans qu'elle ait expressément donné son accord. Toute information, par ailleurs, doit être vérifiée auprès de Nancy Tuckerman, sa représentante personnelle à New York.

« Vu l'intérêt qu'elle suscitait, je l'ai prévenue que contrôler la presse européenne serait presque impossible, remarque Angier Biddle Duke. Et effectivement, peu de temps après son arrivée, journaux et magazines se sont mis à déborder d'articles sur sa relation avec Antonio Garrigues, l'ambassadeur d'Espagne au Vatican. »

Antonio Garrigues, un beau veuf de 62 ans, père de huit enfants, est de longue date un ami des Kennedy. Jackie et lui se sont croisés pour la dernière fois lors de son récent séjour à Rome. Le voir à présent en compagnie de l'ex-Première Dame dans les rues de Madrid va, étrangement, suffire aux journalistes pour les dire sur le point d'annoncer leurs fiançailles.

« Jackie en a eu vite assez de la flopée de reporters qui la suivaient partout du matin au soir, raconte Duke. "C'est encore pire que lorsque j'habitais Georgetown après l'assassinat de Jack", disait-elle. Ce qui l'écœurait surtout, c'étaient les douzaines de questions qu'ils posaient sur Garrigues, lequel n'était à ses yeux guère plus qu'un bon copain. Bien sûr, elle savait comment gérer la presse – Dieu sait à quel point elle avait de l'expérience en la matière. Mais je crois qu'elle espérait qu'on l'en protège, ce qui était tout bonnement impossible. »

Le groupe quitte ensuite Madrid pour Séville, où le duc et la duchesse d'Albe installent Jackie dans le somptueux Palacio de las Dueñas. Dans sa suite, elle trouve le dernier numéro de *Women's Wear Daily*, qui fait la une sur sa relation avec Garrigues. Lequel a été choisi par l'ambassade américaine comme son cavalier au bal de la Croix-Rouge internationale, un événement de bienfaisance prestigieux qui doit rassembler quelque deux mille cinq cents invités parmi lesquels le prince Rainier et la princesse Grace de Monaco, à la Casa de Pilatos, vaste demeure du centre-ville appartenant au duc de Medinaceli.

Quelques heures avant le bal, Jackie appelle Angier Biddle Duke pour lui dire qu'elle ne peut en aucun cas

Jackie, son tailleur tâché de sang, tient la main de Bobby tandis qu'on met le cercueil de son mari dans une ambulance sur la base de Saint Andrews (US Air Force) dans le Maryland, près de Washington, le 12 novembre 1963. La dépouille du Président John F. Kennedy est arrivée par avion de Dallas, au Texas, où il a été assassiné. À droite, se trouvent Evelyn Lincoln et Kenneth O'Donnell, employés à la Maison Blanche. Mme Lincoln était la secrétaire personnelle du Président défunt. (Associated Press)

Jackie et Bobby avancent main dans la main lors des funérailles du Président John F. Kennedy, le 25 novembre 1963. (Bettmann/CORBIS)

Marilyn Monroe entre Bobby (à gauche) et John F. Kennedy, à Manhattan, le 19 mai 1962, chez le producteur de cinéma Arthur Krim. La réception était donnée après une collecte de fonds organisée à Madison Square Garden le jour de l'anniversaire du Président, durant laquelle Marilyn Monroe a interprété le fameux « Happy birthday Mr. President ». (Time & Life Pictures / Getty Images)

L'acteur William Holden sur une terrasse en 1960. Lui et Jackie ont eu une brève liaison pendant qu'elle était mariée avec JFK. (Getty Images).

Marlon Brando, 1968. Brando fut le premier amant de Jackie après l'assassinat du Président Kennedy. (Esther Anderson / CORBIS).

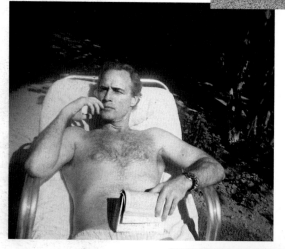

L'architecte John Carl Warnecke présente à Jackie Kennedy, alors Première Dame, une maquette du projet de restauration et de développement de Lafayette Square, en face de la Maison Blanche, en 1962. Plusieurs années plus tard, ils auront une liaison de courte durée. (Bettmann/CORBIS).

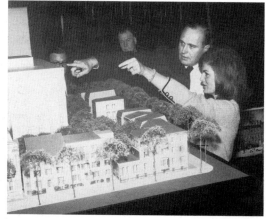

laisser Antonio Garrigues l'escorter. Tous deux ont déjà bien assez défrayé la chronique.

Duke tente néanmoins de raisonner l'ex-Première Dame. Il est trop tard, lui dit-il, pour rayer Garrigues de la liste des invités sans déclencher un scandale majeur.

« Je ne comprenais pas vraiment l'objection de Jackie, raconte l'ambassadeur. Après tout, son nom avait été associé à tort à un nombre incalculable d'hommes ces dernières années. J'ai donc insisté pour qu'elle m'explique. "Angie, a-t-elle fini par dire, je fréquente en ce moment deux autres hommes, que j'apprécie et que je respecte. Je ne vais pas saboter mon bonheur pour une stupide soirée." »

Même si Jackie n'a rien dit de l'identité des « deux autres hommes », Duke a son idée. Nul, dans l'entourage de Jackie, ne peut prétendre ignorer les noms de Bobby Kennedy et d'Aristote Onassis. Pour sauver la face, il téléphone alors lui-même à Garrigues et, offrant un vague prétexte, lui demande s'il voit une objection à servir plutôt de cavalier à sa femme, Robin Duke. Non sans réticence, Garrigues finit par accepter. Deux précautions valant mieux qu'une, le lendemain, l'ambassadeur organise aussi une conférence de presse. « Je veux que tout soit clair et compris, dit-il. Les rumeurs de fiançailles ou d'une quelconque liaison entre Mme Kennedy et l'ambassadeur Garrigues sont totalement infondées. »

Alors qu'elle songeait à abréger son séjour en Espagne, Jackie décide finalement de rester. Et presque aussitôt, ses vacances prennent un tour plus agréable. Elle assiste aux corridas de Séville. Vêtue de la tenue d'équitation traditionnelle andalouse (veste rouge à passepoil noir, chaps flottants, chapeau à large bord), elle enfourche

169

une monture pour prendre part à la féria annuelle de la ville. « Si, à Séville, on ne monte pas à cheval, autant ne pas venir du tout », lance-t-elle à un journaliste. Elle retourne ensuite à Madrid pour assister à une soirée d'au revoir donnée en son honneur à l'ambassade des Etats-Unis. Elle y est assise entre le prince Juan Carlos, qui deviendra roi d'Espagne, et Gregorio Lopez Bravo, le ministre de l'Industrie du pays, une star montante de la politique. A son immense soulagement, Antonio Garrigues, qui a également été convié, s'est fait excuser – il a dû rentrer au Vatican pour un rendez-vous important avec un autre ambassadeur.

A son retour à New York, deux imposantes compositions florales l'attendent chez elle. Toutes deux accompagnées de cartes de bienvenue presque identiques, dira-t-elle à Truman Capote. La première signée de Bobby Kennedy, l'autre d'Aristote Onassis.

En juin, Jackie emmène Caroline et John à San Francisco, puis de nouveau à Hawaii, où elle a loué à Kahala, pour 3 000 dollars la semaine, une villa de trois chambres au sénateur du Colorado Peter Dominick. Comme en 1965, Peter Lawford et ses enfants les rejoignent et s'installent dans la maison voisine. John Warnecke, lui aussi en vacances à Hawaii, vient leur rendre visite. Un autre visiteur, John Sperling, un bon ami de Peter Lawford, en pince pour Jackie. « J'ai fait remarquer à Jackie que John était divorcé et donc libre, raconte Peter Lawford. On ne pouvait pas en dire autant de Bobby Kennedy. »

Début juillet, Aristote Onassis rejoint Jackie à New York puis part avec elle à Hammersmith Farm, à Newport, où ils tombent par hasard sur Joan Braden.

170

« J'avais déjà rencontré Onassis une fois, se souvient la vieille amie de Jackie. C'était à Londres, lors d'un dîner, peu avant l'assassinat de JFK. Ari n'était pas bel homme, mais il avait l'air charmant et bon vivant. Et de toute évidence, il avait les moyens de s'occuper de Jackie. Je trouvais que leur couple avait de l'avenir, et je ne l'ai d'ailleurs pas caché. »

Onassis repart ensuite en Grèce, tandis que Jacqueline reste à New York pour le mariage de sa jeune demi-sœur, Janet Jennings Auchincloss, avec Lewis Rutherfurd, un descendant de Peter Stuyvesant[1]. Dick Banks, une relation des Auchincloss, portraitiste à Newport, se souvient que la présence de Jackie a bien failli gâcher la cérémonie. « La ville n'était plus qu'un immense embouteillage, raconte-t-il, elle débordait de reporters, de photographes, de touristes, tous venus dans l'espoir d'apercevoir Jackie et ses enfants. La petite Janet [Janet Jennings Auchincloss] a fondu en larmes. Comme d'habitude, Jackie éclipsait tout le monde, elle leur volait à tous la vedette. "Je n'aurais pas dû venir", m'a-t-elle dit. Ça n'était pourtant pas sa faute. Il suffisait qu'elle soit là pour que n'importe quel événement tourne au cirque. »

Deux mois plus tard, Jackie est conviée à un autre mariage, à l'église St. Ignatius Loyola de Manhattan, celui de Pamela Turnure et Robert N. Timmins, le P-DG d'une florissante société de courtage canadienne.

---

1. Peter Stuyvesant (1610-1672) était directeur général des Nouveaux Pays-Bas de 1647 à 1664, avant que la colonie ne passe sous le contrôle des Anglais et que La Nouvelle-Amsterdam ne devienne New York.

171

Pamela Turnure a quitté Washington pour New York en même temps que Jackie pour travailler sur les documents administratifs du Président Kennedy, un projet financé par Aristote Onassis. Jackie, non contente d'avoir pris en charge l'organisation du mariage, donne ensuite une réception pour le couple dans son appartement sur la Cinquième Avenue.

Pierre Salinger, qui était invité, ne sait que penser de la sollicitude dont Jackie fait preuve à l'égard de Pamela, son ancienne attachée de presse à la Maison Blanche. « Pamela était à l'origine la petite amie de Jack Kennedy, rappelle-t-il. Jackie le savait, mais elle ne lui en a bizarrement jamais voulu. L'arrivée de Bobby Kennedy à la soirée n'a pas non plus contribué à rendre les choses moins bizarres. Vous aviez dans une pièce l'ancienne maîtresse de JFK et dans l'autre, l'amant actuel de Jackie. Si une telle situation n'était pas la parfaite illustration de son époque, du climat de liberté sexuelle des années 60, alors je ne sais pas ce qui peut y prétendre. Tout ça avait de forts relents incestueux. »

Avec l'intérêt redoublé pour la vie privée de Jacqueline Kennedy dans les années suivant l'assassinat de JFK, il paraît presque inconcevable que la presse ait si peu évoqué sa relation avec Bobby. Consternant également : au sein même du sanctuaire Kennedy, beaucoup étaient au courant. Resté très lié au clan, Chuck Spalding confiera à Nigel Hamilton, le biographe de John F. Kennedy, que la liaison de Bobby et Jacqueline Kennedy aura duré quasiment jusqu'à la disparition de Bobby et aura aidé l'ex-Première Dame à retrouver un équilibre psychologique. De même pour Bobby. « Pendant les douze ou dix-huit mois qui ont suivi la mort de Jack, indique Spalding à un autre biographe, Bobby n'était pas très heureux. Quelques années plus tard, en revanche – de 1965 à 1968 –, il éprouvait un sentiment de plénitude. Il attribuait son rétablissement à sa relation avec Jackie. Bobby et Jackie étaient extrêmement proches. Ça ne peut pas m'avoir échappé – j'ai passé des vacances avec eux. J'y étais. »

Truman Capote, quant à lui, croira comprendre le lien amoureux qui se développait entre Bobby et Jackie. Dans une série d'entretiens vidéo menés par le producteur Lester Persky en 1976, l'écrivain défend le couple, décrivant leur relation comme « sans doute la plus normale qu'ils aient eue tous les deux ». « Ça n'avait rien de malsain, insiste-t-il. C'était juste l'union d'un homme en deuil et d'une femme abîmée par la lubricité de son mari défunt. Il est difficile de croire que cela s'est vraiment passé, mais ça s'est bel et bien passé. »

Capote se souvient que Lee Radziwill, pendant de longues années sa plus grande alliée, lui ramenait presque quotidiennement des éléments nouveaux sur le sujet. « C'était une liaison passionnelle, assure-t-il, mais confrontée à un nombre incalculable de difficultés : sa carrière à lui, sa célébrité à elle, son mariage à lui, les liaisons qu'elle avait avec d'autres hommes, dont Onassis. Tout cela avait quelque chose de triste. Triste, dans le sens où la liaison était vouée à l'échec. Vu qui ils étaient et ce qu'ils représentaient, elle allait forcément s'achever un jour. Mais c'est justement en cela qu'elle était si bouleversante et forte. Non que Jackie se soit fait cependant la moindre illusion sur RFK. Comme son frère et son père, Bobby était accro au sexe et en profitait chaque fois que l'occasion lui en était donnée. »

Dans son livre, *Vengeance*, le journaliste britannique Peter Evans présente Eunice Shriver comme un autre membre du petit cercle familial ayant eu connaissance de l'histoire. L'auteur, qui rapporte une conversation entre Eunice et Ethel Kennedy, cite la première disant à sa belle-sœur : « Eh bien, comment vas-tu réagir à présent – Bobby passe vraiment énormément de temps avec "la veuve". » Ethel, selon Evans, n'aurait rien répondu. Un silence qui est, pour le journaliste, « éloquent ». Ethel n'a pas peur de dire ce qu'elle pense, pas plus qu'elle n'est devenue une autre épouse Kennedy « feignant d'ignorer les agissements de son mari ». Peut-être est-elle naïve, mais certainement pas à ce point. En réalité, elle en est tout simplement arrivée aux mêmes conclusions que Truman Capote quant à son mariage. Avec leurs nombreux enfants, le fait que son mari soit catholique et l'importance qu'il accorde à l'image que les Kennedy vont laisser dans l'histoire, Ethel sait bien que son mariage n'est pas vraiment menacé. Elle sait que, par-dessus tout, Bobby a l'élection présidentielle de 1968 en ligne de mire. Et elle comprend aussi l'importance de rester en bons termes avec « la veuve ». Jackie, en effet, reste l'atout politique numéro un de la famille, le ticket des Kennedy pour reprendre le trône. Si la liaison de Bobby est le prix à payer, alors soit, elle est prête à l'accepter. Mais elle est aussi consciente de ses propres limites. Chaque fois que Jackie vient à Hyannis Port rendre visite à Bobby, elle quitte immédiatement la pièce.

Bobby et Jackie

L'opinion d'Aristote Onassis sur la liaison de Jackie avec Bobby Kennedy n'a jamais changé d'un iota. « Ça le perturbait, indique Johnny Meyer, son conseiller. Mais, en même temps, ça le titillait. Il comparait souvent Jackie à son ex-femme, Tina, dont il avait divorcé après avoir appris qu'elle s'était liée d'amitié avec l'armateur Stavros Niarchos, son concurrent principal. Il faut cependant reconnaître à Jackie le mérite d'avoir été honnête. Elle aurait tout aussi bien pu mentir. La plupart des femmes auraient nié la liaison, mais Jacqueline Kennedy n'était pas la plupart des femmes. »

Onassis se vantera un jour de pouvoir « faire tomber » RFK en révélant des détails de la relation du sénateur avec sa belle-sœur. « Je pourrais couler l'enfoiré, dira-t-il, quoique j'y perdrais Jackie. Mais imaginez un peu les gros titres ! »

Un jour, Meyer assiste à un échange explosif entre Jackie et Ari, au cours duquel ce dernier lance : « Ton petit ami est une petite bite », à quoi Jackie répond : « Ça ne le décrit pas anatomiquement. »

Parmi les anecdotes de la vie de RFK qu'Ari se plaît à raconter figure cet épisode de mars 1965 où le gouvernement canadien a proposé de baptiser « Mont Kennedy » le plus haut sommet encore vierge du pays (4 250 mètres), situé dans le Yukon. La National Geographic Society va, à l'époque, suggérer, en gage de reconnaissance, que Bobby Kennedy accompagne son équipe d'alpinistes chevronnés dans leur ascension. Sportif et casse-cou, Bobby accepte volontiers le défi et se joint bientôt à l'expédition de six jours à laquelle participe notamment le vétéran de l'Everest Jim Whittaker, l'un de ses amis.

175

Bobby et Jackie

Selon la version d'Ari, cependant, qu'il dit fondée sur des conversations avec des témoins de l'épisode, Bobby n'a pas réellement participé à l'expédition et a été conduit à quelques mètres du sommet par hélicoptère. Dans le film tourné par le *National Geographic*, on voit le sénateur qui arrive au sommet pour y planter un drapeau américain, déposer une épingle de cravate PT-109, un drapeau de la famille Kennedy et une copie du discours inaugural prononcé par JFK en 1961, avant de faire le signe de croix puis de commenter en quelques mots son « ascension difficile ».

Une histoire qu'Onassis a l'habitude de conclure par : « En voilà, un beau héros américain. Bravo, Robert Kennedy ! »

Le sénateur de Floride George Smathers se souvient d'un déjeuner qu'il a partagé avec Bobby Kennedy à Washington dans le courant de l'été 1966. Déjeuner au cours duquel RFK s'étend longuement sur l'une des plus récentes entreprises de sa législature, le projet Bedford-Stuyvesant, un ambitieux programme de refinancement et de réhabilitation de l'un des quartiers pauvres les plus dangereux de Brooklyn (et du pays). « Bobby était scandalisé par le degré de pauvreté qui existait dans l'Amérique contemporaine, remarque Smathers. Une fois sénateur, il a parcouru les Appalaches à pied. Il n'en revenait pas de voir qu'un si grand nombre de familles vivaient dans des conditions aussi déplorables, dans des véhicules abandonnés ou des cabanes délabrées. Que ce soit dans les Appalaches ou à Bedford-Stuyvesant, Bobby voulait tout changer à la fois. Dave Hackett, l'un de ses conseillers, m'a raconté qu'après avoir visité Bed-Stuy un lundi matin, Bobby avait réuni les promoteurs immobiliers et les entrepreneurs locaux pour leur expliquer quoi faire, avant de se plaindre, trois jours plus tard en y retournant, que rien n'ait encore bougé. Il ne parvenait pas à comprendre pourquoi il fallait plus d'un jour ou deux pour détruire puis reconstruire tout un pâté de maisons, avec boutiques, lofts et de petits immeubles de bureaux. Comme si tout pouvait être réglé d'un coup de baguette magique. »

Durant le même déjeuner, Smathers demande à Bobby pourquoi il a abandonné son enquête personnelle sur l'assassinat de son frère.

« Parce que chaque fois que j'essaie de tirer les vers du nez au FBI ou à la CIA, lui répond-il, je finis avec des menaces de mort dans ma boîte aux lettres. Et Teddy aussi. Ma vie à moi m'importe peu, mais pas celle de mon frère. En mêlant comme je l'ai fait la CIA et la Mafia pour contrer Castro, j'ai peut-être bien entraîné la mort de Jack. Un dans la famille, c'est suffisant. »

Smathers, pour sa part, soutient la théorie d'une conspiration entre le crime organisé et la CIA ou, pour être plus exact, une faction renégate de la CIA. Les conclusions de la Commission Warren ne trouvent pas grâce à ses yeux. « Gerald Ford, le futur Président, était une taupe du FBI, explique-t-il. Il siégeait à la Commission mais rendait compte de tout à J. Edgar Hoover. » Malgré le mépris affiché par le directeur du FBI à l'encontre des Kennedy, Smathers est fermement convaincu que c'est la CIA – et non le FBI – qui s'est associée avec la Mafia pour assassiner Kennedy. « En 1957, JFK et moi avons passé quelques jours à La Havane », raconte-t-il.

Là-bas, on va leur présenter Meyer Lansky et Santos Trafficante, deux mafieux qui ont la mainmise sur les hôtels, les casinos et les boîtes qui font l'atmosphère exubérante de l'île passé minuit. « Dans la suite d'un hôtel, Trafficante nous a organisé une petite soirée avec plusieurs belles de nuit. Je n'ai compris que plus tard à quel point nous avions été idiots. Ça ne m'aurait pas surpris d'apprendre que nous avions été filmés à travers un miroir sans tain. Les opportunités de chantage, surtout une fois Jack élu Président, démontrent à quel point notre petite aventure était une sottise. Jack était incapable de résister à la tentation. Son nom a été mentionné en 1963 pendant ce qu'on a appelé l'affaire Profumo, quand un cartel international du crime a failli faire tomber le gouvernement britannique. On avait trouvé des liens entre lui et l'une des filles impliquées dans le dossier. S'il avait vécu, Jack aurait été traîné dans la boue. Puis il y a eu l'affaire Mary Pinchot Meyer, sa dernière maîtresse, assassinée en 1964 à Georgetown alors qu'elle se promenait le long du chemin de halage. Jack vivant, cette histoire serait aussi venue le hanter. »

Sans doute RFK, qui a longtemps été le commissionnaire de Jack, n'ignorait-il pas la rencontre avec Trafficante dans le Cuba d'avant Castro, pas plus qu'il n'ignorait les autres affaires sordides de son frère. Au final cependant, pour Smathers, la décision de Bobby d'interrompre son enquête sur l'assassinat est sans doute moins liée à la Mafia qu'à sa liaison insensée avec Jackie au lendemain de la mort de Jack.

« C'est en tout cas ce que Ted Kennedy m'a dit, précise Smathers. Bobby craignait que quelqu'un ne divulgue des informations sur cette liaison à la presse. Trop de gens partageaient le secret. Que ça paraisse dans les médias aurait sapé toutes les chances qu'il aurait pu avoir de marcher jusqu'à la Maison Blanche dans les traces de son frère. Très franchement, que ce soit la CIA ou l'intermède avec Jackie, c'est incroyable que la presse n'en ait rien dit. »

Au printemps 1966, l'artiste conceptuel Larry Rivers se lie d'amitié avec Jackie. « Je l'ai rencontrée par l'intermédiaire de George Plimpton ou du photographe Peter Beard, qui sortait avec sa sœur, Lee. Puis j'ai rapidement été invité à des dîners organisés chez elle, dans son magnifique appartement de la Cinquième Avenue. De temps en temps, elle passait le week-end à Long Island, soit chez Plimpton aux Hamptons, soit dans le phare aménagé que Beard possédait à Montauk. Et même une ou deux fois chez Andy Warhol. Elle s'occupait à l'époque de plusieurs collectes de fonds, pour la rénovation de la New York Public Library sur la 42ᵉ Rue, et pour la préservation du New York Metropolitan Opera House en particulier. Quand Jackie vous demandait de faire un don, il vous était impossible de refuser. Dès que vous la voyiez approcher, vous sortiez votre carnet de chèques. Elle connaissait du monde dans l'aristocratie européenne et elle semblait particulièrement habile à lui soutirer des fonds. »

Rivers a oublié dans quelles circonstances il a appris l'existence de la relation entre Jackie et Bobby et ne se souvient que de son étonnement. « Je savais qu'elle fréquentait Aristote Onassis, et que celui-ci l'aidait financièrement. Je ne voyais pas, en revanche, ce qu'elle gagnait à sortir avec Bobby, ce qui m'a amené à la conclusion qu'il s'agissait peut-être d'un véritable amour. »

A sa façon, va suggérer Rivers, Jackie peut se montrer impitoyable. Elle est extrêmement intelligente. Hormis sa beauté et son talent d'ensorceleuse, son sens du style est sans doute sa qualité principale. Elle est l'égérie de sa génération. Elle est dans le vent. Elle est ce qu'on appelle « cool ». Elle déjeune avec Rivers au restaurant La Côte Basque. Porte son manteau Balenciaga bleu marine acheté Chez Ninon, une fleur de camélia à une épaule et un sac Chanel en bandoulière de l'autre. Tous ceux qui ne sont pas n'importe qui viennent la saluer à sa table. Mais quand elle est avec vous, elle vous accorde son attention pleine et entière. Elle ne s'intéresse qu'à vous, rien qu'à vous. Parmi les autres restaurants new-yorkais qu'elle fréquente : Le Colony, La Caravelle, Le Mistral et Orsini's. Un soir, Rivers l'emmène au Copa, où ils ont rendez-vous avec le réalisateur Mike Nichols et l'acteur Alan Arkin. Rivers a l'impression que Mike Nichols s'est sérieusement entiché de Jackie. Mais ça n'est pas réciproque. Physiquement, celui-ci ne lui plaît pas. Elle le garde à distance, mais avec une telle habileté et une telle délicatesse qu'il en redemande. Il dira même : « Emmener Jackie quelque part, c'est comme sortir avec un monument national. »

Rivers se souvient d'un dîner organisé mi-1966 en l'honneur de Jackie par sa sœur Lee Radziwill, presque une tradition annuelle. Escortée par Bobby Kennedy et Averell Harriman, Jackie arrive vêtue d'une robe en soie blanche et d'une veste en vison blanc de chez Valentino. Ce soir-là, sont aussi conviés Mike Nichols, le chef d'orchestre Leopold Stokowski, le producteur de cinéma Sam Spiegel, Leonard Bernstein, Sammy Davis Jr., Arlene Francis, Bunny Mellon, Brooke Astor, George Plimpton, Pierre Salinger et Franklin D. Roosevelt Jr.

« Juste au moment où nous nous apprêtions à passer à table, raconte Rivers, la porte s'est ouverte et Aristote Onassis est entré. J'ai failli en tomber à la renverse. Lee, qui avait été la maîtresse d'Ari, l'avait invité sans rien en dire à Jackie. Elle n'avait visiblement pas davantage prévenu Ari que Bobby Kennedy serait là. Peut-être Lee trouvait-elle ça drôle, mais ni Ari ni Bobby n'ont compris l'humour. Ou alors était-ce de la jalousie de sa part, peut-être en voulait-elle à sa sœur de lui avoir volé Ari ? Quel qu'en ait été le motif, c'est la première fois, ce jour-là, que j'ai surpris un éclair de panique dans le regard de Jackie. Les deux hommes se dévisageaient, interloqués. Personne n'a prononcé un mot. Jusqu'à ce que le toujours irrévérencieux Franklin Roosevelt Jr. lance un "Messieurs, j'imagine que vous vous connaissez". Jackie a passé le reste de la soirée à essayer de partager équitablement son temps et son attention entre ses deux soupirants. »

Rivers finira par se sentir navré pour Lee. « Etre la sœur cadette de Jackie Kennedy, c'était comme finir bon dernier au Kentucky Derby, dit-il. Quoi qu'elle fasse, Lee ne pouvait que perdre. » Ses amis disent Lee très jolie, mais toujours d'une humeur massacrante. Elle, qui n'a pas trouvé sa vocation, se cherche perpétuellement une occupation. Un mois, elle décide de devenir actrice et le suivant se voit en architecte d'intérieur. Elle est hypocondriaque, toujours fourrée chez le médecin, à se plaindre qu'elle ne se sent pas bien. Si elle et Stas Radziwill ont quitté l'Angleterre, c'est surtout parce que la famille royale et leurs pairs les évitent. Lee est perçue là-bas comme une pimbêche arriviste, une parvenue, qui ne doit d'être célèbre qu'à son lien de parenté avec Jacqueline Kennedy, tandis que Stas Radziwill, lui, ne tire sa légitimité que de son titre de beau-frère.

Une semaine plus tard, Larry Rivers est invité à une réception donnée par l'avocat Roy Cohn dans l'hôtel particulier dont il est propriétaire à Manhattan. « Roy Cohn détestait autant Bobby Kennedy que Jimmy Hoffa et J. Edgar Hoover réunis, note Rivers. Cohn et Kennedy avaient tous les deux travaillé pour le sénateur Joe McCarthy, l'inimitié ne datait donc pas d'hier. Cohn était par ailleurs l'avocat d'Aristote Onassis, qu'il admirait. Il savait que Jackie et moi nous entendions bien, alors il s'est mis à cracher son venin. Il m'a soutenu que Bobby Kennedy avait des tendances bisexuelles et fréquentait Rudolf Noureiev à la même époque que Jackie. Ses accusations n'étaient pour moi que des ragots malintentionnés. Il a terminé sa diatribe en disant que RFK comptait plus d'ennemis que d'amis et finirait un jour comme son frère Jack. »

Afin de voir Jackie plus régulièrement, Aristote Onassis loue un appartement sur la 64ᵉ Rue Est, à Manhattan. « Ça n'a pas l'air de la gêner que Bobby Kennedy débarque à n'importe quelle heure du jour et de la nuit, fait remarquer Ari à Johnny Meyer, mais quand moi je passe chez elle, elle me dit que ça fait jaser les portiers. »

Et les portiers du 1040 Cinquième Avenue jasent, en effet, mais pas seulement au sujet d'Aristote Onassis.

Sam Murphy qui, au printemps et à l'été 1966, a remplacé l'un des employés réguliers de l'immeuble (blessé dans un accident de voiture), se souvient d'avoir vu RFK assez régulièrement : « Pendant ces six mois ou presque, je faisais les nuits – de 23 heures à 7 heures du matin – et je voyais le sénateur Kennedy trois fois par semaine en moyenne ; quand Mme Kennedy et ses enfants étaient en ville, je veux dire. D'après ce que j'avais compris, il faisait des allers et retours réguliers avec Washington. Quant à Aristote Onassis, je ne l'ai vu que deux ou trois fois durant cette période. La ou les fois où il est passé, il avait les bras chargés de cadeaux, sans doute pour Jackie, Caroline et John Jr. Question pourboires, il était très généreux. Quand je lui hélais un taxi sur la Cinquième Avenue, il me donnait un billet de vingt dollars. »

A l'époque de Camelot, Kenneth McKnight était administrateur principal au département du Commerce. En juillet 1966, il reçoit un coup de téléphone de son vieil ami Chuck Spalding qui lui offre de rejoindre l'équipe du sénateur Kennedy. Après la conversation, Spalding organise une rencontre entre les deux hommes dans les bureaux sénatoriaux de RFK à Washington.

« J'avais plusieurs fois eu l'occasion de rencontrer Jack et Jackie, mais Bobby, jamais, précise McKnight. RFK avait la réputation de mener la vie dure à ses employés et de travailler d'arrache-pied, notre rendez-vous avait été fixé à 20 heures. Quand je me suis présenté, le bureau était ouvert, mais tous les employés étaient bien sûr rentrés chez eux. L'endroit était désert. Je me suis engagé dans un couloir et j'ai longé des box et des portes fermées jusqu'au bureau personnel de Bobby, qui se trouvait tout au bout. Quand j'ai jeté un coup d'œil à l'intérieur, j'ai vu Bobby et, sur ses genoux, bras autour de son cou, se trouvait Jackie Kennedy. En m'apercevant, ils se sont séparés et se sont levés. Je me suis excusé d'avoir fait irruption ainsi. Jackie a souri. A ma grande surprise, elle se souvenait de mon nom. "Ken, comment allez-vous ? m'a-t-elle demandé. Quoi de neuf ?" Puis elle m'a présenté au sénateur Kennedy avant de se retirer. »

Au cours de l'entretien, McKnight mentionne Sargent Shriver, qu'il a connu au département du Commerce. « Je ne savais pas que Sarge n'était plus du tout dans les petits papiers de Bobby », se rappelle McKnight. De fait, Shriver avait commis la terrible erreur de se proposer pour la direction du programme de lutte contre la pauvreté du Président. Et, aux yeux de Bobby, travailler pour Johnson était un péché, un signe de déloyauté envers les Kennedy qui valait au pécheur de s'attirer le courroux éternel du sénateur. « S'il y avait bien un mot que RFK ne comptait pas dans son vocabulaire, c'était le mot *compromis*, affirme McKnight. Pour lui, on était soit pour, soit contre les Kennedy. Il n'y avait pas d'entre-deux. » RFK et McKnight vont discuter près d'une heure, puis Bobby raccompagnera son visiteur jusqu'à l'entrée. En lui tendant la main, il dira : « Au fait, Ken, rien de ce que vous avez vu ou entendu ce soir ne doit quitter ce bureau. Compris ? »

« Si j'avais dit non, confiera plus tard McKnight, je crois sincèrement qu'à l'instant même, il aurait commis un meurtre. »

Quelques jours après, Chuck Spalding se manifeste. Il veut savoir comment l'entretien s'est passé.

« Pas si bien que ça, lui dit McKnight. J'ai vu quelque chose que je n'étais sans doute pas censé voir.
– En d'autres termes, Jackie était avec lui ? demande Spalding.
– Vous êtes au courant ? demande McKnight.
– Tout le monde l'est, rétorque Spalding. C'est bien le problème. »

Début septembre 1966, Jackie invite Diana Vreeland et quelques autres amis à dîner chez elle. Le créateur de bijoux David Webb lui a dessiné un collier en corail rose qu'elle porte ce soir-là avec une combinaison-pantalon de la même teinte. Bobby Kennedy arrive à temps pour le dessert, accompagné de William vanden Heuvel et de Evguéni Evtouchenko, le poète russe de renommée internationale. « Evtouchenko a été impressionné par l'étendue des connaissances de Jackie en matière de littérature russe et européenne. Il ne s'en est d'ailleurs pas remis. Quand je l'ai revu à New York l'année suivante, il chantait encore les louanges de Jackie. "Elle devrait enseigner la littérature à l'université", m'a-t-il dit. "Eh bien, ai-je répondu, pourquoi ne pas la faire venir à l'université de Moscou ?" Et, croyez-le ou non, c'est exactement ce qu'il a fait. Quelques mois plus tard, elle a reçu un courrier d'un président d'université soviétique qui lui offrait un poste pour un an. Bien sûr, ça n'était pas exactement dans les projets de Jackie. »
En octobre, Jackie reçoit un appel de Simon Wiesenthal, le chasseur de nazis autrichien qui lui a été présenté par Evangeline Bruce lors d'un bref séjour à Paris en 1965. « Jackie contribuait financièrement à la cause, elle

n'aurait pas pu la soutenir davantage », affirme Wiesenthal. Celui-ci l'appelle pour lui parler de Fritz Stangl, l'ancien commandant du camp de concentration de Treblinka, qui se cache à São Paulo, au Brésil. Une intervention de l'Autrichien a permis son arrestation par les autorités locales. Le gouverneur, cependant, vient de l'informer que Stangl ne pourra pas rester plus de soixante-douze heures en détention. Il risque d'être libéré avant son extradition vers l'Allemagne où il doit être jugé pour un nombre impressionnant de crimes de guerre, dont l'assassinat de masse. Après sa conversation avec Wiesenthal, Jackie contacte Bobby Kennedy. Lequel court-circuite le gouverneur pour convaincre un officiel brésilien haut placé de prolonger suffisamment la détention de Stangl pour que la question de l'extradition soit évoquée devant la Cour. Extradé vers l'Allemagne et jugé, Stangl décédera d'une crise cardiaque six mois après sa condamnation à la prison à vie.

Alors que sa liaison avec Bobby semble maintenant bien se dérouler, Jackie apprend l'existence de Margo Cohen, une employée du bureau de Bobby à Washington qui, d'après Peter Edelman, conseiller de ce dernier, est « tombée amoureuse » du sénateur. Faute de parvenir à déterminer quels liens Bobby entretient réellement avec la jeune femme – ni même d'ailleurs si de tels liens existent –, Jackie imagine le pire. Récemment, lorsqu'ils ont emmené Caroline et John Jr. déguster des glaces chez Serendipity, un restaurant de Manhattan, Jackie a trouvé Bobby « distant et rêveur ». Comme souvent quand elle se sent négligée ou que sa relation lui semble en péril, Jackie se tourne alors vers Onassis, qu'elle part rejoindre dans son hôtel particulier de l'avenue Foch, à Paris. A son retour, sachant que Bobby finira par l'apprendre, elle annonce à Ted Kennedy qu'elle envisage d'épouser Onassis, « tôt ou tard, et plutôt tôt que tard ».

Dans une brève de *Paris Match*, le 15 novembre 1966, on apprend que durant le séjour de Jackie chez Onassis, la cantatrice Maria Callas, compagne « officielle » d'Ari, est arrivée à l'improviste. Une querelle s'en est suivie. Comme Onassis le dira par la suite à Johnny Meyer, « elles en sont presque venues aux mains. J'ai dû les séparer ». Au moment de partir, Maria traite Jackie de « geisha », sobriquet qui, à l'origine, lui a été donné par Truman Capote.

Lilly Lawrence, la fille de Reza Fallah, patron de l'Iranian Oil Syndicate, connaît Onassis depuis des années. « Jackie était la femme la plus cupide que j'aie jamais rencontrée, dit-elle. Elle et Ari avaient ça en commun. Elle convoitait l'argent, et lui, il le possédait. Elle avait soif d'un train de vie qu'il était le seul à pouvoir lui offrir. Elle voulait la sécurité, pour elle autant que pour ses enfants. A chacune de leurs rencontres, Ari lui donnait une enveloppe pleine de billets. Il avait l'habitude de payer pour des relations sexuelles. Il aimait la compagnie des call-girls. N'ayant jamais été du genre à mâcher ses mots, il disait souvent : "C'est une transaction franche, qui n'engage à rien, vous les payez et elles écartent les jambes, et pour avoir quelque chose de spécial, il suffit de payer un peu plus." Voir Jackie épouser Ari était bien la dernière chose que Bobby souhaitait. Ça aurait terni son nom à elle, comme celui de tous les Kennedy. Jackie laissait planer cette éventualité de manière à garder Bobby dans le rang. Mais ça n'a pas toujours marché. »

Bobby et Jackie

Début décembre, à New York, Jackie dîne au restaurant Le Pavillon en compagnie de Bill Walton, venu de Washington pour la journée, et de la famille d'Hervé Alphand, en visite aux Etats-Unis. Bobby Kennedy se joint à eux. Lorsqu'on lui demande ce qu'il a fait l'été précédent, Bobby se met à raconter une dangereuse descente en kayak sur la Salmon River («la rivière sans retour»), dans l'Idaho. Jackie l'écoute avant de s'exclamer : «Oh, Bobby, tu es tellement, tellement téméraire.» Puis elle annonce à ses compagnons de table qu'à ses yeux, le plus important chez un homme est qu'il «pèse plus lourd et ait de plus grands pieds que moi». A quelqu'un qui s'approche de la table pour lui demander un autographe, elle répond un «non... merci», d'une voix essoufflée, le sourire aux lèvres.

Comme si Onassis ne suffisait pas, pour «égaliser» face à Bobby, Jackie se laisse elle aussi tenter par une aventure et va chercher vengeance entre les bras de l'excellent dessinateur du *New Yorker*, Charles Addams. De vingt ans son aîné, Addams partage son temps entre un appartement à Greenwich Village et une maison dont il est propriétaire à Sagaponack, sur Long Island. Comme bon nombre de ses amants, c'est un homme marié. Si elle s'arrange pour que Bobby l'apprenne, Jackie fait tout de même en sorte de ne pas ébruiter la liaison. Malheureusement, Addams, lui, s'en vante à ses amis. «Etre au lit avec elle est un conte de fées», dira-t-il à l'un d'eux. Conte de fées qui s'achèvera justement le jour où Jackie apprendra par George Plimpton qu'Addams n'a pas su tenir sa langue.

«Charlie ne pouvait pas s'empêcher de parler de Jackie, confirme la journaliste Doris Lilly. Si bien que dans la minute suivante, elle a coupé les ponts. Je me rappelle un jour où je dînais avec lui dans un restaurant de New York quand Jackie est entrée. Pour aller à sa table, elle devait passer devant la nôtre. Charlie lui a souri et adressé un petit signe de la main. Et elle, elle l'a regardé comme s'il n'existait pas. J'étais en train de me dire : "Quelle garce !" quand justement Charlie a craché ces deux mots. "Quelle garce ! s'est-il exclamé, quelle putain de garce !" »

9

Bobby avait parfois tant à faire et était si préoccupé qu'il n'avait souvent pas la moindre idée de ce qui se passait à Hickory Hill. Ses enfants demeuraient une priorité, mais sa position de chef du clan pouvait se révéler un obstacle à la bonne gestion de son propre foyer. Dans la famille, on critiquait le fait qu'il consacrait plus de temps à Jackie et ses deux enfants qu'à Ethel et sa petite troupe. Sid Mandell, photographe à l'Associated Press, se rappelle avoir été convié à Hickory Hill pour une séance exclusive de photographies avec Bobby et les enfants. Pour l'occasion, on va improviser une partie de touch-football, version sans placage du football américain, à laquelle tout le monde, même les plus jeunes des enfants, va participer. « J'ai fait cinq pellicules, raconte Mandell. Et à la minute où on a eu terminé, RFK est allé chercher son attaché-case à l'intérieur et a sauté dans une voiture qui l'attendait. »

En 1967, avant un déplacement en Europe, Bobby fait préparer par l'un de ses assistants une demi-douzaine de lettres à l'attention d'Ethel, qu'il va envoyer une par une de chacune des capitales où il va faire étape. « Pour autant que je sache, glisse Dave Powers, s'il les avait signées, il ne les avait pas écrites lui-même. En revanche, il téléphonait à Jackie au minimum trois fois par jour, tant pour avoir l'œil sur ses faits et gestes que pour ses précieux conseils sur la manière de traiter avec les différents chefs d'Etat qu'il rencontrait. »

« Comme ses frères, Bobby Kennedy donnait l'impression d'être un bon père de famille, note Pierre Salinger, mais c'était surtout grâce à une campagne de relations publiques efficace. En réalité, les Kennedy ne s'intéressaient qu'au pouvoir et à la politique. Ils se fichaient bien des tabatières, des œufs Fabergé et des tapis persans. Et ils ne s'intéressaient pas davantage aux beaux meubles ou au grand art. Eux se servaient de leur argent pour acheter des votes, que ce soit pour ouvrir à JFK la porte du bureau ovale ou pour faire entrer Teddy et Bobby au Sénat. Vu les sommes énormes qu'ils ont dépensées en politique, ils auraient pu faire élire Andy Warhol président. »

Radins, les Kennedy le sont en effet dans leur vie privée. Jamais ils ne laissent de pourboire. Ils négligent les travaux d'entretien de leurs résidences. Toutes sont décorées avec autant de soin qu'un hôtel bas de gamme. Leurs employés de maison – jardiniers, chauffeurs, cuisiniers et femmes de chambre – sont des sans-papiers, pour la plupart originaires de République Dominicaine, qu'ils paient au salaire minimum. Certains membres de la famille n'ont jamais d'argent sur eux. Ils laissent des ardoises partout, qu'ils mettent ensuite des mois, voire des années, à rembourser. Ils font leurs courses dans les supermarchés les moins chers. Certes, ils dépensent des sommes rondelettes pour leurs vêtements, mais davantage pour des raisons d'apparence – car c'est un attribut nécessaire dans l'arène politique – que par véritable intérêt pour la mode.

Fana de shopping devant l'Eternel, Jacqueline Kennedy est la seule exception. Début février 1967, après une énième réconciliation avec Bobby, elle l'emmène à La Vieille Russie, un onéreux magasin d'antiquités russes sur la Cinquième Avenue, où elle lui montre une petite carafe du XVIIIe qu'elle espère se voir offrir.

Anna Stigholz, vendeuse chez l'antiquaire, se souvient du couple. « Le sénateur Kennedy a lorgné la carafe une minute ou deux avant d'en demander le prix. "Soixante mille dollars", lui ai-je répondu. "Vous avez dit soixante mille dollars ?" s'est-il exclamé. "Oui, ai-je confirmé. Elle a appartenu au tsar. C'est une pièce de grande valeur." Il m'a presque ri au nez. Puis il a pris Mme Kennedy par le bras et s'est dirigé vers la sortie. »

Le couple entre ensuite au Collector's Corner, un magasin d'antiquités situé à l'angle de Madison Avenue et de la 75e Rue, où Jackie achète de temps à autre des bibelots à des prix raisonnables. Ernest Lowy, le propriétaire, n'a pas oublié l'une des visites de l'ex-Première Dame fin février, peu avant sa venue avec le sénateur. « J'avais un bouddha en jade de soixante centimètres en provenance d'Inde qui l'intéressait, dit-il. Il était à douze mille dollars. Elle m'a demandé de le lui réserver quelques semaines. Et quand elle est revenue ensuite avec le sénateur, elle a désigné le bouddha. "Combien ?" m'a-t-elle demandé. "Douze mille", ai-je répondu. Le sénateur Kennedy a fait la grimace. Puis il a sorti son chéquier. "Je vous donne deux mille maintenant et pour le reste, vous pourrez envoyer une facture à la fondation

Joseph P. Kennedy", m'a-t-il dit. J'ai appris plus tard que Mme Kennedy avait manigancé un stratagème en l'emmenant d'abord à La Vieille Russie. Après les soixante mille dollars qu'il aurait dû payer pour la carafe, douze mille lui ont fait l'effet d'une affaire. Avec un peu de psychologie, Jackie a obtenu l'objet qu'elle voulait vraiment. »

Le bouddha n'est pas le seul cadeau de Bobby à sa belle-sœur cette année-là. Car Jackie a aussi besoin d'une voiture neuve. La première réponse que lui fait Bobby, cependant, prend l'ex-Première Dame par surprise. « Pourquoi ne pas t'adresser au Grec ? » lance-t-il. Elle rétorque alors : « Peut-être que je vais le faire. » Pour convaincre RFK, Jackie va pratiquement devoir le soudoyer en lui promettant de monter à la tribune s'il décide un jour de se présenter à la présidentielle. « Tu ne gagneras jamais sans moi », dit-elle. Il lui achète la voiture.

Le 26 février 1967, Bobby Kennedy tombe par hasard sur Katharine Graham lors d'un dîner chez Joseph Alsop à Georgetown. Deux semaines auparavant, le *Washington Post* a publié un article sur Jackie truffé de ragots et de commérages. Toujours prêt à défendre sa belle-sœur, RFK prend la propriétaire du journal à partie pour en avoir autorisé la publication.

« Il m'a coincée puis m'a fait la leçon, se souvient-elle. "Pourquoi avez-vous publié cet horrible papier sur Jackie ? m'a-t-il dit. Pourtant, vous étiez bien placée pour vous montrer plus raisonnable. Votre mari [Phil Graham] s'est suicidé. Vous devez donc savoir à quel point il est douloureux de perdre son époux. Jackie n'a-t-elle pas assez souffert ?" J'ai trouvé qu'en mentionnant mon mari, il frappait en dessous de la ceinture et je le lui ai dit. "De plus, ai-je ajouté, être la propriétaire du journal ne me donne pas nécessairement le droit de censurer ou de modifier les articles selon mon bon vouloir. Je n'ai pas le temps de lire la moitié de ce qui paraît dans le *Post*. Je n'ai été au courant du papier sur Jackie qu'après sa parution." Bobby est sorti de ses gonds. "Ne me prenez pas pour un idiot, Kay, ne me racontez pas de salades. Si vous ne savez pas ce que votre journal raconte, alors qui pourrait bien le savoir ?" »

Bobby, qui regrette son attitude, et surtout son allusion à Phil Graham, va envoyer à Katharine Graham une lettre d'excuses. « Je vous ai de toute évidence fait de la peine, ce qui n'était pas mon intention, écrit-il. La veille du dîner, j'avais simplement vu Jackie si contrariée et abattue que je me suis dit : voilà une fille qui, même sans avoir commis de crime, est jour après jour clouée au pilori de façon scandaleuse. »

Kay Graham acceptera les excuses de Bobby, tout en trouvant étrange son emploi du mot *fille* pour décrire Jacqueline Kennedy, l'une des femmes les plus remarquables de son temps.

En mars, Ethel accouche de Douglas Harriman Kennedy, son dixième enfant. « Encore un et Bobby aura toute une équipe de foot », ironise Jackie Kennedy devant Ken O'Donnell en apprenant la nouvelle.

Pour Ethel, la joie de la naissance est gâchée par le soupçon qui la ronge : l'aventure de Jackie et Bobby, qui avait commencé dans leur deuil partagé, s'est-elle transformée en une liaison pérenne fondée en grande partie sur leur passion réciproque ? Il se passe quelque chose. La situation risque d'échapper à tout contrôle. A Hyannis Port, les ragots des employés de maison atteignent leur apogée au printemps 1967. On ne parle plus que de ça. Ethel se sent menacée par Jackie. En avril, le FBI dit à la veuve du Président avoir été informé de l'existence possible d'un complot en vue de l'enlèvement de Caroline. L'ex-Première Dame contacte alors Bobby qui va immédiatement venir s'installer dans son appartement new-yorkais pendant quinze jours.

Mary De Grace, une domestique de la famille, se souvient à quel point, au cours de cette éprouvante période, Ethel est bouleversée. Elle raconte comment celle-ci passe sa frustration sur son personnel à Hickory Hill et à Hyannis Port en instituant de nouvelles règles. Les employés à plein temps seront toujours nourris, mais ceux qui souhaitent boire autre chose que du café ou du thé seront désormais priés de le fournir eux-mêmes. Ils devront également pointer matin et soir sur un cahier posé près de la porte d'entrée. Quiconque utilisera le téléphone à des fins personnelles devra payer sa communication. Tout dépassement des quinze minutes de pause autorisées par demi-journée sera compensé par un rallongement de la journée de travail. Et un système d'amendes est mis en place pour sanctionner diverses fautes, telles que le bris d'assiettes ou de soucoupes. Les employés, dont beaucoup n'aimaient déjà pas Ethel, commencent vite à la détester.

Vers la fin du mois d'avril, un incident va venir mettre un terme aux nombreuses années de service de Mary

De Grace auprès de Robert et Ethel Kennedy. « En tant que blanchisseuse, je lavais et repassais le chemises, les sous-vêtements, les serviettes, les taies d'oreillers et les choses de ce type. La machine à laver tournait dès mon arrivée à 7 h 30 et jusqu'à mon départ à 17 heures, où l'une des femmes de chambre venait me remplacer. Les grosses pièces – draps, couvertures, rideaux – étaient généralement envoyées à l'extérieur. Bref, un jour, Ethel est venue me trouver pour se plaindre de ses factures de blanchisserie, m'accusant de faire laver trop de choses à l'extérieur. "Vous devez être de mèche avec le blanchisseur, m'a-t-elle dit. J'ai déjà une note de plus de sept cents dollars cette année, et c'est vous qui allez la régler !" Je lui ai dit qu'elle pouvait toujours rêver et se mettre la facture où je pense. Puis j'ai jeté le fer à repasser et j'ai claqué la porte. C'est la dernière fois que je lui ai parlé. »

Mary De Grace travaillera plus tard au service de Jackie, à Hyannis Port, une expérience dont elle gardera un bien meilleur souvenir. « Quel que soit le nombre de bonnes qu'Ethel avait sous la main, sa maison demeurait une porcherie, remarque-t-elle. Chez Jackie, tout paraissait beaucoup plus en ordre. Bien sûr, il n'y avait pas autant d'enfants. Jackie a toujours été agréable avec moi. Elle avait le sourire, et chaque fois qu'elle me voyait, elle me disait : "Bonjour, comment allez-vous ?" Je ne sais pas si elle était sincère, ni si elle s'en souciait vraiment, mais elle faisait au moins l'effort. Ethel, elle, se fichait éperdument de son personnel, tant qu'on faisait notre travail sans la ramener. Chez Jackie, le luxe n'était pas ostentatoire. Elle avait un lit à baldaquin, mais son intérieur était décoré avec goût, dans le style Cape Cod. Sa fortune se voyait seulement à sa garde-robe. Elle avait un double placard plein de vêtements de marque. Et il devait y avoir une cinquantaine de paires de chaussures, ce qui est beaucoup, vu le peu de temps qu'elle passait à Hyannis Port. Je pense qu'elle ne venait que pour que ses enfants puissent voir leurs cousins. Quoique ça lui permettait aussi de passer davantage de temps avec Bobby Kennedy. »

Début mai 1967, Jackie fait manquer l'école à Caroline et John Jr. pour les emmener à Acapulco passer quelques semaines avec sa sœur Lee Radziwill et ses enfants. Au cours du séjour, un hors-bord transportant une demi-douzaine de photographes mexicains fait chavirer leur voilier. La presse, qui, semble-t-il, est partout, complique aussi grandement la tâche des agents du Secret Service attachés à la surveillance de Caroline et de John.

Jackie et Lee, qui doivent déjà supporter les médias, vont aussi devoir gérer leurs propres discordes. Leur relation, comme toujours, est tendue. Depuis que Jackie a ravi à sa sœur sa place auprès d'Onassis, les problèmes sont incessants. Cause de la dernière dispute : la toute jeune carrière d'actrice de Lee. Quelques mois plus tôt, Truman Capote a présenté la sœur de Jackie à Milton Goldman, un agent spécialisé dans le théâtre dont la liste des clients inclut des comédiens aussi talentueux que Laurence Olivier et John Gielgud. Sans se soucier le moins du monde des talents d'actrice de Lee ni de son manque d'expérience, l'agent la recommande pour le rôle de Tracy Lord, la riche et égocentrique héroïne de la comédie insipide de Philip Barry, *The Philadelphia Story*, qui doit ouvrir la programmation estivale du théâtre Ivanhoe de Chicago.

« Quand sa majesté Jackie a entendu parler des projets théâtraux de sa sœur, raconte Capote, elle a explosé de rage : Lee ne se rendait-elle donc pas compte qu'on se servait tout simplement d'elle ? Ne voyait-elle pas à quel point tout cela allait être gênant ? Peu importait que sa majesté la reine couchât quant à elle avec son beau-frère très marié et avec Aristote Onassis, et que tous les deux payassent cher pour ses services. Ça ne comptait pas. A ce moment-là, tout ce qui importait était que sa sœur s'apprêtait à monter sur les planches. Jackie ne le supportait pas. »

Et de fait, Jackie n'a pas tort. Les critiques se révéleront sans pitié. « Lee, la poule aux œufs d'or », écrira l'un d'eux ; « pathétique, lamentable et triste », gémira un autre. Quant au *Chicago Tribune*, il remarquera que dans son épouvantable robe Yves Saint Laurent rose, violette et vert anis, choisie par ses soins, Lee est tout sauf appétissante. Même Truman Capote, venu de Chicago lui apporter son soutien, fait la grimace en voyant sa protégée se ridiculiser de la sorte.

Seule voix encourageante, celle du producteur et animateur télé David Susskind, qui s'était publiquement élevé contre la candidature de Kennedy aux sénatoriales, le taxant de « parachuté arriviste ». A ses yeux, dans un rôle sérieux au cinéma, Lee pourrait être crédible. Il a en projet un remake de *Laura*, le film d'Otto Preminger tourné en 1944, dont il veut confier la réalisation à John Rich. Lee y aurait le rôle principal, incarné par Gene Tierney dans la version d'origine, et partagerait l'écran avec George Sanders, Robert Stack, Arlene Francis et Farley Granger. Des répétitions sont programmées à Londres à l'automne 1967. Et il ne lui faut alors pas plus de quelques jours pour retrouver ses esprits. « Pour parler franchement, dit-il, Lee Radziwill – ou Bouvier, puisque c'est le nom qu'elle s'était choisi pour la scène – n'avait aucun talent d'actrice. Elle était non seulement incapable de réciter son texte, mais ne savait pas non plus bouger. Même les nombreuses leçons particulières n'ont pas pu libérer ses dons, parce qu'elle n'en avait aucun. Le film n'est jamais sorti. En 1970, une version télévisée diffusée sur ABC-TV aux Etats-Unis, et également en Angleterre, a été descendue par la critique. Ça a sonné le glas de la carrière de Lee, au théâtre comme au cinéma, et presque de la mienne aussi, par la même occasion. C'est un télégramme d'une ligne que m'a envoyé Jackie qui m'a le plus amusé : "J'aurais pu vous prévenir", disait-il simplement. »

De retour d'Acapulco, Jackie et les enfants font une escale à Newport News, en Virginie, où Caroline Kennedy doit baptiser l'USS *John F. Kennedy*, un gigantesque porte-avions de 230 millions de dollars. Lyndon Johnson, lui aussi, est présent, tout comme Bobby et Teddy Kennedy. Robert McNamara prononce le discours. Le magazine *Women's Wear Daily* décrit Caroline à ses lectrices férues de mode comme une « mini-faiseuse de tendances en herbe ». Le *Boston Globe* raconte que quelque cinquante photographes de presse vont « se jeter sur le pont du navire pour cerner Caroline et John, sous les clics frénétiques des appareils photo. L'amiral Thomas Moorer, ancien commandant de la septième flotte, essayait en vain de les chasser. Mme Kennedy est intervenue. "C'est un événement officiel, lui a-t-elle dit. Ça ne me gêne pas qu'ils prennent mes enfants en photo. Ce qui me gêne, en revanche, ce sont les photographes qui font le pied de grue devant chez moi à New York, en attendant que Caroline et John rentrent de l'école." »

Le 30 mai 1967, on apprend le décès de la femme de David Ormsby-Gore (lord Harlech) dans un accident de voiture au nord du Pays de Galles. Jackie et Bobby Kennedy partent pour l'Irlande assister aux obsèques. Clark Clifford, un ami proche de l'ancien ambassadeur britannique aux Etats-Unis, les accompagne. « Nous sommes tous les trois descendus à l'hôtel Dorchester de Londres, se souvient-il. Nous avions réservé trois petites suites. Mais il a vite été clair que tous deux partageaient celle de Jackie et que celle de Bobby n'était qu'une couverture. Je ne peux pas dire que cela me dérangeait de les savoir à la colle, même si ça m'a paru un peu déplacé dans de si tristes circonstances. »

Deux semaines plus tard, alors que RFK s'en va à Delano, en Californie, rencontrer Cesar Chavez, fondateur et chef de l'UFW (United Farm Workers), syndicat d'ouvriers agricoles, Jackie retourne à Londres, avec John et Caroline cette fois. Quelques jours après, tous trois vont passer six semaines de vacances en Irlande, dont les moments les plus marquants seront une balade à cheval d'une journée dans le comté de Waterford, un rendez-vous avec le Président Eamon de Valera, les courses hippiques au profit des hôpitaux, connues sous le nom d'Irish Sweepstakes, et une visite de la demeure ancestrale des Kennedy à Dunganstown.

Ils passent presque tout leur séjour à Woodstown House, une demeure de cinquante-trois pièces située à

Waterford, en compagnie des Murray McDonnell, les voisins de Jackie dans le New Jersey, et de leurs huit enfants. Dès qu'elle apprend l'arrivée des Kennedy dans la région, la presse vient camper en masse aux alentours de la propriété. Jackie fait alors ce qu'elle a pris l'habitude de faire : elle appelle Bobby Kennedy pour s'en plaindre. Lequel en informe à son tour le ministère des Affaires étrangères irlandais, expliquant que sa belle-sœur et ses enfants sont en vacances et ne souhaitent qu'une chose : qu'on les laisse en paix.

Quelques jours plus tard, arrive un incident potentiellement plus dangereux que la présence des photographes. En toute fin d'après-midi, sans prévenir personne, Jackie s'en va seule, à pied, faire un plongeon dans un profond bras de mer derrière une étendue de dunes, à plus de cinq cents mètres de la propriété. Une fois dans l'eau, elle se trouve emportée vers le large par un violent courant sous-marin. L'eau glacée lui tétanise les muscles. Ce qu'elle ne sait pas, cependant, c'est que John Walsh, un agent du Secret Service attaché à la protection des enfants, a remarqué son absence. Comprenant qu'elle est partie se baigner, il se précipite alors vers les dunes. Scrutant l'eau du haut de son mètre quatre-vingt-dix-huit, il la repère au loin et comprend qu'elle est en danger. Ancien des Navy SEAL, les forces spéciales de nageurs de combat de l'US Navy, il plonge la rejoindre et la ramène sur la rive. Jackie va passer une demi-heure à tousser et à cracher, assise dans l'herbe près de lui.

Walsh sera récompensé pour son courage. Une lettre de Jackie à Thomas T. Hendrick, conseiller spécial auprès du secrétaire au Trésor, lui vaudra d'obtenir la plus haute distinction au sein du Secret Service. Et, en

1968, il prendra la direction de l'équipe d'agents attachée à la protection de Caroline et de John.

« Pour tout dire, glissera plus tard Jackie à Pierre Salinger, M. Walsh mérite mieux qu'être consacré cheftaine de deux jeunes enfants parfois turbulents. »

De retour aux Etats-Unis, Jackie et les enfants passent le week-end de Labour Day, premier week-end de septembre, dans la propriété des Kennedy à Hyannis Port. Caroline et John retournent ensuite à New York pour la rentrée des classes, tandis que Jackie part pour Athènes retrouver Aristote Onassis qui l'emmène passer cinq jours à Skorpios, son île privée, à une heure d'avion de la côte. Là-bas, selon Johnny Meyer, Onassis la demande en mariage – mais elle « l'en dissuade », arguant qu'elle doit respecter un délai d'au moins cinq ans après l'assassinat de JFK avant d'envisager de se remarier.

Personne ne peut dire si oui ou non son séjour à Skorpios a dérangé Bobby. « Il en a à peine fait mention, précise Ken O'Donnell. Ce qu'il espérait surtout, c'était que les médias ne parlent pas de la liaison avec Onassis, car il pensait que cela gênerait ses ambitions politiques. La réalité avait sans doute fini par prendre le pas sur la passion qu'il éprouvait encore pour Jackie. Je pense qu'il l'aimait, mais il comprenait et acceptait les limites auxquelles leur relation était confrontée. Ils ne pouvaient pas se marier, elle finirait donc par épouser quelqu'un d'autre. Il savait aussi à quel point elle était exigeante, tant au niveau matériel que psychologique. Elle pouvait se flatter de pouvoir épouser presque n'importe qui, mais peu d'hommes étaient à la hauteur. Onassis était le premier sur une très courte liste. Et s'il n'avait pas encore annoncé sa candidature, Bobby avait pris la décision de se présenter à l'élection présidentielle dès septembre 1967. Il voulait que Jackie reporte à après l'élection toute déclaration capitale. Par respect pour lui, elle a accepté. »

Heureusement pour Bobby, plutôt que de s'intéresser à Onassis, la presse va associer Jackie à un autre homme. Dans les mois qui suivent le décès de sa femme, lord Harlech est souvent mentionné dans la presse comme un futur mari potentiel pour Jackie. Elle l'a vu pendant son séjour chez les McDonnell en Irlande, et lui-même est venu lui rendre visite lors d'un passage aux Etats-Unis en octobre. La rumeur est alimentée encore davantage par une révélation du journaliste Leo Lerman dans le magazine londonien *Observer*, selon laquelle l'intérêt de lord Harlech pour Jackie n'est pas récent. Lady Pamela Harlech a un jour trouvé, dissimulée derrière une photo d'elle qu'elle avait offerte à son époux après leur mariage, un cliché de Jackie en maillot de bain découpé dans la presse. Jalouse de l'ex-Première Dame depuis longtemps, précise aussi Leo Lerman, la femme de lord Harlech ne manquait jamais une occasion de dénigrer sa rivale supposée. Lord Harlech apportera un démenti catégorique – « Nous sommes simplement bons amis » – qui va malheureusement coïncider avec l'annonce par Jackie d'un voyage privé en Extrême-Orient auquel, dit-elle, lord Harlech doit participer.

La presse traite le périple au Cambodge et en Thaïlande, début novembre, comme une lune de miel prénuptiale. En apprenant que l'expert de l'Asie du Sud-Est, Michael V. Forrestal, est aussi du voyage, tout comme le journaliste washingtonien Charles Bartlett et sa femme, cette même presse présume que, prévoyant sans doute d'épouser lord Harlech au Cambodge, Jackie a décidé de se faire accompagner de ses témoins.

Peu de journalistes vont comprendre les véritables raisons de ce voyage tous frais payés. Car sous couvert de vacances privées, la soi-disant excursion érotique de deux amants est en réalité une mission semi-politique orchestrée avec soin et discrètement financée par le département d'Etat. Washington se dit que Jackie pourrait peut-être parvenir à endiguer la vague anti-américaine au Cambodge – conséquence indirecte de la guerre au Vietnam –, et faire tomber sous son charme le prince Sihanouk, le chef d'Etat cambodgien, comme elle l'avait fait en France avec Charles de Gaulle sous la présidence de son mari. Le Cambodge, à l'époque, a en effet rompu toutes ses relations diplomatiques avec les Etats-Unis. L'idée d'y envoyer Jackie émane du secrétaire à la Défense, Robert McNamara, et a été avalisée par Lyndon Johnson, tandis qu'Averell Harriman s'est chargé de la logistique et des détails de la visite. Lord Harlech, un diplomate habile et chevronné disposant d'une myriade de relations dans la région, apparaît comme le candidat idéal pour l'accompagner. Le fait qu'il la connaisse et les rumeurs qui vont bon train à leur sujet ne font que renforcer l'impression que le voyage est bel et bien de nature privée.

Avant d'accepter la mission, Jackie s'en entretient avec Bobby Kennedy. Lequel lui donne sa bénédiction, convaincu qu'une réussite favoriserait la réputation de Jackie en tant qu'émissaire politique, rehaussant par là le lustre de la famille et ses propres chances d'accéder à la présidence. Il n'avait pas prévu, en revanche, que la presse ne verrait dans l'expédition qu'un prélude au mariage de Jacqueline Kennedy et lord Harlech.

De New York, Jackie part trois jours à Rome rejoindre lord Harlech et Michael Forrestal et effectue avec eux le vol de douze heures jusqu'en Thaïlande. Les Bartlett les rejoignent là-bas pour le dernier tronçon du trajet, qui les amène à l'aéroport international de Phnom Penh, où le prince Sihanouk doit prononcer son discours de bienvenue. Au cours du vol, cependant, tandis qu'il relit scrupuleusement une copie du discours qu'on lui a transmise, l'attention de lord Harlech est attirée par un commentaire propre à créer la controverse. Sans la mort du Président Kennedy, a prévu de dire le prince, le Vietnam n'aurait pas connu la guerre. Affirmation qui, malgré son caractère purement spéculatif, risque de heurter le gouvernement Johnson. Harlech conseille donc à Jackie de plaider auprès de Sihanouk la suppression du passage. Le prince accédera à la requête, transmise par radio depuis l'avion, contre la promesse de Jackie d'ajouter une ligne à son propre discours : « Si le Président Kennedy avait vécu, il aurait adoré visiter le Cambodge. »

« Je ne comprends rien à la politique, confiera plus tard Jackie à lord Harlech. C'est tellement minable et mesquin. »

Le temple d'Angkor Vat est, pour Jackie, le point culminant du voyage. Elle et ses compagnons passeront les meilleurs moments de leur semaine au Cambodge à errer à travers les ruines, à prendre des photos et à collectionner les souvenirs. Jackie fait de son mieux pour ne pas prêter attention à l'incessante rhétorique anti-américaine de Sihanouk. « Mon beau-frère, Robert Kennedy, partage votre point de vue sur la guerre, dit-elle à un moment donné. Mais il n'est pas encore Président. S'il décide de se présenter et remporte l'élection, la guerre s'achèvera. »

Le leader cambodgien, sans doute satisfait de la remarque, invite le petit groupe à déjeuner dans sa villa d'été de Sihanoukville où tous vont partir en promenade sur le dos des éléphants royaux après les avoir nourris. Le prince décide par ailleurs de rebaptiser « JFK » un boulevard de la ville et demande à Jackie de présider la cérémonie. Après quoi, tous – sauf lord Harlech, rentré en Grande-Bretagne – repartent pour la Thaïlande à bord d'un jet de l'US Air Force. Là-bas, le roi Bhumibo et la reine Sirikit (souvent appelée dans la presse la « Jackie d'Extrême-Orient ») reçoivent les voyageurs au palais royal de Bangkok. Après une réception de gala, le groupe assiste à une représentation du Royal Ballet. Le lendemain, tandis que Mme Bartlett soigne un rhume de cerveau, Jackie, Charlie Bartlett et Michael Forrestal vont visiter le célèbre temple du Bouddha d'Emeraude. Avant de quitter Bangkok, Jackie fait des emplettes pour ramener des cadeaux à ses enfants.

Si ce long et parfois éreintant périple n'est pas un succès absolu du point de vue politique, il n'a pas pour autant été inutile. « Je ne sais pas si mes paroles ont fait quelque impression sur le prince Sihanouk, confie Jackie à Robert McNamara à son retour aux Etats-Unis. Il nous considère entièrement responsables de la guerre. Il n'aime ni l'Amérique ni les Américains. J'ai fait de mon mieux pour le convaincre que nous ne sommes pas si mauvais que ça. Mais je doute de l'avoir fait changer d'avis.

Il a tout de même donné le nom de Jack à une rue, c'est un pas dans la bonne direction. » Pour lord Harlech, quant à lui, ce voyage est une défaite sur le plan personnel. S'il a apparemment envisagé la possibilité de former un jour un couple avec Jackie, il a dû vite se rendre à l'évidence : son intérêt à elle est purement platonique. Le voyage, pour lui, aura constitué le dernier acte d'un drame d'amour imaginaire.

Fin octobre 1967, à Hickory Hill, Arthur Schlesinger assiste à une réunion visant à discuter de l'opportunité d'une candidature de Bobby à l'élection présidentielle de 1968. Stephen Smith et Ted Kennedy sont également présents, tout comme Ken O'Donnell, Larry O'Brien, Ted Sorensen et d'autres soutiens à la cause. Le politicien new-yorkais Allard Lowenstein a fait le déplacement pour la journée. Ce dernier est certain que Lyndon Johnson peut être battu lors des primaires démocrates de 1968. Avec la guerre au Vietnam et les violences raciales récentes dans les quartiers populaires des centres-villes, la popularité de LBJ est au plus bas. Un sondage national d'octobre 1967 mené par le *Washington Post* indique qu'il emporterait de peu l'investiture au sein de son parti, mais serait ensuite battu par le candidat républicain lors de l'élection.

« Lowenstein pensait que Bobby devait se présenter, raconte Arthur Schlesinger. Pour ma part, j'avais des doutes. Je ne pensais pas possible de détrôner un Président en exercice lors des primaires. De plus, à presque quarante-deux ans, Bobby était jeune, le même âge que Jack lorsqu'il s'était présenté en 1960. Il avait du temps devant lui. Même si LBJ perdait l'élection de 1968, et en admettant qu'on soit confrontés alors à deux mandatures républicaines, RFK aurait encore largement été dans la bonne tranche d'âge. Et en cas de victoire de LBJ, Bobby aurait pu se présenter en 1972. »

Jack Newfield, journaliste new-yorkais ami de Robert Kennedy, est également présent à la réunion. Contrairement à Schlesinger, il voit la candidature de Bobby d'un bon œil. « Nous avions besoin d'un porte-parole – nous tous, qui avions soutenu John Kennedy, qui en avions plus qu'assez de la guerre et des promesses creuses et qui voulions du changement, raconte-t-il. A l'automne 1967, avec les sacs mortuaires qui nous revenaient de plus en plus nombreux du Vietnam, je n'ai eu de cesse de répéter à Bobby qu'il était de son devoir de se présenter. La politique de Johnson, fondée sur les divisions et l'intransigeance, ne fonctionnait plus. Ethel Kennedy partageait mon sentiment. Elle tenait à cette candidature plus encore que Bobby. Mais pour Ted Kennedy, Stephen Smith, Arthur Schlesinger, Ted Sorensen et beaucoup d'autres professionnels de la politique, c'était hors de question – le public le dirait opportuniste et l'accuserait de chercher une revanche personnelle contre Johnson. Le parti démocrate en sortirait si divisé et cela ferait naître de tels antagonismes que les républicains finiraient par l'emporter haut la main. »

Incapable de se décider, Bobby va finalement aller trouver la personne dont le jugement compte le plus à ses yeux : Jackie Kennedy. Il passe la voir quelques semaines après la réunion d'Hickory Hill, avant de retourner en Californie où il doit de nouveau rencontrer Cesar Chavez. Jack Newfield a fait appeler une voiture et vient l'accueillir à l'aéroport. Tandis qu'ils roulent vers Manhattan, RFK lui dit : « Si seulement ils avaient pu ne pas donner le nom de mon frère à ce fichu aéroport. Chaque fois que je viens, ça me fait mal. »

Assis dans le salon de Jackie, Newfield attend que Bobby et elle aient fini de peser le pour et le contre de son entrée en lice. Eugene McCarthy, le sénateur démocrate du Minnesota, vient d'annoncer sa candidature. Laquelle – McCarthy étant plus connu pour ses poèmes que pour sa politique – ne représente cependant guère plus qu'une candidature de protestation. Il ne peut pas, selon Jackie, être pris au sérieux. Si bien que lorsque Bobby lui demande s'il devrait ou non se jeter dans la mêlée, elle répond : « Eh bien, le climat est plutôt anti-Johnson. Si j'étais toi, je ferais acte de résistance. Mais j'attendrais quelques mois avant de l'annoncer. Et quand tu te présenteras pour de bon, sois sincère. Sois toi-même. N'essaie pas d'être Jack. »

Bobby, fait remarquer Newfield, va suivre à la lettre les conseils de sa belle-sœur. « C'était comme si l'oracle de Delphes venait de parler, se rappelle le journaliste. J'avais souvent entendu dire, de maintes sources différentes, qu'ils étaient amants. Ça ne se voyait pas ce jour-là. Mais ce que j'ai vu, en revanche, c'est qu'ils étaient extrêmement attachés l'un à l'autre. Si elle lui avait conseillé de ne pas se présenter, je crois qu'il aurait obéi. D'un autre côté, cependant, je pense qu'elle lui a surtout dit ce qu'elle pensait qu'il voulait entendre. Je ne suis pas convaincu qu'elle le voulait vraiment elle-même – elle voulait qu'il fasse ce qui, selon elle, le rendrait heureux. »

Newfield s'interroge aussi sur le conseil que Jackie a donné à Bobby de se forger sa propre identité. La jeunesse de RFK, son apparence comme son allure en général en font presque un fac-similé de son frère. Son visage, plus étroit, encadré par une masse de cheveux rebelles, de longue date un signe distinctif des Kennedy, rappelle de manière obsédante celui de JFK. Ses tics aussi, parmi lesquels la main dans la poche lorsqu'il prononce un discours, singent ceux de Jack. Sans parler de l'accent de Nouvelle-Angleterre et des fréquentes exhortations de Bobby à la création d'une nouvelle frontière. Nombre des phrases favorites de RFK au cours de sa carrière – telles que « J'ai besoin de votre aide » et « Nous devons remettre le pays en marche » – sont par ailleurs tout droit issues du répertoire de JFK. Car Bobby, plus que tout, aspire à achever le travail commencé par son frère pendant les trois ans de Camelot.

La différence essentielle entre les deux hommes tient à leur comportement général. RFK, dont l'image a souvent été comparée à celle du Grand Inquisiteur, ne possède pas naturellement le sang-froid, la confiance en lui et le calme qui caractérisaient JFK. Même au cours de sa campagne sénatoriale de 1964, il a fait montre d'une véhémence et d'un arrivisme jugés « répugnants et dictatoriaux » par ses détracteurs. S'il espère l'emporter en 1968, il s'agit donc pour Bobby davantage de ressembler à son frère défunt que de s'en démarquer. Pierre Salinger se souvient d'une conversation qu'il a eue avec RFK en janvier de cette année-là. Se conformant aux directives de Jackie, Bobby a repoussé sa décision d'entrer dans la course. « Je lui ai dit, se souvient Salinger, qu'il ne pouvait plus se permettre d'attendre plus longtemps. Je lui ai dit qu'il devait adoucir son image. Je lui ai conseillé d'engager un coach spécialisé dans les prises de parole en public, ce que nous avions fait, avec beaucoup de succès, pour Jack. Car vendre Bobby au public revenait presque à vendre du thon en boîte après une alerte au botulisme. Personne ne déteste le thon, il faut juste parvenir à convaincre qu'il ne fera de mal à personne. » Après coup, la transformation surprendra Bobby lui-même, qui dira en plaisantant : « Une fois élu Président, je pourrai redevenir impitoyable. »

En apprenant par Johnny Meyer que Bobby s'est doté d'un coach, Aristote Onassis ne manquera pas lui non plus l'occasion de faire de l'humour : « La seule chose que JFK et RFK ont en commun, dira-t-il, c'est Jacqueline Kennedy. »

Le 10 décembre 1967, Jackie accompagne Bobby Kennedy à un dîner de gala organisé à l'hôtel Plaza de New York en vue de lever des fonds pour le parti démocrate. Assis à leur table, l'humoriste Art Buchwald passe la plus grande partie de la soirée à bavarder avec eux. « J'ai demandé à Bobby s'il comptait se présenter à la présidence, se souvient Buchwald. "Tout dépendra de ce que Jackie voudra que je fasse", a-t-il répondu avec un sourire. Je pense qu'il plaisantait, même si je la soupçonne d'avoir clairement eu son mot à dire dans la décision finale. D'après ce que j'avais entendu, certains de ses conseillers voulaient qu'il se présente et d'autres non. Que faire, dans une telle situation ? En dernier lieu, Bobby a dû trancher tout seul. »

Jackie, désormais âgée de 38 ans, voit la quarantaine approcher à grands pas. Elle aura, selon Buchwald, d'un point de vue personnel, bien du mal à regarder sans rien dire Ethel prendre sa place à la Maison Blanche. Depuis plus de quatre ans maintenant, elle est la « veuve officielle » de l'Amérique, une situation qu'elle n'a ni voulue ni appréciée. « Que serait-elle devenue une fois Bobby à la Maison Blanche ? analyse Buchwald. De toute évidence, elle ne pouvait prétendre à rien d'autre qu'à la fonction de reine mère, rôle qu'elle ne souhaitait pas davantage. Je crois qu'elle s'est trouvée dans une situation quasiment intenable. Elle n'avait pas besoin et ne voulait pas servir le pays en qualité de reine mère, mais elle ne voulait pas non plus priver Bobby de sa chance d'accéder à la présidence. Elle avait des amants, en bien plus grand nombre qu'on ne le croit, mais Bobby Kennedy était le seul dont elle était amoureuse. »

Au cours de ses recherches pour la biographie d'Aristote Onassis, le journaliste britannique Peter Evans va dénicher une lettre de Jackie à Ari, datant à peu près de cette époque et qui débute ainsi : « Quand la mort met fin à une relation qui nous est chère, elle en crée souvent une autre, plus douce encore. » D'après Evans, en faisant ainsi référence à l'assassinat de JFK, Jackie tente par cette lettre d'expliquer à Onassis pourquoi elle sera éternellement dévouée à RFK. Lequel sera toujours pour elle davantage que le frère de son mari. « Il fut un temps où, peut-on lire dans la même lettre, Bobby comptait plus pour moi que la vie elle-même. »

10

Ethel et Bobby Kennedy, comme en attestent leurs amis, ont toujours eu une relation d'élève à professeur. Ethel apprend de lui et organise sa vie pour répondre avant tout aux besoins de son mari. Plus pieuse que lui, elle s'efforce (pas toujours avec succès) d'élever ses enfants selon les enseignements et les préceptes de la religion catholique. Après dix-huit ans de mariage, son amour pour Bobby demeure presque inconditionnel – il ne serait pas faux de dire qu'elle l'adore. Comme la plupart des autres épouses Kennedy, Ethel a tendance à ne pas faire cas des infidélités de son mari. Seule exception cependant : la liaison durable et complexe qu'il entretient avec Jackie Kennedy. Une relation qui fait de Jackie la persécutrice en chef d'Ethel, sa bête noire. Qu'Ethel n'ait pas invité sa belle-sœur le 20 novembre 1967 à la fête organisée pour le quarante-deuxième anniversaire de Bobby qui, tragiquement, s'avérera le dernier, n'a rien d'un hasard.

« L'éventualité d'un divorce ne lui jamais traversé l'esprit, souligne Ken O'Donnell. Mais il n'est pas difficile d'imaginer combien l'idée que Bobby entretenait une liaison avec Jackie a dû la faire souffrir. Le fait est, cependant, qu'elle n'avait aucune intention d'affronter Jackie. Cela aurait été trop avilissant. Je ne sais pas vraiment à quel point ni à quelle fréquence elle confiait à Bobby ce qu'elle avait sur le cœur. Au fond, elle avait recours aux mêmes stratégies que Jackie lorsque celle-ci était confrontée aux frasques incessantes de JFK. Avec leurs époux, elles usaient toutes les deux de l'humour. »

Face aux infidélités de son mari, Ethel fait preuve d'un don inné pour la moquerie. Comme Jackie lorsqu'elle a un jour placé Jack entre deux de ses maîtresses à un dîner à la Maison Blanche, Ethel va imaginer sa version bien à elle d'un dîner assis. Mi-janvier 1968, elle invite à Hickory Hill cinquante convives. A l'honneur ce soir-là : l'astronaute John Glenn, futur sénateur démocrate de l'Ohio et un intime des Kennedy. Arrangeant avec soin les marque-places portant le nom de chacun de ses hôtes, elle va asseoir vingt-quatre femmes à une table et vingt-cinq hommes et elle-même à une autre. Pour bien marquer le coup, elle a aussi choisi pour l'occasion une robe de soirée au décolleté particulièrement plongeant. Même Bobby parviendra à trouver de l'humour dans le message bien peu subtil de sa femme.

Comme la plupart des hommes chez les Kennedy en matière de relations avec le sexe opposé, RFK se laisse généralement guider par une approche « deux poids, deux mesures » pleine d'hypocrisie. « Si Ethel avait eu une liaison avec un autre homme, remarque George Plimpton, je suis sûr que Bobby les aurait assassinés tous les deux – puis il s'en serait sans doute tiré à bon compte. »

Quant à Aristote Onassis, désormais âgé de 61 ans, s'il aimerait pouvoir épouser Jackie au plus vite, il est conscient que ce mariage, s'il doit avoir lieu, va très vraisemblablement devoir attendre que soit passée l'élection de 1968. « Elle vaut la peine de patienter », dira-t-il à Costa Gratsos, son représentant légal à Athènes. « Il y a quelque chose de déstabilisant chez elle. Elle est obstinée et provocante. Elle a l'âme charnelle. Elle a l'air grecque mais se comporte en princesse américaine. » Jamais il n'expliquera ce qu'il entend par « se comporter en princesse américaine », quoiqu'on imagine aisément que cela fait référence à sa soif insatiable de shopping.

Début février 1968, Onassis va trouver un ami, Dave Karr, un spécialiste des relations publiques qui a longtemps officié à Washington, et lui demande de s'arranger pour faire paraître un article dans la chronique politique de Drew Pearson au *Washington Post*. Pearson est celui qui a le premier fait mention des penchants pronazis de Joe P. Kennedy, alors ambassadeur en Grande-Bretagne. C'est également lui qui, en 1961, a soutenu que Ted Sorensen était le véritable auteur du *Courage dans la politique*, l'ouvrage signé de JFK. Deux ans plus tard, il va se délecter dans ses articles de la liaison de Lee Radziwill avec Aristote Onassis. Et voilà qu'à présent Dave Karr, l'une de ses vieilles connaissances, lui donne un nouveau détail croustillant de la vie d'Onassis à se mettre sous la dent : la relation du Grec avec Maria Callas « tourne au vinaigre » et l'armateur a récemment « été vu » très « copain-copain » avec Jacqueline Kennedy. Dans l'article qu'il en fait, Pearson accuse également la Commission Warren de « ne pas faire son travail », ajoutant que Robert Kennedy a lui aussi « botté en touche » en ne diligentant pas une enquête complète sur l'assassinat de son frère. « Si Lee Harvey Oswald n'est qu'un pigeon, comme il le prétend, alors qui a assassiné le Président ? » termine-t-il. Onassis expliquera plus tard à Costa Gratsos que le papier avait pour but de faire savoir à Bobby que « je suis toujours là et bien là – et que je n'ai aucune intention de partir ».

Jackie est plus irritée par l'article que RFK. Car, pour compliquer encore les choses, elle a récemment commencé à fréquenter quelqu'un d'autre. Né à New York en 1906, Roswell Gilpatric, diplômé en droit de l'université de Yale, a été sous-secrétaire de l'Air Force puis secrétaire adjoint à la Défense de l'administration Kennedy. Grand, tiré à quatre épingles, Gilpatric vit avec sa femme à River House, prestigieuse copropriété de Manhattan surplombant l'East River. Leur liaison devient officielle le 6 mars 1968, jour où il quitte le foyer conjugal pour partir visiter les ruines mayas du Yucatán, au Mexique, avec Jackie.

« J'ai connu JFK au tout début de sa carrière politique, lorsqu'il siégeait à la Chambre des représentants pour le Massachusetts, raconte Gilpatric. Et j'ai rencontré Jackie quand elle est devenue Première Dame. Le hasard a voulu que j'aie noué des relations amicales avec John G.W. Husted Jr., un agent de change du Connecticut qui avait été fiancé à Jackie avant son mariage avec JFK. Elle avait rompu en glissant sa bague de fiançailles dans la poche de la veste de John à l'aéroport après un week-end passé ensemble chez elle, à Washington. Ma première impression, avant de la rencontrer, était donc plutôt négative. Mais en la découvrant, je me suis mis à l'apprécier. Elle et Jack organisaient des petites sauteries informelles à la Maison Blanche, auxquelles j'assistais. Je la voyais également lors des "séminaires d'Hickory Hill", comme on appelait pompeusement les réunions organisées à McLean, auxquelles participaient chaque fois des conférenciers différents et après lesquelles Ethel, invariablement, poussait quelqu'un dans la piscine. Par ailleurs, Jackie est venue passer un week-end chez moi, sur la côte est du Maryland, à l'époque où JFK était Président. Nous n'étions alors que des amis. Notre relation a lentement évolué après l'assassinat. »

Etrangement, lors de l'excursion au Yucatán, Jackie évoque en toute candeur ses liaisons avec Bobby Kennedy et Aristote Onassis. Elle fait allusion aux deux et reconnaît que si elle a de « profonds sentiments » envers Bobby, elle envisage de plus en plus sérieusement d'épouser Onassis. Lequel aura d'ailleurs droit à un coup de fil de sa part au cours du séjour. Elle veut, précise-t-elle à Gilpatric, fixer une date pour le mariage. « Tout ceci tandis que nous vivions notre propre petite aventure, raconte Gilpatric. En fait, à la minute même de mon retour à New York, ma femme m'a présenté les papiers de divorce. »

La journaliste Agnes Ash, qui couvrait le voyage au Mexique pour *Women's Wear Daily*, se souvient que Jackie et Gilpatric « se bécotaient beaucoup et se tenaient beaucoup par la main. Ils n'étaient pas timides. Ils se comportaient ainsi sous les yeux de la presse. Bien sûr, Jackie s'est indignée quand nous avons écrit qu'elle et Gilpatric se pelotaient presque en public. Elle avait déjà une dent contre le magazine, parce que nous avions publié au fil des ans le montant de ses dépenses vestimentaires. Jackie a fait de son mieux pour me voir bannie du groupe. Roswell Gilpatric, en revanche, s'est montré fort courtois. Ça n'était pas un voyage officiel, payé par le gouvernement, mais la police mexicaine était là en nombre. Jackie était aussi escortée par plusieurs agents du Secret Service, parmi lesquels John Walsh, qui s'occupait d'habitude de Caroline et John Jr. Je me souviens d'une sortie aux pyramides au cours de laquelle Walsh, qui nous dépassait tous d'une tête, dut se contenter d'un petit âne comme monture alors que tous les autres étaient à cheval. J'ai raconté l'épisode dans un article et le lendemain, Walsh m'a prise à part pour me demander de me tenir à carreau si je ne voulais pas finir dans une prison mexicaine. »

Sans que l'on sache comment, Rose Kennedy a pu se procurer une copie de l'article final d'Agnes Ash, qui comporte des photos de Jackie et de Gilpatric enlacés, prises au cours de l'une de leurs excursions quotidiennes. Elle appelle alors John Fairchild, directeur de la publication de *Women's Wear Daily*, et lui demande d'annuler la parution, pour éviter, dit-elle, les retombées négatives sur les enfants. « Une requête plutôt étrange, remarque Ash, étant donné que Caroline et John étaient trop jeunes pour s'intéresser au magazine. » Fairchild va maintenir la publication du texte, dernier de la série de papiers d'Agnes Ash, mais accepte en revanche de « faire passer à la trappe » les clichés potentiellement gênants.

Au Mexique, Jackie reçoit un appel de Bobby qui lui annonce avoir pris la décision de se présenter à la loterie présidentielle, quitte à courir le risque d'être taxé d'opportunisme. Eugene McCarthy venant de remporter la primaire du New Hampshire, Bobby ne pouvait que réagir – pour avoir une chance de décrocher l'investiture de son parti l'été prochain, plus question pour lui de traîner.

On ne sait rien, en revanche, de ce qu'il a pu dire à Jackie sur Roswell Gilpatric, si tant est qu'il en ait fait mention. Bobby a toujours admiré Gilpatric, un fervent détracteur de la guerre du Vietnam. Alors qu'il s'apprête à faire acte de candidature pour le poste le plus élevé du ticket démocrate, sans doute RFK a-t-il senti que son histoire avec Jackie touchait à sa fin. Elle aussi, d'ailleurs, comprend que désormais les moindres faites et gestes de Bobby seront observés par la presse et par le public, et que leur liaison ne pourra plus continuer. Si leur amour perdure, sur le plan pratique, la nécessité va les contraindre à revenir à ce qu'ils étaient avant la mort de JFK : les meilleurs amis du monde. Le souci principal de Bobby concernant Jackie est désormais de s'assurer qu'elle ne va pas « s'enfuir » avec Aristote Onassis avant l'élection.

A 9 heures du matin le samedi 16 mars 1968, Ethel à ses côtés, Robert Kennedy pénètre dans la salle du caucus du Old Senate Office Building, l'un des principaux bâtiments du Sénat, à Washington, pour annoncer sa candidature à la présidence – « moins pour m'opposer à qui que ce soit que pour proposer de nouvelles politiques... et parce que je perçois avec une telle acuité ce qui doit être entrepris et ressens l'obligation de faire tout ce qui est en mon pouvoir pour l'entreprendre ».

Le 17 mars, lendemain de l'annonce, Bobby Kennedy se rend à New York pour assister à la parade de St. Patrick's Day, qui remonte la Cinquième Avenue. Tandis qu'il marche derrière des membres du NYPD, le département de la police, non loin de la tête du cortège, il est interpellé par un groupe de patriotes d'origine irlandaise qui le traitent de traître et d'ami d'Hanoi. D'autres lui crient : « Rentre à Boston ! » ou « Va donc chez le coiffeur ! » L'accueil réservé à Jackie, rentrée la veille du Mexique, est plus chaleureux. A hauteur du 1040 Cinquième Avenue, il l'aperçoit à sa fenêtre en train de lui envoyer des baisers. Les rues grouillent de fanfares, de chars tirés par des voitures, de pompiers, d'étudiants, de bébés, de chiens, de spectateurs. Plusieurs adolescentes (des « Bobby-soxers », comme on appelle ces jeunes filles en jupe plissée et chaussettes roulées sur les chevilles) se frayent un chemin à travers les barricades de la police et courent l'embrasser. Quand il lève la main pour saluer la foule, les acclamations montent.

Ce soir-là, accompagnés d'un groupe d'amis, parmi lesquels Jack Newfield, Bobby et Jackie dînent à La Grenouille, un restaurant français à la mode situé sur la 52e Rue Est. Comme le racontera plus tard Charles Masson, le fils du propriétaire, à un journaliste de *Vanity Fair*, Bobby va rompre la quiétude ordinaire de l'endroit en se donnant en spectacle. « Il était très saoul », précise Masson. Après avoir goûté les entrées, il commence à se plaindre. « C'est de la vichyssoise en conserve », s'exclame-t-il d'une voix perçante. Le père de Masson, fier de ses talents culinaires, s'approche alors de leur table avec sa femme, qui travaille elle aussi dans l'établissement familial. « Veux-tu bien expliquer au sénateur Kennedy comment je prépare ma vichyssoise ? » lui dit-il. Ce qu'elle fait, étape par étape, pour finalement entendre Bobby brailler : « Je n'en ai rien à fiche de vos paroles – elle est en conserve. »

Le sénateur ne va pas en rester là. S'apercevant que l'une des framboises qu'il a commandées pour le dessert avec de la crème glacée est abîmée, il assène : « A de tels prix, il est inacceptable qu'un restaurant serve des framboises pourries. »

C'en est trop. Le propriétaire du restaurant revient. « Un sénateur démocrate pourri ne veut pas dire pour autant qu'ils sont tous pourris ! rétorque-t-il en frappant du poing sur la table. A présent, s'il vous plaît, veuillez quitter mon restaurant. »

Pour Jack Newfield, le comportement de RFK ce soir-là est à mettre sur le compte de l'alcool, que Bobby a ingurgité en quantité dans un bar irlandais après la parade de St. Patrick's Day. « Après dîner, raconte-t-il, il a raccompagné Jackie chez elle. Je crois qu'il a passé la nuit avec elle, parce que le lendemain matin, il m'a appelé de là-bas. Il paraissait morose. C'était peut-être bien leur dernière nuit ensemble. Bobby s'est ensuite consacré entièrement à la campagne présidentielle, tandis que Jackie retournait à son quotidien. »

Newfield se souvient d'un incident qui a eu lieu à Hyannis Port le week-end suivant. La famille s'est réunie là-bas pour discuter stratégie de campagne. Ethel est présente, tout comme Jackie. Au cours de la discussion, Jackie offre ses encouragements. « Ce sera merveilleux quand on sera de retour à la Maison Blanche, n'est-ce pas ? » lance-t-elle. A quoi Ethel répond : « Qu'entendez-vous par "on" ? Vous ne vous présentez pas. Ça n'est pas votre moment de gloire à vous. »

Jackie, aguerrie à la franchise souvent insolente d'Ethel, sait bien qu'en cas de victoire de Bobby, celle-ci sera sacrée Première Dame. Et si elle savoure déjà le succès de Bobby par procuration, elle doit cependant accepter de voir la réalité en face. Son avenir à elle se trouve en dehors des cercles politiques de Washington, c'est Ethel qui est dedans maintenant. En cas de victoire, Ethel, et non pas Jackie, deviendrait la proverbiale éminence grise. Malgré tout l'amour qu'ils ont partagé, Bobby et Jackie ne sont plus un couple. Cet aspect de leur relation est derrière eux à présent. Bel et bien du passé.

Dans son livre, *Les Femmes Kennedy*, l'auteur Laurence Leamer raconte que, le lendemain, Jackie va se promener « de longues heures », seule, dans la propriété qu'elle connaît bien, « des écuries… à la plage de Squaw Island » où elle, Jack et les enfants ont passé l'un de leurs étés. Dans la soirée, elle va rendre visite à Joe Kennedy, le patriarche du clan, aphasique et confus depuis son attaque cérébrale. Elle lui confie avoir passé la journée à réfléchir. Elle lui confie aussi qu'elle l'aime – et qu'elle l'aimera toujours.

Le 31 mars, la nation reçoit comme un choc l'annonce par Lyndon Johnson qu'il ne compte pas se représenter et refusera une investiture de son parti. En se retirant de la course, Johnson semble avoir ouvert la voie à une victoire de RFK. Aussi déconcertée que le reste du pays, Jackie s'inquiète soudain de la sagesse du choix de Bobby. Le 2 avril, elle accompagne Arthur Schlesinger à un dîner chez Diana Vreeland. « Savez-vous ce qui va, à mon avis, arriver à Bobby ? dit-elle à son ami. La même chose qu'à Jack. Il y a tant de haine dans ce pays, et ils sont plus nombreux à détester Bobby que Jack. Voilà pourquoi je ne veux pas le voir devenir

Président... Je l'ai dit à Bobby, mais il est fataliste, comme moi. »

Le 4 avril, deux jours seulement après les récriminations de Jackie contre une Amérique qu'elle juge violente, Martin Luther King est assassiné à Memphis, dans le Tennessee. Entré dans la primaire de l'Indiana, Bobby est en campagne à Indianapolis quand il apprend l'attentat par un conseiller. Dans la soirée, il annonce la nouvelle à une foule sous le choc, rassemblée devant une cité de logements sociaux où il doit prononcer un discours. Comble d'ironie, c'est lui, quand il était Attorney General, qui a autorisé le FBI à mettre la ligne téléphonique personnelle de King sur écoute, à la demande de J. Edgar Hoover. Avec le meurtre de King, la mort prématurée de son frère remonte à la surface. « Toute cette merde ne va donc jamais cesser ? » dit-il à Jack Newfield.

Dès le lendemain, Coretta Scott King, la femme du leader noir défunt, s'entretient avec Bobby. Elle veut savoir s'il peut convaincre Jacqueline Kennedy de se joindre à lui pour les funérailles à Atlanta, le 7 avril. Jackie aurait préféré ne rencontrer la famille qu'après la cérémonie, mais elle accepte, par dévouement pour Bobby. Arrivée le jour même, l'ex-Première Dame s'entretient en privé avec Coretta King. Accablée par le désespoir et la dépression, elle avoue à Bobby avoir perdu toute foi en son pays. « L'Amérique court à sa perte, dit-elle, je ne sais pas ce qui te pousse à vouloir devenir Président. »

Bernard Fensterwald Jr., avocat de James Earl Ray, l'homme reconnu coupable de l'assassinat de King, remarquera plus tard que Jackie Kennedy et Coretta Scott King étaient toutes les deux « dans le même bateau. Mme King en voulait à son mari pour ses nombreuses maîtresses, mais elle a calqué son attitude sur celle de Jackie. Sa prestation lors des funérailles était parfaite. Les deux femmes ont joué à la perfection leur rôle de martyres. Et dans les deux cas, pour un noble objectif. A mon humble avis, pourtant, elles n'étaient ni l'une ni l'autre aussi désemparées qu'elles le paraissaient. Mais à une différence près : Mme King n'a pas ensuite fait volte-face pour aller épouser Aristote Onassis ».

Fred Dutton, un avocat qui avait officié à la Maison Blanche du temps de JFK, a accepté l'offre que lui a faite Bobby de prendre en charge sa campagne. Le sénateur Ted Kennedy, désormais aussi proche de Bobby que ce dernier l'a été de Jack, aura quant à lui le rôle de médiateur en chef. Les deux hommes sont d'accord sur un point : de tous les Kennedy, aucun n'a politiquement un intérêt plus vital que Jacqueline. Inspiratrice de la bibliothèque JFK, authentique héroïne américaine dont le nom exerce un attrait universel, elle peut presque à elle seule infléchir la destinée électorale de Bobby, quels que soient les efforts du clan pour lui garantir la victoire. Vu les sacrifices passés consentis par sa belle-sœur, Ethel n'a pas d'autre choix que d'admettre à contrecœur que Jackie est désormais « autant une Kennedy » que les autres. Les conseils que Jackie ne cesse de prodiguer à Bobby en coulisse vont contribuer à donner de l'envergure à sa stratégie de campagne. Depuis JFK, l'ex-Première Dame a fait du chemin.

« Jackie est vraiment spéciale, dit Ted Kennedy à O'Donnell. C'est une icône. » Il lui arrive, avoue-t-il, de ne pas la quitter des yeux, de s'abreuver de sa beauté sombre. Il la trouve « incroyablement séduisante ». Quand elle a épousé Jack, Ted a dit à son frère : « Tu t'es trouvé la femme la plus ravissante du monde. » A la mort de JFK, Teddy l'a prise dans ses bras pour « une éternité, aurait-on dit ». Elle faisait un effet fou à tous les hommes du clan. Dès le départ, Bobby et Teddy n'ont cessé de se disputer son attention comme son approbation. Par égard pour Ethel, Teddy refusera toujours d'évoquer la liaison de Jackie avec Bobby. « Mieux vaut garder certaines choses secrètes », dira-t-il un jour, glissant à demi-mot qu'il est au courant mais ne souhaite pas s'appesantir sur le sujet.

D'office, Jackie va se mettre en quête de fonds pour la campagne de RFK. Elle se tourne à nouveau vers les mêmes contributeurs, ceux qui sont dignes de confiance et qu'elle a déjà sollicités par le passé. « J'ai ma fierté, dit-elle à Evangeline Bruce, mais pas lorsqu'il s'agit de trouver des financements pour Bobby. » Elle craint qu'il ne soit en danger, mais se sent néanmoins obligée de faire tout son possible pour l'aider. Elle part pour Palm Beach chez Charles et Jayne Wrightsman avec qui elle s'est querellée il y a plusieurs années ; ils lui signent un énorme chèque. Elle dégote également de nouveaux donateurs. Elle va trouver Felix Rohatyn, l'associé d'André Meyer chez Lazard Frères et le convainc d'apporter une contribution importante ; il lui plaît, elle aura une brève aventure avec lui à la fin des années 1970. Elle invite l'acteur Gregory Peck à l'accompagner à la galerie Wildenstein & Co. de New York, le cajole et lui soutire un beau montant. Elle contacte l'architecte I. M. Pei et la philanthrope Doris Duke, probablement la femme la plus riche du monde, et les invite tous deux à dîner dans un restaurant chinois. A l'instant où elle s'apprête à aborder le sujet de la campagne, elle entend un clic derrière un portemanteau. C'est le photographe Ron Galella, qui a convaincu un serveur de le faire entrer discrètement dans le restaurant et qui s'en donne à cœur joie derrière son objectif. La soirée sera brève, mais suffisamment longue cependant pour permettre à Jackie d'arracher à ses invités des dons généreux.

Bien qu'il se serve de Jackie pour promouvoir sa carrière de paparazzi, Galella demeurera l'un de ses principaux détracteurs. « C'était la plus grande hypocrite de tous, affirme-t-il. Riche, hautaine, et snob, elle avait un album secret plein de photos d'elle parues dans la presse. » Galella a appris l'existence supposée de l'objet par une femme de chambre de Jackie qu'il fréquente. Mais ni cette dernière ni Galella ne savent que Jackie possède une demi-douzaine d'albums personnels compilés par un service de veille éditoriale basé à Tampa, en Floride.

Le seul album dont elle s'occupe elle-même, un épais volume à reliure de cuir sur la tranche duquel sont gaufrées les initiales RFK, contient plusieurs centaines de coupures de presse et de clichés de Bobby Kennedy qu'elle a méticuleusement rassemblés en hommage à son beau-frère.

Bobby ne faisant plus partie de la vie amoureuse de Jackie, Aristote Onassis prend l'avion pour New York pour rendre visite à l'ex-Première Dame. On les voit ensemble à El Morocco, au 21, à l'Oak Room de l'hôtel

Plaza. Grâce à la femme de chambre de Jackie, Ron Galella semble toujours savoir exactement où et quand les trouver. Lorsque l'une des photos du couple paraît en une du *New York Post*, Jackie reçoit un coup de fil de son amie Joan Braden.

« Jackie, si tu épouses cet homme, tu vas tomber de ton piédestal, la prévient-elle.

– Mieux vaut en tomber que finir pétrifiée dessus », lui rétorque Jackie.

Roswell Gilpatric, lui aussi, lit le *Post* ce jour-là. « Jackie et moi, nous nous fréquentions toujours, se souvient-il, mais je me faisais peu d'illusions. Je n'avais certainement pas les moyens d'offrir à la dame le train de vie auquel elle s'était habituée. Onassis, lui, le pouvait. Je ne crois pas qu'elle l'aimait. Je pense qu'elle l'admirait. C'était un self-made man, qui s'était formé sur le tas, très sûr de lui et plein aux as. Jackie avait toujours été attirée par les hommes comme Onassis. L'époque était violente et turbulente, il était à même de la protéger, elle et ses enfants. Ce qui ne veut pas dire que je n'avais pas de regrets. J'aurais moi-même aimé l'épouser. Comme beaucoup d'autres hommes, d'ailleurs. »

Bobby, quant à lui, lancé dans une épuisante campagne politique qui l'amène à changer de ville et d'Etat presque quotidiennement, consacre le peu de temps libre qui lui reste à une nouvelle liaison. Mary Jo Kopechne, 27 ans, a les cheveux blonds, les yeux bleus et un joli minois. Née à Forty Fort, en Pennsylvanie, elle est diplômée de Caldwell et a enseigné un an en école élémentaire à Montgomery, dans l'Alabama. Arrivée à Washington en 1963, elle a accepté un poste de secrétaire auprès du sénateur George Smathers. C'est par son intermédiaire qu'elle a rencontré les Kennedy. Elle a travaillé ensuite au service de Joe Dolan, conseiller juridique de RFK. Et quand Bobby entre au Sénat, elle est transférée dans son équipe administrative et partage une maison de ville à Georgetown avec quatre autres femmes de son âge, toutes des employées de Bobby. Pendant la campagne présidentielle, on les surnomme les Boiler Room Girls, les filles de la chaufferie.

« Même si elle ne travaillait plus à mes côtés, raconte George Smathers, Mary Jo et moi sommes restés en contact. J'étais, d'une certaine manière, devenu son confesseur. Elle était jeune, adorable et influençable. Lorsqu'elle m'a dit que Bobby l'avait invitée à le rejoindre dans son avion de campagne en qualité de secrétaire, je l'ai dissuadée d'accepter. Je connaissais Bobby, je savais qu'il profiterait de la situation. Et c'est exactement ce qui s'est passé. Peu importe, à ses yeux, qu'Ethel ait aussi été à bord. Dans les hôtels où ils descendaient le soir venu, Mary Jo disposait de sa propre chambre. Ça n'était pas bien compliqué pour Bobby de quitter quelques minutes une réunion de stratégie afin d'aller y retrouver Mary Jo. Personne ne s'en est rendu compte. Ça me faisait un peu penser à Jack lors de sa campagne présidentielle en 1960, sauf qu'à l'époque Jackie était la plupart du temps absente. »

Comme l'Histoire nous l'apprendra, la vie de Mary Jo Kopechne va s'achever de bien tragique façon. A 23 h 15, le 18 juillet 1969, à peine plus d'un an après l'assassinat de RFK, alors que Ted Kennedy la reconduit jusqu'au ferry de Chappaquiddick, un îlot au large de Martha's Vineyard, après une fête organisée sur la plage pour remercier les Boiler Room Girls de leur loyauté et de leur fidélité à RFK, l'Oldsmobile de 1967 du sénateur va quitter la route au niveau d'un pont et plonger dans un profond étang d'eau saumâtre. Teddy va réussir à s'échapper du véhicule et retournera à l'hôtel dans lequel le groupe est descendu, sur Martha's Vineyard, pour passer de sa chambre plusieurs coups de fil. L'un des premiers sera pour Jacqueline Kennedy, à New York. Puis il appellera son cousin, Joe Gargan, organisateur de la fête. Lequel racontera plus tard à un ami, un avocat du nom d'Eugene Girden, que Teddy lui a demandé de se faire passer pour le chauffeur de la voiture au moment du plongeon, ce qu'il a catégoriquement refusé de faire. Il va, au final, s'écouler plus de neuf heures avant que Teddy n'appelle la police du Massachusetts pour rendre compte de l'accident. Un délai propre à suggérer que le sénateur se trouvait à ce moment-là en état d'ébriété.

Une autopsie révélera que Mary Jo Kopechne a survécu près d'une heure sous l'eau grâce à une petite poche d'air qui s'était formée dans la voiture. Peut-être s'en serait-elle tirée vivante si Ted Kennedy avait signalé l'accident tout de suite. Son rôle dans la mort de Mary Jo ne lui vaudra pourtant qu'une petite tape sur les doigts : deux mois de retrait de permis. Teddy, Joan et Ethel assisteront aux obsèques de Mary Jo. Ethel, évidemment, ne se doutant pas le moins du monde qu'elle avait été la dernière maîtresse de son mari ; quant à Jackie, elle ne l'apprendra que bien plus tard. Joan Kennedy, visiblement la plus bouleversée de tous, fera une fausse couche une semaine après la cérémonie. Dans un discours télévisé, Ted Kennedy mettra son inaction sur le compte d'un « choc émotionnel ». L'enquête hâtive diligentée par le bureau du procureur ne mènera nulle part. Et les dossiers concernant l'implication de Teddy dans l'affaire disparaîtront mystérieusement l'année suivante pour ne jamais refaire surface. La noyade de Mary Jo, cependant, a très certainement ôté à Ted Kennedy la moindre chance d'accéder un jour à la présidence. Quand il tentera de le faire en 1980, il ne parviendra pas à décrocher l'investiture au sein de son parti.

En 1968, seuls treize Etats participent à la primaire démocrate. Le 7 mai, l'Indiana est pour Bobby la première épreuve. Qu'il remporte avec quinze points d'avance, une marge suffisante pour lui inspirer un large sourire. A Washington, le même jour, il gagne avec une marge encore plus importante. « Nous sommes sur la bonne voie ! » lance-t-il à son équipe.

Le lendemain, Aristote Onassis vient à New York chercher Jackie pour repartir aussitôt avec elle et John Jr. à Palm Beach par un vol d'Olympic Airways. Ayant appris par un informateur l'arrivée du couple, le photographe mondain Bob Davidoff va les attendre à l'aéroport de West Palm Beach. « Je suis arrivé avec ma voiture jusque sur le tarmac et je n'ai plus bougé jusqu'à ce qu'ils arrivent, explique-t-il. L'avion a atterri et Jackie en est sortie avec John Jr. Elle m'a autorisé à prendre quelques photos avant de se glisser dans une limousine et de disparaître. Je savais qu'Onassis était toujours à bord et attendait mon départ pour quitter l'appareil. Une deuxième limousine était prête. Mon grand fils, Ken, m'accompagnait, et nous étions déterminés à passer la journée là s'il le fallait. Finalement, une hôtesse de l'air est descendue me dire : "J'espère que vous avez pris de belles photos de Mme Kennedy, parce que c'était notre seul passager de marque." Je lui ai dit que j'espérais une photo d'Aristote Onassis. "Ah ! mais il n'est pas là, m'a-t-elle dit. Il n'est pas sur ce vol." Ce à quoi j'ai répondu : "Eh bien, si vous n'y voyez pas d'inconvénient, je vais rester et attendre. Je n'ai rien d'autre à faire." Avant de retourner à l'avion, elle m'a dit : "Comme vous voulez." Puis elle est ressortie presque aussitôt pour me préciser, cette fois, que le frère d'Ari était à bord, mais pas lui. Je savais très bien qu'Aristote Onassis avait une sœur mais pas de frère. "Pas de souci, ai-je alors dit. Je ne bouge pas et je verrai bien ce qui va se passer." »

Quelques minutes plus tard, Aristote Onassis apparaît, vêtu de son habituel costume noir. Davidoff s'avance vers lui et, tandis qu'ils discutent, son fils prend des photos.

« Vous ne lâchez jamais prise, mais malheureusement, je ne suis pas celui que vous cherchez, dit Onassis. Je ne suis que son frère. Ari est à Athènes en ce moment. Il m'a demandé d'accompagner Mme Kennedy et son fils à Palm Beach.

– C'est étrange, répond Davidoff, parce que j'ai rencontré une fois Aristote Onassis pour le photographier lorsqu'il était avec Maria Callas. Vous êtes non seulement son sosie, mais en plus vous avez la même voix.

– Nous sommes presque de vrais jumeaux », murmure alors Onassis en gagnant la limousine.

Onassis, Jackie et John Jr. vont passer plusieurs jours chez les Wrightsman, mais sans faire d'apparition publique. Ils retournent ensuite à New York pour y déposer John Jr., puis le couple embarque à bord du *Christina* pour une courte croisière vers les îles Vierges. Le 17 mai, Jackie à nouveau installée dans son appartement de la Cinquième Avenue et Robert Kennedy en campagne, un correspondant du quotidien londonien *The Times* interviewe Onassis lors d'un cocktail à l'hôtel George-V, à Paris. Quand on lui demande ce qu'il pense de l'ex-Première Dame, il dit : « Mme Kennedy est une femme tout à fait incomprise. Peut-être même ne se comprend-elle pas elle-même. On a fait d'elle un modèle de bienséance, de loyauté et de toutes ces assommantes vertus que les Américains attribuent aux femmes. Elle est à présent totalement dénuée de mystère. Elle a besoin d'un petit scandale pour la ramener à la vie – une peccadille, un écart de conduite. Quelque chose qui lui permettrait de s'attirer un nouvel élan de compassion de notre part. Le monde adore prendre en pitié la grandeur déchue. »

Le commentaire sera repris dans tous les grands journaux internationaux, dont le *New York Times* et le *Washington Post*. Et Bobby va avoir tant de mal à le digérer, affirme Pierre Salinger, qu'il va appeler Onassis et le menacer de prendre des mesures pour l'interdiction permanente de ses pétroliers – comme de leur propriétaire – dans tous les ports américains s'il ne cesse pas sur-le-champ ses déclarations publiques sur Jackie. Bobby a peur, une fois de plus, que le Grec ne fasse scandale soit en annonçant ses fiançailles imminentes avec Jackie, soit en révélant l'ardente liaison que Bobby et elle ont eue des années durant.

RFK envoie également Ethel et Joan Kennedy chez leur belle-sœur pour discuter de la situation. « Vu la froideur d'Ethel vis-à-vis de Jackie, je ne sais pas comment il a réussi à la convaincre d'y aller, remarque

Pierre Salinger. Mais elle a accepté. Assises dans le magnifique salon de Jackie, toutes les deux – Joan et Ethel – ont tout fait pour la convaincre de ne pas épouser Onassis. Si ce mariage lui est absolument indispensable, lui ont-elles dit, il faut au moins qu'elle attende que l'élection de novembre soit passée. Car toute la publicité négative attachée à l'événement réduirait irrévocablement les chances de Bobby d'accéder à la présidence. »

Bobby est le visiteur suivant. Interrompant sa campagne, il fait un saut à New York pour un face-à-face avec Jackie. Il arrive à sa porte accompagné de Jean Kennedy Smith, plus proche de Jackie que n'importe laquelle des sœurs Kennedy. « D'après ce que j'ai entendu dire, poursuit Salinger, Jackie a été très conciliante et leur a assuré qu'elle n'avait aucune intention d'épouser Onassis avant les élections, si elle l'épousait un jour. Bobby avait l'air dubitatif. Il a imploré Jackie de parler au Grec pour le convaincre d'arrêter de polémiquer dans la presse. Puis Jean Smith a conclu la conversation en disant : "Je suis sûre qu'Ari est l'homme le plus aimable au monde. Il est aussi sans doute le plus riche. Que vous soyez vus ensemble risque d'être mal interprété. Et Bobby n'aura peut-être pas de deuxième chance." »

Pierre Salinger aura lui aussi, plus tard, l'occasion d'aborder le sujet avec RFK : « J'ai demandé à Bobby ce qu'il comptait faire concernant ce mariage s'il remportait l'élection. "Il faudra qu'elle me passe sur le corps pour épouser cet homme, a-t-il répondu. Je m'occuperai de ça en temps voulu." »

11

A la grande consternation de presque tout son entourage, Robert Kennedy fait campagne presque sans se soucier de sa sécurité, comme cela avait déjà été le cas lors des élections sénatoriales. Il s'abstient de solliciter la protection du Secret Service à laquelle il a droit, comme celle de la police locale, à qui il préfère des « gardes du corps » privés tels que l'ex-agent du FBI Bill Barry et l'ancien footballeur professionnel Roosevelt (Rosey) Grier, à qui il refuse le port d'une arme.

Ces décisions sont manifestement surprenantes et risquées, mais Bobby a bien sûr ses raisons. D'abord, il souhaite être perçu comme quelqu'un d'intrépide, quelqu'un que l'assassinat de son frère n'a ni effrayé ni intimidé ; ensuite, son style personnel est d'aller vers les gens, ce qui implique de réduire au strict minimum les obstacles entre lui et la foule ; et avec ce qui est arrivé à Jack, il y a belle lurette qu'il ne fait plus confiance au Secret Service. « Si quelqu'un veut m'avoir, il m'aura, avec ou sans le Secret Service », ne cesse-t-il de dire. Lorsqu'il était Président, JFK avait dit presque la même chose.

Pourtant, même après l'échec du Secret Service dans sa protection de John Kennedy, le choix de Bobby n'a pas beaucoup de sens. Les menaces de mort anonymes arrivent en si grand nombre et sont devenues si banales qu'il faudrait à J. Edgar Hoover une unité spéciale pour enquêter correctement sur l'origine des dizaines de courriers qui passent sur son bureau. Depuis l'annonce de sa candidature, le nombre de lettres d'injures a été multiplié par dix. La presse d'extrême droite a lancé un appel à prendre les armes : « RFK doit mourir ! » hurle en une un périodique de la Bible Belt[1]. A Washington, le FBI arrête un homme qui a usurpé l'identité de RFK, descend d'hôtel en hôtel avec de faux papiers et fait débiter le compte personnel de Kennedy de plusieurs milliers de dollars. A l'aéroport JFK de New York, un sans-abri est appréhendé après avoir suivi RFK jusqu'à sa porte d'embarquement, un calibre 44 dissimulé sous ses vêtements.

« En apprenant les deux arrestations – celle de New York et celle de Washington – par les journaux, je n'ai pas pu m'empêcher de songer à la sombre mise en garde que Jackie m'avait faite concernant Bobby, raconte Arthur Schlesinger. La mort semblait, en effet, flotter de toute part. »

« Il y avait dans la campagne quelque chose qui tenait de la folie, se souvient Ken O'Donnell. Bobby s'asseyait au fond de l'avion, enveloppé dans le vieux manteau de Jack, comme s'il était en train de communier avec son

---

1. L'expression « Bible Belt », littéralement « ceinture de la Bible », désigne les régions des Etats-Unis, dans le Sud et le Centre, qui comptent un grand nombre de chrétiens fondamentalistes.

frère défunt. Au sol, il insistait pour utiliser une décapotable, alors que c'est ainsi que JFK a été tué. Quand le
véhicule s'arrêtait, invariablement Bobby descendait
pour disparaître dans la foule. Chaque fois que je le pré-
venais des risques qu'il encourait, il répondait : "C'est le
genre de gens que j'aime." Je n'en pouvais plus. Un jour,
j'ai appelé Jackie pour lui demander d'essayer de
convaincre Bobby de rétablir la protection du Secret Service. "J'ai déjà essayé, Ken, m'a-t-elle répondu. Il ne le
fera pas." »

« J'avais parfois l'impression que Jack Kennedy était
revenu se présenter à la présidence sous les traits de son
frère, comme une réincarnation, confie Larry O'Brien.
Bobby ressemblait tant à Jack dans ses attitudes. Il mar-
chait par exemple avec une main dans la poche de sa
veste de costume. Il partageait également le goût de Jack
pour le danger. Rien ne l'intimidait. Je me souviens
d'avoir dîné avec lui dans un routier en périphérie
d'Omaha, dans le Nebraska, où il s'était présenté à la
primaire du 14 mai, la première après l'Indiana. Nous
discutions des chances qu'avait Nixon d'être désigné
candidat du Parti républicain cet été-là. De l'autre côté
de l'allée, dans un autre box, se trouvaient quatre "hom-
bres", de vraies brutes comme j'en avais rarement vu. Ils
ont commencé à nous interpeller. Ils étaient soûls. Deux
d'entre eux se sont levés et se sont avancés vers nous. Ils
cherchaient la bagarre, mais Bobby ne se laissait impres-
sionner par personne. "Les gars, pourquoi ne pas vous
calmer et retourner à vos places ?" leur a-t-il dit sans élever la voix, mais fermement. Et croyez-le ou non, c'est
exactement ce qu'ils ont fait. Malheureusement, c'est
cette même intrépidité qui va causer sa perte. Vous aviez

le sentiment – on l'avait tous – que, tôt ou tard, quelque chose allait lui arriver. »

RFK remporte la primaire du Nebraska, et les sondages le prédisent victorieux dans l'Oregon le 28 mai, en Californie et dans le Dakota du Sud le 4 juin, et à New York le 18. Malgré l'optimisme grandissant de Bobby, ses conseillers et ses responsables de campagne continuent à critiquer le fait qu'il refuse de prendre les précautions adéquates en matière de sécurité. Pierre Salinger, chargé avec Frank Mankiewicz des relations avec la presse pendant la campagne, a essayé de s'ôter de la tête l'idée d'un assassinat. Mais un jour, autour d'un verre, son vieil ami l'écrivain français et diplomate Romain Gary va lui dire :

« Tu sais, Pierre, ton gars va se faire descendre.

– Qu'est-ce qui te fait dire ça ? lui demande Salinger.

– Il représente pour l'Américain paranoïaque une trop grande tentation, lui répond le Français. Il est trop provocateur, trop riche, trop jeune, trop beau, trop photogénique, il a trop bien réussi et il est trop chanceux. Il éveille chez tous ceux qui font un délire de persécution un profond sentiment d'injustice. »

Quelques jours plus tard, Salinger prend les dispositions nécessaires pour que RFK dîne avec Romain Gary et sa femme, l'actrice Jean Seberg. Le sujet revient sur le tapis.

« Quelles précautions prenez-vous ? demande l'écrivain à RFK.

– Protéger un candidat en tournée électorale est impossible, répond Bobby. Absolument impossible. Il faut juste s'offrir aux gens et leur faire confiance. A partir de là, tout est en grande partie question de chance. »

Ils embrayent ensuite sur la politique française, et Bobby mentionne Charles de Gaulle. Il veut savoir combien de fois on a cherché à attenter à la vie du Président français.

« Six ou sept, chaque fois sans succès, lui dit Gary.

– C'est ce que je vous disais, de la chance, fait Bobby. On n'arrive à rien sans cette vieille salope de chance. »

George Plimpton se joint à la campagne de Bobby durant la troisième semaine de mai. Selon lui, Bobby est un désastre en devenir. « Mieux il s'en sortait dans les sondages, plus il semblait prêt à prendre des risques, analyse-t-il. Je traînais avec la presse, avec les gars dans le bus, et la mort revenait inévitablement sur le tapis. JFK et Martin Luther King disparus, cela coulait presque de source que quelqu'un essaierait d'ajouter Bobby à la liste. »

Un jour, se souvient Plimpton, le journaliste Jimmy Breslin demande à un groupe de reporters couvrant la campagne s'ils pensent que Bobby a ce qu'il faut pour aller jusqu'au bout. « Il a le truc, oui, répond John J. Lindsay, de *Newsweek*, mais il n'y arrivera pas. Parce que quelqu'un va le descendre. Je le sais comme vous… Quelqu'un l'attend quelque part avec une arme. »

Jackie s'en veut de ne pas être sur la route avec Bobby et son entourage, elle propose donc de se joindre à la campagne dans l'Oregon. Et offre même au candidat de le relayer dans le Dakota du Sud, où il n'a prévu de passer que quelques jours. Pour éviter toute anicroche avec Ethel, il conseille cependant à sa belle-sœur de ne rien en faire et de continuer ce qu'elle a entrepris. Les efforts de collecte de fonds de Jackie se poursuivent. En temps voulu, s'il est nommé candidat par son parti lors de la Convention nationale démocrate au mois d'août, qui doit avoir lieu à Chicago, ville tenue à l'époque par le maire Richard Daley, Bobby va avoir besoin d'un gros apport d'argent. Daley, un appui important de John F. Kennedy, a promis de soutenir tout aussi ardemment son jeune frère en cas d'investiture.

Jackie fait davantage pour la cause, se souvient Roswell Gilpatric, que juste lever des fonds. Elle a pris l'habitude d'envoyer à Bobby des copies de petits poèmes pleins d'humour qu'elle a écrits pour « le réconforter ». Elle transmet aussi à Adam Walinsky, chargé, avec d'autres, de rédiger les discours, des notes sur les informations à inclure dans les présentations du candidat. Elle fait parvenir à RFK des recettes de milkshakes énergétiques à base de fruits frais, de fruits secs, de céréales, de yaourt et d'œuf cru. « Jackie avait toujours une énorme affection pour Bobby, indique Gilpatric. Elle se faisait du souci pour lui. Elle avait la sensation qu'il en faisait trop. Ils se parlaient au téléphone tous les soirs, Jackie lui donnait toutes sortes de conseils de campagne. Non que Bobby en ait eu besoin, mais il écoutait et le plus souvent suivait ses suggestions. »

« Jackie lui rappelait sans cesse que pour espérer remporter une élection nationale, il devait élargir son audience au-delà des populations qui l'intéressaient en priorité – les personnes âgées, les pauvres et les gens privés du droit de vote. Elle l'encourageait au pragmatisme et au réalisme. Dire que la guerre au Vietnam devait cesser n'était pas suffisant ; il devait aussi expliquer concrètement comment il comptait la terminer. Elle s'intéressait à présent beaucoup plus à la politique que du vivant de Jack. Lors d'une réception chez Arlene Francis et son mari, le producteur de théâtre Martin Gabel, sur Park Avenue, elle a passé toute la soirée à comparer les mérites de RFK et d'Eugene McCarthy, expliquant que son beau-frère avait une plus grande chance de remporter l'élection que n'importe lequel de ses concurrents au sein du parti démocrate. »

Plus qu'Eugene McCarthy, le principal concurrent potentiel de RFK pour la première place sur le ticket démocrate demeure le vice-président Hubert Humphrey. Dans une lettre datée du 20 mai 1968, Jackie écrit à RFK : « Johnson, s'il doit apporter son soutien à quelqu'un, va probablement se prononcer pour Humphrey. Mais, même au mieux de sa forme, celui-ci paraît renfrogné, distant et pas complètement dans le coup – je ne crois pas qu'il représente pour toi une menace sérieuse. Il a des yeux globuleux et une voix grêle. Quand il parle, on dirait qu'il se noie. Les gens l'associent à un gouvernement impopulaire. Au final, il ne fera pas mieux que McCarthy. »

Dans l'Oregon, la campagne s'avère plus problématique que nul dans le camp de Bobby ne l'avait escompté. Dans tout l'Etat, il perd peu à peu son avance dans les sondages. Face à un électorat globalement à l'aise financièrement, en majorité blanc et qui, pour la plupart, travaille, ses discours sur la pauvreté, le racisme, le chômage et la faim sont une perte de temps. Après s'être adressé à un groupe d'employés d'une usine d'électronique en périphérie de Portland, Bobby dit à Fred Dutton : « Qu'est-ce qu'ils ont tous ces gens ? Ils ne sont

243

pas au courant de ce qui se passe – les émeutes sur les campus, l'agitation urbaine, la guerre au Vietnam ? Je ne comprends pas. » En apprenant ses soucis, Jackie fait parvenir un télégramme à Bobby. « Pour ton prochain discours là-bas, essaie de porter un sac à dos. Les gens de l'Oregon vont t'adorer. Le camping, c'est tout ce qui les intéresse. »

Dans ses discours de campagne dans l'Oregon, Eugene McCarthy, quant à lui, prend Bobby à partie, l'accusant d'être « un riche enfant gâté incapable de concourir sans son chien, son astronaute et les millions de son père ».

Bobby, dans son discours suivant, réplique alors sur le même ton. « Qu'il fasse part de son désaccord quant à John Glenn et l'argent de papa m'est égal, dit-il, mais ne mêlons pas Freckles à ça. Mon cocker anglais me suit partout. »

« Pour être franc, analyse George Plimpton, Freckles était parfois un compagnon plus adéquat qu'Ethel, car celle-ci pouvait se montrer très difficile, très irritable et se mettait souvent à crier pour un oui ou pour un non. Fred Dutton ne la supportait pas. Elle pouvait être une vraie plaie. Elle avait de la tension, je crois, et elle détestait l'avion. A un moment donné, je me suis dit qu'elle était peut-être maniacodépressive et avait besoin d'un traitement. Il s'est avéré plus tard qu'elle était une nouvelle fois enceinte, ce qui devait la perturber davantage encore. Je me souviens d'un jour en particulier où elle n'a pas cessé de se plaindre de sa coiffure. Voyager la faisait apparaître sous son plus mauvais jour. Heureusement, elle n'était pas en permanence sur la route avec nous. C'était bien plus simple pour tout le monde, et en particulier pour Bobby, quand elle n'était pas là. »

Dans l'Oregon, McCarthy arrive en tête avec 44,7 % des voix, contre 38,8 % pour Bobby. Qui est ébranlé. Le vrai vainqueur, dit-il à un journaliste, est Hubert Humphrey, « parce que McCarthy n'a pas la moindre chance d'obtenir le feu vert des démocrates ». Avant d'ajouter, plus léger : « Peut-être devrais-je envisager de renvoyer Freckles chez lui à Hickory Hill. »

Après la défaite dans l'Oregon, il semble presque impératif de remporter la primaire de Californie. Le 29 mai, Bobby fait le tour de Los Angeles, qu'il va surnommer « la ville de la résurrection » après y avoir retrouvé l'accueil extatique qu'on lui a régulièrement accordé avant l'Oregon. En Californie, qui compte une importante communauté afro-américaine et hispanique, il est dans son élément. Cesar Chavez a lancé une campagne massive d'inscription sur les listes électorales, et Jesse Unruh, l'éminent homme politique californien, a mis la machine démocrate locale au service de Bobby. Steve Smith prend en charge la moitié sud de l'Etat, avec un QG à Los Angeles, tandis que John Seigenthaler, conseiller de RFK, s'occupe du Nord depuis San Francisco. Avec son système électoral de « winner-take-all », qui assure au vainqueur de remporter l'intégralité des 174 délégués, la Californie est l'Etat le plus important dans le vote. Comme le dit Jackie, il représente « toute la fichue pizza ».

Tandis que Bobby et ses troupes parcourent l'Etat, tous les soirs, les informations télévisées déversent leurs images : soulèvements étudiants à Stanford, Berkeley, Chicago, Columbia ; Abbie Hoffman, le prince couronné de la sous-culture hippie/Yippie (Youth International Party, le parti international de la jeunesse) appelant à la suppression de l'enseignement supérieur ; l'organisation paramilitaire des Black Panthers menaçant d'écraser « l'Amérique qui croit en la suprématie de la race blanche ». Partout autour de Bobby, semble-t-il, le « Mouvement », comme on l'appellera plus tard, tournoie. Bobby est à la fois adulé par eux et la cible principale de leur hostilité.

« Toi et Freckles, lui écrit Jackie en Californie, êtes le meilleur espoir pour l'avenir. »

Le samedi 1er juin, Robert Kennedy et Eugene McCarthy se rencontrent à San Francisco pour un débat télévisé d'une heure. Les téléspectateurs ne vont noter entre eux que deux divergences majeures. D'une part, le remplacement de J. Edgar Hoover à la tête du FBI – promis par McCarthy mais pas par Bobby, trop au courant des dossiers sexuels compilés sur son compte et celui de sa famille. D'autre part, la politique urbaine, sujet sur lequel Kennedy va faire preuve d'une meilleure maîtrise que son adversaire. Tandis que McCarthy soutient que les familles d'immigrants du tiers-monde devraient être relogées hors des ghettos, Bobby appelle à la reconstruction des quartiers existants et veut lancer un programme similaire à celui de Bedford-Stuyvesant. A en croire l'édition du *San Francisco Chronicle* datée du lendemain, McCarthy, ce soir-là, « s'est fait laminer » par son adversaire.

Le 2 juin, Bobby et Ethel, accompagnés de six de leurs enfants, de Freckles et d'un cortège de conseillers, d'amis, de membres de la famille et de journalistes, descendent à l'hôtel Ambassador dans le centre-ville de Los

Angeles. Un bouquet de fleurs et un magnum de champagne attendent Bobby dans sa suite (la suite Royale, chambre 516, au 5ᵉ étage) accompagnés d'une note : « Les fleurs sont pour la chambre, et le champagne pour quand tu auras remporté la primaire. Jackie. » Plus tard le même jour, après avoir décrit les cadeaux à Pierre Salinger, Ethel dira : « Cette femme ne s'arrêtera donc jamais ? »

Lundi 3 juin, vingt-quatre heures avant le début du vote, RFK se lève à l'aube et va rejoindre ses conseillers pour une dernière tournée électorale de près de 1 800 kilomètres qui le conduira d'abord à San Francisco, puis à Long Beach, Watts, Venice, Santa Monica, San Diego, avant de redescendre sur Los Angeles. De l'aéroport de San Francisco, le cortège de véhicules part pour Chinatown. Kristi Witker, une future présentatrice de journal télévisé qui suit la tournée de campagne de Bobby depuis le début, se serre dans une voiture qui suit de près celle du candidat et de sa femme.

Elle décrit la scène à Chinatown comme « une masse bouillonnante et enflammée de gens se pressant sur Bobby, leurs mains saisissant sa main, plusieurs essayant de se jeter dans sa décapotable ». « C'était pour moi une expérience effrayante, se souvient-elle, mais Bobby adorait cette sensation de contact charnel qu'il conservait avec le public. J'ai mentionné tous les boutons de manchette qu'il avait perdus au cours de la campagne. "Nixon porte la même paire depuis 1945", a alors remarqué Dick Dragne, l'un des assistants attaché de presse de Bobby. Nous avons tous les deux ri. Puis il y a eu soudain plusieurs claquements secs qui ont sonné comme un écho à nos paroles et, autour de nous, tout s'est mis à tournoyer. Ethel, qui avait empoigné Bobby, l'avait fait se baisser à côté d'elle. Je me suis d'abord dit : "Mon Dieu, ça ne peut pas être ça – ça ne peut pas." Et ça n'était pas ça. "Ce sont des pétards !" s'est exclamé quelqu'un. Ethel et Bobby se sont redressés et les rues ont cessé de tournoyer. Mais je n'ai pas oublié cette âpre, très âpre, sensation de terreur. »

A chacune de ses étapes, Bobby est accueilli par des tonnerres d'applaudissements. Alors qu'il est debout sur un podium de fortune à Long Beach, un homme échevelé, avec une barbe de trois jours, court vers lui et crie : « Hey, monsieur Kennedy, qui a tué votre frère ? » Quand Rafer Johnson, le champion olympique de décathlon, dernière recrue de l'équipe de gardes du corps maison, vient s'interposer devant le podium, l'homme disparaît à nouveau dans la foule.

A leur arrivée à San Diego, le ciel clair a laissé place à la brume. La nuit est tombée sur l'hôtel El Cortez où Bobby doit prononcer un autre vibrant discours. Plus tard, tandis que les fidèles du parti et les employés travaillant sur la campagne font la fête jusqu'au cœur de la nuit dans la suite de RFK à l'hôtel Ambassador de Los Angeles, Bobby, Ethel et les enfants vont dormir à Malibu chez John Frankenheimer, ami de la famille et réalisateur, dont le film le plus célèbre est sans doute *Un crime dans la tête*.

Epuisé physiquement et mentalement, RFK va cependant veiller jusqu'à 2 h 30 et bavarder avec Frankenheimer dans son bureau. « Nous avons échangé des banalités en sirotant du scotch, racontera Frankenheimer en 2001. A un moment donné, Bobby a regardé sa montre et m'a demandé s'il pouvait passer un coup de fil à Jacqueline Kennedy. "Ne risquez-vous pas de la réveiller ?" lui ai-je demandé. Il était trois heures de plus à New York. "Elle attend mon appel", a-t-il dit. J'allais quitter la pièce, mais il m'a fait signe de rester. Ils ont parlé une dizaine de minutes, principalement de la campagne de JFK en 1960. "Jack ne pensait pas gagner, disait Bobby. Il ne pensait pas vivre très vieux ; il était atteint de la maladie d'Addison." Jackie a sans doute enchaîné sur quelque chose concernant Andy Warhol, abattu plus tôt dans la journée par une féministe folle du nom de Valerie Solanas, mais toujours en vie. Après avoir raccroché, Bobby m'a dit : "Vous étiez au courant pour Warhol ?" Je lui ai répondu que je l'avais appris dans la soirée par le journal télévisé. Il a secoué la tête plusieurs fois avant de dire : "Ce pays est devenu fou, complètement fou."

Le mardi 4 juin à midi, Jackie Kennedy fait son apparition au QG de campagne de RFK à New York. Debout à côté de Roswell Gilpatric, qui l'a accompagnée, elle pose pour les photographes. En arrière-plan, trône un poster de Robert Kennedy. Avec réticence, elle accepte de tenir une conférence de presse improvisée.

« Pensez-vous que Bobby va remporter la primaire de Californie aujourd'hui ? lui demande un journaliste.

– Je croise les doigts, dit-elle.

– S'il devient Président, s'enquiert un autre, va-t-il poursuivre le travail commencé par John F. Kennedy en son temps ?

– Il poursuivra certains des programmes du Président Kennedy, j'imagine. Mais je suis certaine, également, qu'il en entreprendra d'autres. Le pays est confronté à toute une série de nouveaux problèmes. »

Le même journaliste demande à l'ex-Première Dame si, pour elle, RFK mettra un terme à la guerre du Vietnam.

« Mettre fin à la guerre est l'un de ses objectifs principaux, répond-elle.

– Projetez-vous d'épouser Aristote Onassis ? crie un autre.

– Je suis ici aujourd'hui pour apporter mon soutien à la candidature du sénateur Robert F. Kennedy, dit-elle. Je n'ai pas songé à mes propres projets d'avenir. Je veux simplement voir Bobby gagner – d'abord la primaire de Californie, puis, espérons-le, la présidence. »

En déjeunant cet après-midi-là au Colony, Jackie dit à Gilpatric : « Bobby est différent de la plupart de ses contemporains en politique. Personne ne l'a préprogrammé ou fabriqué. Il n'a pas d'agence de relations publiques qui lui dit quoi dire et quoi faire. Bobby est Bobby. Il est authentique, il est un être humain. C'est lui, c'est tout. Même si l'on n'aime pas ses idées, il convient d'admirer son courage et la manière dont il se présente au monde. »

Plus tard cet après-midi-là, Jackie et Gilpatric se rendent à un rassemblement de soutien à Bobby devant le siège des Nations unies. Craignant de nouvelles questions sur sa relation avec Aristote Onassis, Jackie refuse de répondre à la presse.

Le 4 juin, Bobby et Ethel font la grasse matinée, tandis que leurs enfants jouent sur la plage privée devant le domaine des Frankenheimer, à Malibu. Le vent souffle fort, le ciel est couvert. La mer est agitée, ce qui n'empêche pas les enfants de passer leur temps à se jeter dans les vagues. En se réveillant, Bobby va les rejoindre. David Kennedy, qui va fêter ses 13 ans dans deux semaines, s'avance dans l'eau avec son père quand soudain une vague les enveloppe et les emporte dans ses remous. Ils disparaissent quelques instants interminables, et quand ils refont surface, Bobby tient son fils dans ses bras. David vomit de l'eau de mer et Bobby a l'arcade sourcilière fendue.

A l'heure du déjeuner, le candidat remonte jusqu'à la piscine à côté de la maison. Fred Dutton, le romancier Budd Schulberg et Richard Goodwin, qui rédige des discours, l'y rejoignent, avec Theodore White, qui couvre la campagne pour le magazine *Life*. Le repas terminé, Bobby remonte dans sa chambre se reposer quelques heures de plus. Aux alentours de 15 heures, Ethel demande à Bob Galland, le baby-sitter de 21 ans, et à Diane Broughton d'emmener les enfants au Beverly Hills Hotel, où ils vont passer la nuit dans deux bungalows. Galland fait manger les plus jeunes des petits Kennedy puis les confie à Diane Broughton, avant de ramener les aînés à leurs parents à l'Ambassador.

A 18 h 15, John Frankenheimer reconduit RFK et Fred Dutton à l'hôtel. Les résultats doivent arriver dans la suite de RFK, où les organisateurs de la campagne se sont installés pour, l'espèrent-ils, bientôt fêter le triomphe qui va catapulter leur candidat vers l'investiture. Tandis que sur la Santa Monica Freeway, le pied sur l'accélérateur, John Frankenheimer tente de réduire de moitié les quarante minutes qui les séparent de l'hôtel,

Dutton allume la radio. Les premiers sondages de sortie des urnes prédisent un triomphe pour RFK. « Hé, John, ralentis, demande Bobby. Je veux vivre assez vieux pour savourer ma victoire. »

RFK fait son entrée dans la suite du 5ᵉ étage à 19 heures, une heure avant la fermeture des bureaux de vote. Jean Kennedy Smith et Pat Kennedy Lawford sont déjà là, tout comme Richard Goodwin, Ted Sorensen, Jesse Unruh, Dave Hackett, Jimmy Breslin, Kristi Witker, George Plimpton, Chuck Spalding et d'autres. Tous ont un verre à la main et écoutent s'enchaîner les derniers résultats à la télévision. Un coup de fil de Malibu les prévient de l'arrivée imminente d'Ethel, partie vingt minutes plus tôt que prévu. Ted Kennedy, qui suit tout cela depuis San Francisco, appelle pour souhaiter bonne chance à son frère.

On a décoré de bannières, de ballons et d'affiches l'Embassy Room, vaste salle de bal située au deuxième étage de l'hôtel. A l'entrée, les invités se voient offrir des badges ornés de slogans : « All the Way with RFK », avec RFK jusqu'au bout, et « Kennedy Power », le pouvoir des Kennedy. La salle se remplit très vite de supporters, d'employés travaillant pour la campagne, de journalistes et d'équipes de télévision. Des deux côtés de la salle, des bars offrent gratuitement bière et vin. Quand CBS-TV annonce que RFK, visiblement, a gagné dans le Dakota du Sud avec une éclatante marge de 2 contre 1, on sort le champagne.

Dès la clôture des votes en Californie, les trois principales chaînes de télévision (CBS, NBC et ABC) donnent Bobby vainqueur. « Un large sourire est apparu sur son visage de petit garçon, raconte Plimpton. Et les hourrahs ont envahi la suite. Ethel s'est mise à sauter sur l'un des lits comme un petit enfant. Après avoir allumé un cigare, Bobby a accordé plusieurs brèves interviews par téléphone – entre autres à Sander Vanocur pour NBC et à Roger Mudd pour CBS. Quelqu'un a crié, d'une voix stridente : "On a gagné ! On a gagné !" Steve Smith et Fred Dutton ont passé deux heures à planifier la suite de la campagne. "Je ne pense pas qu'on aura du mal à remporter New York", a dit Smith. Vers 22 heures, Bobby m'a demandé d'appeler Jackie de sa part. Ethel étant là, il ne voulait pas le faire lui-même. J'ai donc quitté la pièce pour téléphoner de ma chambre, qui se trouvait au même étage. La ligne grésillait beaucoup, mais elle a saisi l'essentiel et m'a dit : "Dites à Bobby que je l'aime." Il se passait tant de choses à ce moment-là que je n'ai jamais pu transmettre son message." »

A 22 h 30, Bob Galland part raccompagner les enfants au Beverly Hills Hôtel. A 22 h 45, le visage d'Eugene McCarthy apparaît soudain à l'antenne ; dans un bref discours, il va à contrecœur reconnaître sa défaite, tout en promettant que « la bataille ne fait que commencer ». Une demi-heure plus tard, Pierre Salinger appelle Bobby pour lui dire qu'il peut descendre les rejoindre dans l'Embassy Room et prononcer son discours de victoire. Il ne fait à présent plus de doute qu'il a remporté la primaire californienne.

Kristi Witker va rejoindre RFK dans le couloir devant sa suite à 23 h 45. Lentement, son entourage se rassemble pour descendre à l'Embassy Room. En la voyant, il s'arrête et murmure : « Nous allons ensuite fêter ça au night-club Factory – tout le monde est invité. Voulez-vous venir ? » La victoire l'ayant rendue folle de joie,

Witker accepte sans se faire prier. « La soirée promettait d'être magnifique, dira-t-elle des années plus tard. Bobby était sur un petit nuage. »

Quand Bobby se présente devant la foule en liesse réunie dans la salle de bal de l'Ambassador, les résultats officiels lui donnent une nette avance de 5 % sur Eugene McCarthy. Debout derrière une rangée de micros montés sur une estrade d'un mètre de haut, il demande le silence avant de remercier Steve Smith, Cesar Chavez, Jesse Unruh, Rafer Johnson, Rosey Grier, Ted Kennedy, Freckles, Ethel (qui se tient à ses côtés), et le joueur de base-ball Don Drysdale, des Los Angeles Dodgers, qui le soir même a éliminé tous ses adversaires sans leur laisser toucher une balle, et ce pour la sixième fois consécutive – un record. En clôture de son discours de deux minutes et demie, il promet de rassembler une nation ravagée par « les divisions, la violence, la désillusion » qui se sont installées entre Blancs et Noirs, entre pauvres et moins pauvres, ou entre générations – nation ravagée aussi par la question de la guerre du Vietnam.

« Nous sommes un grand pays, conclut-il, un pays généreux, un pays de compassion… Alors merci à tous, et maintenant, à nous Chicago ! »

Sous les acclamations et les bravos, qui dureront cinq bonnes minutes, Bobby salue la foule, deux doigts levés en signe de paix. Puis il quitte l'estrade, un large sourire aux lèvres. Pierre Salinger a organisé une conférence de presse dans la Colonial Room, espace habituellement réservé à des événements de moindre ampleur. Pour éviter la bousculade, Bobby – qui connaît bien les lieux pour être déjà descendu dans cet hôtel plusieurs fois – décide d'emprunter un raccourci, d'abord par un étroit couloir puis en traversant les cuisines. Tandis que Bill Barry aide Ethel à descendre de l'estrade, RFK ouvre la marche et entre dans la cuisine. C'est alors que plusieurs coups de feu retentissent, suivis d'une avalanche de cris, et du bruit étouffé des gens courant en tous sens.

« Après le grand meeting de soutien à Bobby, le 4 dans l'après-midi, se souvient Roswell Gilpatric, je suis allé chez Jackie pour un souper préparé par son cuisinier ; George Plimpton nous a appelés de Californie pour nous annoncer la victoire imminente de Bobby. Jackie avait l'air ravie pour lui. Je suis rentré chez moi vers minuit. Je suis allé me coucher, sans parvenir à dormir. Vers quatre heures du matin, j'ai allumé la radio. Le commentateur était en train de mentionner "les coups de feu tirés sur Kennedy" et ma première réaction a été de me demander pourquoi, vu où l'on en était, ils évoquaient l'assassinat de Jack. J'ai vite compris, cependant, que ce n'était pas de Jack qu'ils parlaient mais de Bobby, qui avait apparemment été victime d'une fusillade à l'hôtel Ambassador. J'ai tout de suite appelé Jackie, elle était réveillée. Elle avait déjà appris la nouvelle, d'abord par Chuck Spalding qui était à Los Angeles, puis par Stas Radziwill, à Londres, qui s'apprêtait à prendre le premier avion pour New York. »

Jackie demande alors à Gilpatric de la rejoindre au plus vite. Il s'habille et saute dans un taxi pour se rendre au 1040 Cinquième Avenue. Caroline et John Jr. sont endormis et Jackie est au téléphone avec Ken O'Donnell, pour tenter d'obtenir des informations.

« Jackie voulait à tout prix partir pour la Californie, poursuit Gilpatric. J'ai donc appelé mon ami Tom Watson, le président d'IBM, pour savoir s'il pouvait nous prêter son jet privé et son équipage. "Absolument", m'a-t-il dit avant de nous rejoindre peu de temps après chez Jackie. Nous avons attendu qu'elle finisse de passer ses coups de téléphone et, à 10 h 30, nous sommes partis pour l'aéroport JFK dans la limousine de Tom. Jackie avait l'air en état de choc. "Ça n'est pas arrivé, ça n'est pas arrivé. Dites-moi que ça n'est pas arrivé" sont les seules paroles d'elle dont je me souvienne. Une fois à l'aéroport, néanmoins, elle a eu l'air de se reprendre. Elle a voulu attendre Stas Radziwill, pour qu'il l'accompagne en Californie. Quand il est arrivé, ils sont montés tous les deux à bord du jet et sont partis. »

A leur arrivée à l'aéroport international de Los Angeles, Chuck Spalding les attend.

« Qu'est-ce qui se passe, Chuck ? Ne me cache rien. Ne me raconte pas de conneries.

– Il est mourant », lui annonce Spalding.

Dans le taxi qui les conduit au Good Samaritan Hospital, où a été emmené le sénateur mortellement blessé, Spalding fait à Jackie un récit détaillé, en y incluant des informations que lui a communiquées la police.

Après son discours de victoire, Bobby Kennedy passe dans les cuisines, où il marque une pause pour serrer la main de garçons de salle mexicains. A hauteur d'un chariot porte-plateaux, il se trouve nez à nez avec le tireur, un Palestinien de 24 ans, mince et basané, qui porte un calibre 22. Chômeur vivant de l'aide sociale, Sirhan Sirhan a vécu neuf ans en Jordanie avant de s'installer en Californie : il reproche à RFK son soutien à Israël, en particulier lors de la guerre des Six Jours, l'année précédente.

« Kennedy, fils de pute ! » aboie-t-il avant de tirer. « Prenez-lui son arme ! Prenez-lui son arme ! » crie alors quelqu'un. Les balles volent en tous sens. Certains se mettent à courir en hurlant, tandis que d'autres restent figés d'effroi. George Plimpton se jette sur le tireur et attrape son arme, mais sans parvenir à lui faire lâcher prise. Huit balles ont été tirées, les trois premières ont atteint Bobby à bout portant, et cinq autres personnes sont blessées, mais aucune aussi gravement que Bobby. Rosey Grier, Rafer Johnson et trois autres parviennent à immobiliser Sirhan en le faisant basculer sur un comptoir chauffant, sans pour autant réussir à lui prendre son arme, qui semble être comme le prolongement de son bras. « Tuez-le ! Tuez ce salaud ! Maintenant ! » hurle quelqu'un. Prévenue par Jesse Unruh, la police arrive et se saisit de Sirhan par les poignets et par les chevilles avant de l'embarquer.

Selon le rapport de police, la fusillade a éclaté à minuit quinze, le mercredi 5 juin 1968. La première balle a atteint Bobby à la tempe droite pour aller se loger dans l'hémisphère droit de son cerveau ; les deux suivantes l'ont touché à l'aisselle pendant sa chute. Spalding, qui a suivi RFK dans la cuisine comme presque tout le reste de l'entourage, fait état de plusieurs bruits confus. Quelqu'un gémissait d'une voix presque inhumaine : « Oh non, oh non ! Pas encore ! Oh non ! » Et plus loin, Steve Smith criait : « S'il vous plaît, évacuez les lieux ! Pas de panique ! Tout va bien ! » Mais non, tout n'allait pas bien, évidemment.

Bobby est allongé par terre, dans une flaque de sang qui ne cesse de s'étendre. Il a les yeux ouverts. S'il ne semble pas reconnaître les gens autour de lui, il y a, dans son regard, de la résignation. « Eh bien, ils ont fini par m'avoir », semble-t-il dire. Le spectre d'un assassinat flotte dans l'air depuis des mois. C'était arrivé à Jack, ça pouvait tout aussi facilement arriver à Bobby. Ce moment, il l'a abordé maintes fois, avec maints interlocuteurs différents. C'était, parmi ses assistants et ses conseillers, l'un des sujets les plus récurrents. Pourtant, bien réel à présent, l'événement laisse tout le monde sous le choc.

Deux ambulanciers arrivent avec un brancard. « Ne me soulevez pas, ne me soulevez pas, murmure Bobby. Oh non, non… ne faites pas ça », insiste-t-il tandis qu'on le hisse sur le chariot avec précaution. Très vite, il va perdre conscience – définitivement.

Ethel Kennedy et Fred Dutton se sont assis à l'arrière de l'ambulance qui fonce vers Central Receiving Hospital, où les médecins vont désespérément essayer de stabiliser Bobby. Comprenant que leurs efforts sont inutiles, ils recommandent un transfert vers le Good Samaritan Hospital, plus grand et mieux équipé, qui se trouve à moins d'un kilomètre. Avant d'autoriser son déplacement, Ethel insiste pour qu'on fasse venir deux prêtres afin de lui administrer les derniers sacrements. Il ne sera transféré qu'après et, dès son arrivée, transporté d'urgence dans la salle d'opération du 9e étage. L'électroencéphalogramme est plat et les signes vitaux extrêmement faibles, les médecins ont donc peu d'espoir de voir Bobby survivre. A 3 h 15 du matin, une équipe de cinq chirurgiens, dirigée par le docteur Henry Cuneo, se lance dans une intervention qui va durer quatre heures, leur ultime effort pour sauver la vie de leur patient. A 7 h 25, Frank Mankiewicz, qui a organisé une conférence de presse dans l'enceinte de l'hôpital, informe les journalistes que même si les chirurgiens sont parvenus à retirer presque tous les fragments de balle qui avaient pénétré dans le cerveau de RFK, les fonctions vitales sont à tel point affaiblies que les espoirs d'une amélioration sont maigres. Au fil de la journée, la situation empire. De « critique », son état est déclaré « extrêmement critique ». Au service des soins intensifs, Bobby est sous assistance respiratoire.

Mercredi en fin d'après-midi, après s'être frayé un chemin entre les cordons de police, les caméras de télévision, les projecteurs, les vigiles armés, les journalistes et la foule de curieux, Jackie Kennedy, Stas Radziwill et Chuck Spalding arrivent au Good Samaritan Hospital. Ils montent dans la salle d'attente du 9ᵉ étage, où se trouvent déjà bon nombre des membres de la famille et des amis qui s'étaient rassemblés dans la suite de Bobby à l'hôtel Ambassador, la veille, pour l'annonce des résultats. Jean Smith et Pat Lawford prennent Jackie dans leurs bras, puis c'est au tour de Steve Smith et de Ted Kennedy. Teddy est arrivé de San Francisco tôt ce matin-là, c'est lui qui a appelé Hyannis Port pour annoncer la triste nouvelle à Joe et Rose Kennedy ; il prend Jackie par la main et la guide le long du couloir blanc jusqu'au service des soins intensifs. La main de Bobby dans la sienne, Ethel est assise sur le lit à ses côtés et lui chuchote quelque chose dans le creux de l'oreille. Il ne réagit pas. Des tuyaux connectent le blessé à un équipement médical dernier cri. Il a la tête bandée et le tour des yeux meurtri. La machine respire pour lui, insuffle de l'oxygène dans ses poumons inertes. En apercevant sa belle-sœur dans la chambre, Ethel lui tend les bras. « Jackie, lui dit-elle. Je suis si contente que vous soyez là. »

Jackie, comme elle le racontera plus tard à Pierre Salinger, est surprise par la chaleur et la cordialité de son accueil. Ethel va même la laisser seule dans la chambre avec son mari agonisant. « Vous avez fait tout ce chemin, sans doute voulez-vous passer un peu de temps seule avec Bobby », dit-elle.

A mesure que le temps passe, amis et employés se font de plus en plus nombreux à l'hôpital, la salle d'attente est pleine, elle déborde jusque dans les couloirs. « Steve Smith a appelé un magasin de spiritueux des environs, raconte Pierre Salinger, et il a fait livrer une douzaine de bouteilles d'alcool. Un interne nous a fourni des gobelets et de la glace, et nous nous sommes tous soûlés. On avait besoin d'un remontant, vous comprenez. La mort de Bobby sonnait le glas des espoirs et des prières qu'on avait tous faites. Puis trois de ses enfants – Kathleen, Joe et Bobby Jr. – sont arrivés pour voir leur père. La piteuse expression sur leurs visages était éloquente.

Vers 21 heures, Frank Mankiewicz publie un nouveau communiqué de presse faisant état du découragement de l'équipe médicale face à l'absence d'amélioration post-chirurgicale.

Mankiewicz s'assied ensuite près de Jackie et de Jean Smith. « L'Eglise nous enseigne le pardon, dit cette dernière, mais parfois, je me pose des questions. D'abord, Jack et puis maintenant, Bobby. Je ne crois pas qu'il va s'en sortir. »

Jackie répond alors : « C'est au moment de la mort que l'Eglise remplit le mieux son rôle... L'Eglise catholique comprend la mort. Et je vais vous dire qui d'autre comprend la mort : les Eglises noires. Je me souviens qu'aux obsèques de Martin Luther King, en regardant tous ces visages, j'ai compris qu'ils savaient ce qu'était la mort. Ils la voient sans arrêt et y sont préparés... de la même manière qu'un bon catholique. Nous connaissons la mort. D'ailleurs, s'il n'y avait pas les enfants, nous l'accueillerions les bras ouverts. »

A 12 h 45, jeudi 6 juin, les médecins de RFK convoquent Ethel, Jean, Pat, Teddy et Jackie. Ils leur rappellent que, depuis le début, le sénateur est en état de mort cérébrale. Il est maintenu artificiellement en vie.

« Y a-t-il le moindre espoir de guérison ? demande Jackie.

– Aucun, répond le docteur Cuneo.

– Qu'essayez-vous de nous dire ? s'enquiert Ethel.

– Ce que je dis, c'est qu'en maintenant le sénateur Kennedy sous respiration artificielle, nous ne faisons que reporter l'inéluctable. Mais ni moi ni un autre médecin ne pouvons vous dire quoi faire. »

Ethel fait un mouvement pour s'éloigner du groupe.

« Je ne vais pas tuer Bobby, dit-elle. Je ne vais pas le faire. »

Selon Richard Goodwin, arrivé à l'hôpital parmi les premiers, Jackie est finalement celle qui va ordonner l'arrêt des appareils. « Personne d'autre n'avait le courage de le faire, raconte-t-il. Le pauvre était allongé là, sa poitrine se soulevant à un rythme régulier – ces machines qu'ils ont peuvent vous garder indéfiniment en vie. Son électroencéphalogramme était plat, mais les médecins n'osaient pas débrancher le respirateur. Ethel n'était pas en état de faire quoi que ce soit. Elle était allongée contre lui à gémir. Teddy, lui, priait à genoux au pied du lit. »

A 1 h 20, Jackie demande à voir le docteur Cuneo. A son arrivée, elle dit :

« Nous souhaiterions arrêter le respirateur.

– Vous exprimez-vous au nom de la famille ? demande le médecin.

– Oui », dit-elle.

Le médecin lui tend alors un formulaire de consentement, qu'elle signe sans hésitation avant de retourner au service des soins intensifs. « Il est temps de laisser partir Bobby », dit-elle. Teddy et Ethel finiront par la remercier d'avoir fait ce qu'ils étaient incapables de faire. Un aide-soignant vient arrêter la machine. Bobby, qui continue à respirer sans assistance l'espace de quelques minutes, va s'éteindre peu à peu.

Frank Mankiewicz se charge de l'annonce officielle : Robert Francis Kennedy est décédé à 1 h 44, le jeudi 6 juin 1968, vingt-cinq heures et trente minutes après que Sirhan Sirhan lui a tiré en pleine tête. Il avait 42 ans.

12

Aussitôt après le décès de Robert Kennedy, une autopsie est réalisée dans le sous-sol du Good Samaritan Hospital par le médecin-chef légiste du comté de Los Angeles, Thomas Noguchi, le même qui, six ans plus tôt, s'est occupé de l'autopsie de Marilyn Monroe. RFK ayant été victime d'un homicide, des représentants de la police de Los Angeles, du bureau du shérif du comté, du Secret Service et du FBI vont y assister.

« Mort, Bobby Kennedy a enfin bénéficié du genre de protection qu'il aurait dû avoir de son vivant », constate Mort Downey Jr. qui, habitant Los Angeles à l'époque, s'était investi dans la campagne de RFK en Californie. « Rosey Grier, Rafer Johnson et les autres étaient pleins de bonnes intentions, mais ils ne disposaient ni de la formation ni de l'expérience adéquates. Bobby aurait dû soit se doter d'une équipe de sécurité digne de ce nom, soit accepter la protection du Secret Service, accordée sur demande à tous les principaux candidats à la prédence. Qu'il ne l'ait pas fait a ajouté foi au sentiment largement répandu que Bobby souhaitait mourir.

Personnellement, je n'y crois pas. Certes, Bobby était imprudent, mais il n'était pas suicidaire. »

En apprenant le décès de RFK, Aristote Onassis appelle Costa Gratsos : « Jackie est enfin libérée des Kennedy ; le dernier lien vient de rompre », se réjouit-il. Plus impitoyables encore seront ses propos à Johnny Meyer, peu de temps après : « Un jour ou l'autre, quelqu'un allait régler son compte à ce petit enfoiré. »

Lyndon Johnson, qui partage le mépris d'Ari pour RFK, va malgré tout dépêcher Air Force One à Los Angeles pour le transport de la dépouille mortelle. Après avoir aidé au chargement du cercueil dans l'appareil, Ted Kennedy passera tout le trajet auprès de son frère, seul. Dernier des quatre fils de Joseph P. Kennedy à être encore en vie, il vient de prendre la tête de l'une des familles les plus illustres (et les plus infortunées) d'Amérique – responsabilité à laquelle il n'a pas été complètement préparé.

Quant à Jackie et Ethel, assises côte à côte dans l'avion, c'est à peine si elles vont échanger quelques mots. « Qu'aurais-je bien pu lui dire ? se demandera plus tard Jackie, dans une conversation avec Roswell Gilpatric. Moi aussi, après tout, j'avais fait le même voyage, dans ce même avion, moins de cinq ans plus tôt. Je me sentais terriblement mal – pour Ethel et, honnêtement, pour moi-même. »

Avant d'embarquer, Jackie a appelé Leonard Bernstein à New York. Elle veut qu'il lui recommande des morceaux de musique pour les obsèques. Elle le rappelle ensuite au cours du vol pour connaître ses suggestions et en discuter. Puis elle téléphone à Roswell Gilpatric. « S'il te plaît, dis-moi, demande-t-elle, que tout cela n'est qu'un mauvais rêve, que je vais me réveiller et que tout ira bien de nouveau. »

A 21 heures, soit six heures après avoir décollé de Los Angeles, Air Force One atterrit à l'aéroport LaGuardia de New York et le corps de Bobby est acheminé jusqu'à la cathédrale St. Patrick sur la Cinquième Avenue. Tandis que des milliers d'anonymes affluent sur les lieux, Ethel, Teddy, Jackie et d'autres membres de la famille sont conduits à l'intérieur. Ted va passer la nuit près de son frère ; Jackie, elle, restera une heure avant de rentrer retrouver Caroline et John.

Le 7 juin à 5 heures du matin, le public est autorisé à venir lui rendre un dernier hommage devant le cercueil fermé en acajou. Sur le trottoir, la queue s'étire sur plus de deux kilomètres. La procession ne s'achèvera qu'à 5 heures le lendemain matin. Les derniers de la file auront patienté près de huit heures avant de pénétrer dans la cathédrale.

Ethel, qui souhaite se faire prescrire un puissant sédatif, demande à Jackie d'appeler Henry Lax, son médecin personnel.

« Pourquoi un sédatif ? s'enquiert alors le médecin.

— Elle ne veut pas pleurer pendant la cérémonie, lui répond Jackie.

— Et pourquoi devrait-elle s'en priver ? fait alors remarquer Lax. Vu les circonstances, il n'y a rien de plus normal et de plus naturel. Pleurer est beaucoup plus sain que de tout garder pour soi. »

Mais le médecin finit par céder, non sans soupçonner Jackie d'avoir également l'intention de profiter de l'ordonnance.

A 10 heures le samedi 8 juin, une messe pontificale de requiem est célébrée sous la présidence du cardinal Richard Cushing, assisté par le nouvel archevêque de New York, Terrence Cooke, ainsi que par un représentant du pape Paul VI. Plus de deux mille personnes ont été conviées à la cérémonie, parmi lesquelles Lyndon et Lady Bird Johnson, Hubert Humphrey, Eugene McCarthy, Richard Nixon, Nelson Rockefeller, Averell Harriman, Barry Goldwater, Cary Grant, Coretta Scott King, Ralph Abernathy et toute la famille Kennedy. Dehors, une foule en deuil de plus de cent mille personnes encore sous le choc et souvent en larmes s'est rassemblée autour de la cathédrale, bloquant la circulation dans tout le quartier de Midtown.

La messe va durer deux heures. Placé sous la direction de Leonard Bernstein, l'orchestre interprétera la *5ᵉ Symphonie* de Mahler. Andy Williams chantera *The Battle Hymn of the Republic*, chant patriotique américain datant de la guerre civile qui demandait la libération des esclaves du Sud. Dans son éloge funèbre, après avoir évoqué l'amour que sa famille vouait à son frère, le sénateur Ted Kennedy lira des extraits du discours anti-apartheid prononcé par RFK lors d'une brève visite en Afrique du Sud en 1966, puis il conclura par un texte rédigé pour l'occasion par Milton Gwirtzman, avocat washingtonien et conseiller de RFK au Sénat. « Mon frère n'a pas besoin d'être idéalisé, ni ennobli dans la mort au-delà de ce qu'il était dans la vie, dira-t-il d'une voix tremblante. Il doit simplement demeurer dans notre souvenir comme quelqu'un de bien et de bon, qui voyait le mal et voulait le changer en bien, qui voyait les souffrances et voulait les guérir, qui voyait la guerre et voulait y mettre un terme. Nous qui l'aimions et qui, aujourd'hui, sommes là pour l'accompagner vers sa dernière demeure, prions pour que ce qu'il fut pour nous et ce qu'il souhaitait pour les autres se réalise un jour dans le monde entier. Comme il l'a maintes fois dit en maints endroits de ce pays, à ceux qu'il a touchés et qui eux-mêmes cherchaient à le toucher : "Il est des hommes qui, voyant les choses telles qu'elles sont, se disent : pourquoi ? Moi, rêvant de choses qui n'ont jamais été, je me dis : pourquoi pas ?" »

Après la cérémonie, Jackie croise Lady Bird Johnson qui, dans *A White House Diary*, écrira : « Puis je me suis trouvée devant Mme Jacqueline Kennedy. Je l'ai appelée par son nom avant de tendre la main. Elle m'a regardée comme si j'étais une apparition très lointaine. J'ai murmuré quelques mots pour lui exprimer mon chagrin et j'ai poursuivi ma route... »

Roswell Gilpatric, lui aussi aux obsèques, attribue l'attitude de Jackie à son « chagrin » et au fait qu'elle était « absorbée dans ses pensées ». « Elle venait, raconte-t-il, de perdre celui dont elle tirait sa force et sa sécurité. On lui avait enlevé Bobby Kennedy. Quand nous sommes montés à bord du train de vingt et un wagons affrété pour acheminer la dépouille de Bobby jusqu'à Washington, elle avait commencé à reprendre ses esprits, mais pendant la cérémonie, en revanche, elle était vraiment folle de douleur. En moins de cinq ans, elle avait perdu son mari et l'homme qui était sans doute l'amour de sa vie. »

En quittant la cathédrale, Jackie remarque William Manchester dans la foule. « Quand Bobby a annoncé sa candidature à la présidence pour la première fois, j'avais publiquement fait part de mon soutien et participé financièrement à sa campagne, indique l'auteur de *Mort d'un Président*. Aux obsèques, quand Jackie m'a vu, elle s'est avancée vers moi. "Après tous les embêtements que Bobby et moi vous avons causés à propos de ce livre, m'a-t-elle dit, j'ai trouvé extrêmement généreux de votre part de lui avoir apporté votre soutien. Je tiens à vous en remercier." Elle m'a plus tard écrit plus ou moins la même chose. »

Avant de monter dans le train, Jackie croise Robert McNamara. Succombant soudain à un ultime accès de chagrin, elle se met à pleurer. McNamara la prend alors dans ses bras et la laisse sangloter contre son épaule. Consciente qu'on la regarde, Jackie se reprend peu à peu. McNamara l'aide alors à monter et reste quelque temps auprès d'elle.

Des dizaines de milliers d'hommes et de femmes, jeunes et vieux, riches et pauvres, noirs et blancs, se sont massés tout le long du trajet vers la capitale. Larry O'Brien se souvient d'Ethel et de Jackie en train de remonter les wagons ensemble ; Ethel a l'air hébétée, à bout de nerfs, tandis que Jackie, digne et glaciale comme à l'accoutumée, semble anticiper les mouvements du train, en s'arrêtant au moindre à-coup ou en s'agrippant à Ethel de manière à ne pas perdre l'équilibre ou se blesser.

Sous sa froideur de reine, Jackie est accablée par la peur et la colère, une colère qui va rapidement se muer en amertume. Si l'Amérique a eu des droits sur elle après la mort de JFK, à présent elle les a perdus. Les coups de feu qui ont tué Bobby sont venus à bout des doutes qu'elle pouvait avoir et de l'obligation qu'elle ressentait de prendre en compte les retombées éventuelles de ses actes sur la carrière politique des Kennedy. Etait-ce bien important, une fois encore, de savoir qui avait tiré, et pour quelle raison tordue ?

A leur arrivée à Washington, Ethel, Jackie et le reste de la famille de Bobby accompagnent le corps jusqu'au cimetière national d'Arlington, sa dernière demeure. Certains des enfants portent des fleurs, d'autres des cierges. La cérémonie d'inhumation privée va durer un quart d'heure. Ce sera aussi la seule dans l'histoire du cimetière à se tenir de nuit. Sur la suggestion de Jackie, Ethel a demandé à ce qu'il n'y ait pas de présence militaire – pas de soldats pour porter le cercueil, pas de salves de fusil.

En présence de la famille Kennedy seulement, qui se tient immobile et silencieuse, l'archevêque de La Nouvelle-Orléans, Philip M. Hannan, célèbre une dernière brève liturgie d'inhumation. John Glenn, qui a porté le cercueil, plie ensuite le drapeau qui couvrait le couvercle durant le trajet en train et le tend à Ted Kennedy. Lequel le fait passer à Joe Kennedy, le fils aîné du candidat assassiné, qui lui-même le confie à sa mère. La fanfare de l'Université d'Harvard interprète *America*. Avant la mise en terre sous un magnolia, à moins de vingt mètres de la tombe de John F. Kennedy et de la flamme éternelle, les nombreux membres de la famille, adultes et enfants, s'agenouillent un par un devant le cercueil pour y déposer un baiser. Quelques mois plus tard, on installera sur la sépulture sans ornement de Robert F. Kennedy une simple croix de bois blanc.

« Je hais ce pays, confiera Jackie à Pierre Salinger le lendemain de la cérémonie. Je méprise l'Amérique, et je ne veux plus que mes enfants y vivent. Puisqu'on tue les

Kennedy, mes enfants sont des cibles. Il faut que je quitte ce pays. »

Un faire-part de mariage en une du *New York Times* n'aurait pas été plus parlant. Jackie n'a plus d'autre choix. Et sa décision d'épouser enfin Aristote Onassis, elle l'a, dans un sens, prise sur la tombe de Bobby.

Le 20 octobre 1968, après un long marchandage sur les termes du contrat de mariage, Jacqueline Kennedy et Aristote Onassis vont s'unir en présence de leurs enfants. La cérémonie grecque orthodoxe est célébrée dans une petite chapelle sur Skorpios, l'île privée d'Ari. Ce jour-là, de manière plutôt déplacée, Jackie offre à son nouvel époux une montre-bracelet ayant appartenu à JFK. Comme Bobby l'avait souvent prédit, ce mariage va donner lieu à un déchaînement médiatique international qu'un titre de une du *Los Angeles Times* illustre à merveille : « Jackie nous trahit ! » Pour Joan Thring, une belle Australienne qui a été l'assistante personnelle de Rudolf Noureiev et s'est liée d'amitié avec le couple, le mariage est une « véritable transaction commerciale ». Selon George Smathers, par ailleurs, épouser Onassis est surtout pour Jackie une façon de se venger des autres femmes Kennedy, qui n'ont jamais cessé de faire étalage de leur pouvoir et de leur richesse.

Si Jackie demeure une légende vivante, aux yeux des Américains, Ethel est désormais la veuve « officielle ». Jackie finira par retrouver grâce aux yeux de ses concitoyens, mais pour l'instant, perçue comme la victime de sa propre cupidité, elle est une femme déchue. Par ce mariage, en revanche, Lady Bird Johnson va se trouver affranchie de la présence et de l'influence de l'ex-Première Dame. « Je me sens soudain libre, confie-t-elle au photographe Cecil Stoughton. Je n'ai plus d'ombre qui me suit dans les couloirs de la Maison Blanche. »

Après son mariage, Jackie écrit à Rose une lettre dans laquelle elle parle de Jack et de Bobby, sans presque évoquer son nouveau mari. « J'ai toujours pensé que Jack était hanté par le drame que représente la mort d'hommes jeunes », écrit-elle, avant de raconter que peu après leur mariage, elle a fait découvrir à Jack un poème d'Alfred Lord Tennyson, *Ulysse*. « Plus tard, j'ai montré le poème à Bobby et il en est tombé amoureux, ajoute-t-elle. Souvent, dans ses discours, il a repris ces vers : "Allons amis / Il est encore temps de chercher un monde nouveau." Le message de Bobby, son rêve, c'était vraiment cela, n'est-ce pas ? »

Le décès de Robert Kennedy va changer le cours de l'histoire. En août 68, au terme de la Convention nationale démocrate de Chicago, entachée par des manifestations de violence, Hubert Humphrey est officiellement désigné candidat du parti dans la course à la Maison Blanche. Il est battu trois mois plus tard par Richard Nixon, dont la présidence controversée verra la guerre du Vietnam faire rage pendant encore quatre ans, la guerre froide s'intensifier, l'agitation urbaine et les manifestations dans les universités connaître une escalade, comme sur le campus de Kent State, dans l'Ohio, où quatre étudiants seront abattus. Les scandales politiques s'enchaîneront jusqu'à atteindre leur paroxysme avec le Watergate et la piteuse démission de Nixon, auquel vont succéder l'inertie de l'administration de Gerald Ford, puis l'infortune de Jimmy Carter.

Rory Elizabeth Katherine Kennedy, onzième et dernière enfant de RFK et Ethel Skakel Kennedy, naîtra le

12 décembre 1968, six mois après la mort de son père. Ethel, qui n'a pas la force de caractère de Jackie, ni la même confiance en elle, ne se remettra jamais entièrement de la perte de son mari. Présentée par des membres de la famille comme un « parent absent », elle va de nouveau être confrontée au malheur avec la mort de deux de ses fils (David en 1984 et Michael en 1997), tandis que plusieurs autres de ses enfants se débattront avec des problèmes de drogue et d'alcool.

Si elle a un temps souhaité élever Caroline et John loin des Etats-Unis, Jackie va rapidement changer d'avis. Début 1969, elle revient vivre à New York à plein temps avec ses enfants. Désabusé par son mariage, Ari ne tarde pas à reprendre sa liaison avec Maria Callas. De Jackie, il dira à Costa Gratsos qu'« elle n'est qu'une croqueuse de diamants » et se plaindra à Johnny Meyer qu'« elle n'arrête pas de parler de Bobby Kennedy ». Après la mort aux commandes d'un avion en 1973 de son fils de 24 ans, Alexander Onassis, il accusera sa femme d'indifférence. Ari, qui veut divorcer, consultera à plusieurs reprises l'avocat Roy Cohn. Mais il mourra le 15 mars 1975, avant d'avoir pu entamer la procédure de séparation. Avec l'aide de plusieurs avocats, Jackie parviendra à faire casser le contrat de mariage et percevra 26 millions de dollars qu'elle fera peu à peu fructifier, pour se retrouver à la tête d'une fortune de plus de 150 millions de dollars.

Dix mois après l'assassinat et au terme de quatre-vingt-dix jours de procès, Sirhan Sirhan sera reconnu coupable de meurtre avec préméditation et condamné à la peine de mort. Sans jamais en révéler les raisons, Ted Kennedy tentera d'obtenir une commutation de peine auprès du bureau du procureur du district de Los Angeles. Sirhan Sirhan, de son côté, fera appel pour solliciter la clémence. Mais la peine de mort sera abolie par la Cour suprême de Californie avant la fin de la procédure et la peine de Sirhan sera dès lors commuée en détention à perpétuité.

Après les obsèques de Bobby, plus jamais Jackie ne mentionnera les noms de Lee Harvey Oswald ou de Sirhan Sirhan. « Même si je n'y parviens pas toujours, dira-t-elle à Arthur Schlesinger, j'ai toujours fait de mon mieux pour repousser les idées noires. » En revanche, elle prendra plaisir à évoquer JFK et RFK. Il lui arrivera, sur le ton de la plaisanterie, de qualifier de *Nude Frontier*, « Frontière nue », la notion de *New Frontier*, « Nouvelle frontière » chère à Jack. Sur un ton plus sérieux, elle confiera à Carl Killingsworth que de tous les frères Kennedy, « Bobby était le préféré de son père. Mon préféré également ».

Au fil des ans, Jackie va se consacrer surtout à Caroline et John. « Rien dans la vie ne compte davantage que de réussir l'éducation de ses enfants », dira-t-elle un jour. En 1977, après plusieurs liaisons de courte durée, elle se mettra à fréquenter Maurice Tempelsman, un diamantaire d'origine belge en liens étroits avec les pays émergents africains. Juif, marié et père de trois enfants déjà grands, Tempelsman va quitter sa femme pour s'installer dans l'appartement de la Cinquième Avenue. Parce qu'elle tient à « rester occupée », Jackie deviendra éditrice, d'abord chez Viking Press, puis chez Doubleday. Elle et Tempelsman passeront leurs week-ends et leurs vacances à Martha's Vineyard, où Jackie a fait construire une villa immense sur plus de 175 hectares en bord de mer. Elle apparaîtra encore régulièrement en public pour soutenir différentes causes choisies avec soin. Elle continuera à fréquenter le reste de la famille Kennedy, mais principalement lors d'événements officiels et commémoratifs.

En mai 1993, elle apprendra qu'elle est atteinte d'une forme virulente de cancer, le lymphome anaplasique à grandes cellules. Elle décédera chez elle, à New York, le 19 mai 1994, à l'âge de 64 ans. Et son voyage s'achèvera au cimetière national d'Arlington, où elle, son mari et son beau-frère se trouveront à nouveau réunis, enfin et pour toujours.

Notes

Lorsque cela était possible, l'auteur a inséré dans le corps du texte les informations concernant ses sources. Les notes ci-après, classées par chapitre, permettront de les compléter et offriront au lecteur des précisions sur les sources primaires et secondaires. Est également incluse une liste par chapitre des personnes interviewées. La plupart des entretiens ont été enregistrés et réalisés en face à face ou par téléphone ; lorsqu'un enregistrement était impossible, l'auteur s'est appuyé sur ses notes manuscrites et sur la présence, lors de l'entretien, d'un deuxième intervieweur. Dans une large mesure, l'auteur s'est servi d'interviews réalisées spécialement pour ce livre ; moins souvent, il a utilisé des entretiens réalisés dans le cadre de l'une de ses trois précédentes biographies des Kennedy, dont on trouvera les titres dans la bibliographie ci-après. Les interviews sont, pour la plupart, consultables dans les archives personnelles de l'auteur, au département des collections spéciales de la bibliothèque de l'université de l'Etat de New York, sur le campus de Stony Brook. Il est également important de noter que dans les notes ci-après, ont été insérés quelques commentaires éditoriaux ne figurant pas dans le corps du texte.

275

Bobby et Jackie

CHAPITRE 1

[p. 23] « *Oh, Bobby* » : William Manchester, *Mort d'un Président*, p. 429.

[p. 24] « *Oh, mon Dieu* » : entretien avec Arthur Schlesinger Jr.

[p. 25] « *Vous avez au moins* » : *ibid.*

[p. 26] « *Chaque fois que mes yeux se posent* » : entretien avec Dave Powers.

[p. 32] « *Et si on allait rendre visite à notre ami ?* » : Manchester, *op. cit.*, p. 686.

[p. 32] *Tandis que Clint Hill prévient Arlington* : *ibid.*, p. 686.

Les récits oraux suivants, issus du fonds documentaire de la bibliothèque présidentielle John F. Kennedy, à Boston, Massachusetts, ont été consultés pour ce chapitre : George Burkley et John McCone.

Entretiens de l'auteur pour ce chapitre : Dave Powers, Ken O'Donnell, Mac Kilduff, Godfrey McHugh, William Manchester, Pierre Salinger, Arthur Schlesinger Jr., Mort Downey Jr., Larry O'Brien, Cecil Stoughton, Jack Valenti, Robert McNamara, Janet Auchincloss, Charles Spalding, Angier Biddle Duke, Peter Lawford, Marianne Strong, Peter Duchin, Courtney Evans, Burton Hersh et Mike Mansfield.

CHAPITRE 2

[p. 42] *Jayne Mansfield* : il arrivait à Jackie de se montrer moqueuse à l'égard de certaines des maîtresses de JFK. Maîtresses parmi lesquelles figurait la célèbre femme fatale et actrice Jayne Mansfield. Au milieu de l'année 1961, Mansfield va confier à un journaliste du *Los Angeles Times* qu'elle veut qu'on se souvienne d'elle pour son intelligence et non pour son corps. L'article en question a, en décembre 1962, inspiré Jackie pour une lettre qu'elle a adressée à Bill Walton (cf. documents personnels de William Walton, Bibliothèque présidentielle JFK), dans laquelle elle écrivait : « Jayne Mansfield veut qu'on se souvienne d'elle pour son intelligence ; eh bien moi, qui viens de recevoir plusieurs livres d'art pour Noël, je veux qu'on se souvienne de moi pour le cadeau que j'ai préféré : un maillot de bain en plastique coupé au-dessous du nombril. Que je porterai au vernissage du Centre culturel national. » Le maillot était un cadeau que Walton, un homosexuel, avait fait à Jackie cette année-là pour Noël, en guise de plaisanterie. Jackie concluait sa lettre par : « Plein de baisers et merci mille fois, Jackie qui t'adore. »

[p. 44] « *Merci Bobby* », entretien avec George Smathers.

[p. 45] *William Holden*, Peter Evans, *Vengeance*, p. 43-45.

[p. 46] *Judith Campbell* : Après son mariage, Judith Campbell est devenue Judith Campbell Exner. Elle aurait, selon la chroniqueuse mondaine Liz Smith, affirmé dans une interview être tombée enceinte de JFK alors que celui-ci était à la Maison Blanche et avoir ensuite avorté. Si la jeune femme a pu apporter à Liz Smith la preuve qu'elle a bien subi un avortement pendant les années de présidence de JFK, il n'existe aucun élément permettant de certifier que celui-ci était bien le père.

[p. 51] *Susan Sklover*, entretien avec Susan Sklover.

[p. 53] *Doris Lilly*, l'épisode de Ted Kennedy en Belgique a été raconté à l'auteur par Doris Lilly, décédée depuis, dont les documents personnels font partie du fonds des collections spéciales de la bibliothèque de l'université de Boston, dans le Massachusetts.

Bobby et Jackie

Entretiens de l'auteur pour ce chapitre : Oleg Cassini, Igor Cassini, Leslie Devereux, John White, Joan Lundberg Hitchcock, Bill Walton, George Smathers, Lester Persky, Truman Capote, Susan Sklover, Morton Downey Jr., Liz Smith, Howard Oxenberg, Doris Lilly, Godfrey McHugh, Abe Hirschfeld, Diana Vreeland, Michael Diaz, Langdon Marvin, Pierre Salinger, Marty Venker, Peter Jay Sharp, Marianne Strong, Peter Lawford et Jessie Stearns.

CHAPITRE 3

[p. 61] *Theodore H. White* : l'article de White sur *Camelot* est paru dans le numéro de *Life* daté du 6 décembre 1963.

Entretiens de l'auteur pour ce chapitre : Theodore White, John Kenneth Galbraith, Charles Whitehouse, Pierre Salinger et Art Buchwald.

CHAPITRE 4

[p. 70] *se noie dans l'alcool* : entretien avec George Smathers.
[p. 78] *Jacqueline Hirsh* : récit oral de Jacqueline Hirsh, bibliothèque JFK.
[p. 78] *séances hebdomadaires de catéchisme* : récit oral de Joanne Frey, bibliothèque JFK.
[p. 80] *« Pour être franc, le déplacement »* : lettre de Byron Skelton à RFK, le 4 novembre 1963, documents de RFK, bibliothèque JFK.
[p. 83] *mythe de Camelot adopté par toute la famille* : Sarah Bradford, *America's Queen*, p. 242.

[p. 84] « *Ce qui est triste* » : premier jet, non publié, de *White House Nanny*, l'autobiographie de Maud Shaw, obtenu par l'auteur, source confidentielle.

[p. 84] « *lui-même a presque failli craquer* » : *ibid.*

[p. 84] « *pour l'implorer de ne pas laisser tomber* » : lettre de Jacqueline Kennedy à RFK, 14 janvier 1964, documents de RFK, bibliothèque JFK.

[p. 88] *Marlon Brando* : la rencontre de Jackie avec Brando a été relatée dans des ouvrages précédents, notamment *Jackie après John*, de Christopher Andersen, p. 111 et 115, et *Jackie, la vérité sur sa vie privée*, d'Edward Klein. Selon ce dernier, Brando avait trop bu pour faire l'amour et n'a pas passé la nuit avec Jackie. Dans le premier jet d'une autobiographie de 1994, Brando affirme cependant qu'il a non seulement passé la nuit chez elle, mais qu'il l'a aussi revue à New York. Au premier jet, achevé avec l'aide d'un nègre dont on ne connaît pas l'identité, ont succédé plusieurs autres versions réalisées par le journaliste de Los Angeles Robert Lindsey. Selon une source confidentielle, l'éditeur de l'ouvrage a refusé d'inclure à la version finale le passage sur Jacqueline Kennedy, qui a été supprimé. L'auteur tient ses informations du premier jet qu'a bien voulu lui confier William Trion, un proche de Brando.

[p. 90] « *Vous faites un joli couple* » : le commentaire d'Herbert Hoover a été rapporté à l'auteur par Linda Storch, une ancienne assistante administrative du Président Kennedy.

[p. 93] « *Ce livre a changé ma vie* » : entretien avec Larry O'Brien.

Entretiens de l'auteur pour ce chapitre : Pierre Salinger, George Plimpton, George Smathers, Franklin D. Roosevelt Jr., Susan Mary Alsop, Evelyn Lincoln, LeMoyne Billings, William Joyce, Philippe de Bausset, Coates Redmon, Larry O'Brien, Ken O'Donnell, Dave Powers, Peter Standford,

Bobby et Jackie

Margot Fonteyn, Carol Granks, Pierre Dauphin, William Manchester, Truman Capote, Lester Persky, Linda Storch, Charles Spalding, Burton Hersh et William Trion.

CHAPITRE 5

[p. 95] « *J'aimerais que tu sois une amibe* » : entretien avec Ken O'Donnell.

[p. 95] *Gore Vidal* : Bradford, *op. cit.*, p. 214-215.

[p. 96] *Maureen Orth* : Maureen Orth, « When Washington Was Fun », *Vanity Fair*, décembre 2007.

[p. 97] « *Après la mort de Jack* », Laurence Leamer, *Les Femmes Kennedy : la saga d'une famille américaine*, p. 397.

[p. 97] *Au point qu'Ethel* : entretien avec Pierre Salinger.

[p. 98] *accompagnée de Bobby et Teddy* : l'intervention télévisée de Bobby, Teddy et Jackie, le 29 juillet 1964, est le deuxième remerciement qu'ils adressent aux Américains pour leurs messages de condoléances et de soutien. Le 14 janvier 1964, dans une courte émission diffusée depuis le bureau de l'Attorney General, Jackie avait dit avoir reçu, après l'assassinat de son mari, quelque cent mille lettres. Elle avait promis que toutes seraient conservées à la bibliothèque JFK, non encore construite à l'époque.

[p. 98] *Joan Braden* : Braden a évoqué sa rencontre avec RFK lors de son entretien avec l'auteur mais aussi dans un projet de livre qui, après avoir circulé chez les grands éditeurs, a finalement donné lieu à une autobiographie parue en 1987 sous le titre *Just Enough Rope*. Joan Braden et son mari Tom ont aussi inspiré la célèbre série télévisée des années 1980, *Huit ça suffit*.

[p. 100] « *Jack aurait voulu* » : lettre de Jacqueline Kennedy à Ted Kennedy, non datée, source confidentielle.

[p. 102] *un dîner de bienvenue* : Andersen, *op. cit.*, p. 134.

[p. 102] *Chris Andersen* : Andersen, *op. cit.*, p. 98.

[p. 103] « *biens mal acquis du Grec* » : entretien avec Truman Capote.

[p. 104] « *Je ne saurais vous dire* » : Igor Cassini a fourni à l'auteur une copie de la lettre de Charlene Wrightsman à JFK, datée du 20 janvier 1963.

[p. 107] « *le sujet [RFK] semble passer* » · dossiers du FBI à accès réservé, Washington.

[p. 114] *Natalie Fell Cushing* : entretien avec Jan Cushing Amory.

[p. 116] « *Je suis si content* » : entretien avec Truman Capote.

[p. 118] *C. Douglas Dillon* : lettre de Jacqueline Kennedy à C. Douglas Dillon, 15 octobre 1964, fournie par C. Douglas Dillon.

[p. 118] *dossiers du Secret Service* : si plusieurs dossiers du Secret Service consultés pour ce chapitre sont désormais disponibles aux Archives nationales, la majorité ne le sont pas ; la provenance des documents qu'a pu se procurer l'auteur demeure confidentielle.

[p. 121] « *Je trouve l'idée fabuleuse* » : entretien avec Truman Capote.

[p. 122] « *Je n'avais jamais rien vu de tel* » : C. David Heymann, *RFK*, p. 397. Les citations d'origine sont tirées du récit oral d'Hubert Humphrey, bibliothèque JFK.

Entretiens de l'auteur pour ce chapitre : Ken O'Donnell, Pierre Salinger, Arthur Schlesinger Jr., Joan Braden, Evan Thomas, Samuel H. Beer, Truman Capote, Evangeline Bruce, Igor Cassini, Oleg Cassini, Jayne Wrightsman, Barbara Deutsch, Dave Powers, Courtney Evans, George Plimpton, Larry O'Brien, Andy Warhol, Jerry Bruno, John Treanor Jr., Jacob Javits, Jan Cushing Amory, Bill Walton, Coates Redmon, Susan Pollock, Diana Dubois, Peter Manso, Mary De Grace, C. Douglas Dillon, Franklin

D. Roosevelt Jr., Barry Gray, Evelyn Lincoln, Kitty Carlisle Hart et Merribelle Moore.

CHAPITRE 6

[p. 125] *Mary Harrington* : entretien avec Mary Harrington.

[p. 130] *Renee Luttgen* : entretien avec Renee Luttgen.

[p. 132] « *qui fait des avances à la veuve* » : Andersen, *op. cit.*, p. 179.

[p. 133] *Un autre témoin* : lettre de Maud Shaw à Evelyn Lincoln, 28 février 1965, source confidentielle. D'autres lettres de Shaw à Lincoln figurent dans les papiers personnels d'Evelyn Lincoln, Bibliothèque LBJ, Austin, Texas.

[p. 136] *Claudine Longet* : il convient de noter qu'Andy Williams et Claudine Longet ont appelé leur troisième fils Robert, en hommage à Robert Kennedy. Plus notable encore : en 1977, après son divorce d'avec Williams, Longet est reconnue coupable de meurtre par négligence après avoir abattu son amant de l'époque, le skieur professionnel Vladimir « Spider » Sabich, chez lui, à Aspen, Colorado. Longet, qui a assuré que le coup était parti tout seul, n'a passé que trente jours en prison. Elle épousera plus tard l'avocat qui l'a défendue dans l'affaire.

[p. 142] « *les a tous épatés* » : *Washington Post*, 18 mars 1966.

[p. 144] « *J'avais prévu* » : lettre de Maud Shaw à Evelyn Lincoln, 22 mars 1965, bibliothèque LBJ.

Entretiens de l'auteur pour ce chapitre : Mary Harrington, George Plimpton, Elizabeth Dodd, Cary Reich, Renee Luttgen, Truman Capote, John Karavlas, John Meyer, Lynn Alpha Smith, Kathryn Livingston, Evelyn Lincoln, Bernard Hayworth, Mort Downey Jr., George Carpozi Jr., Mel Finkelstein, C. L. Griffen, Pierre Salinger, Hervé Alphand, Coates Redmon, Larry O'Brien, Jerry Oppenheimer, Joseph Alsop, Marie Ridder, Evangeline Bruce, William Manchester et Edith Roades.

CHAPITRE 7

[p. 150] *s'être barbouillé les lèvres et les joues avec un tube de rouge à lèvres* : une autre version de cet épisode est racontée dans *Jackie et Janet*, de Jan Pottker, p. 257.

[p. 150] *l'argent fédéral versé pour le maintien* : Evans, *op. cit.*, p. 130.

[p. 155] *un film de trois minutes en noir et blanc* : l'existence du film sur lequel figurent prétendument Marilyn Monroe et RFK a été évoquée dans un article d'Hasani Gittens, paru dans le *New York Post* du 15 avril 2008. L'article précise que Joe DiMaggio avait cherché à l'acquérir à l'époque pour 25 000 dollars et qu'il a récemment été vendu pour 1,5 million de dollars. L'article, qui ne révèle pas l'identité de l'homme dans le film, se contente de remarquer que cela aurait pu être RFK.

[p. 159] « *un ami de l'autre côté de Central Park* » : lettre de Jacqueline Kennedy à Robert Lowell, bibliothèque Houghton, université d'Harvard, Boston, Massachusetts. L'expression (« *a friend across the park* ») est devenue le titre d'un poème de Lowell sur Jackie, paru à l'origine dans *Notebook 1967-1968* et inséré plus tard dans d'autres volumes. Pour aller plus loin : C. David Heymann, *American Aristocracy*.

[p. 160] *hospitalisé à McLean* : pour de plus amples détails sur la relation entre Jacqueline Kennedy et Robert Lowell, cf. C. David Heymann, *American Aristocracy*.

[p. 163] « *Vous trouverez ci-joint* » : une copie de la lettre d'Aristote Onassis a été communiquée à l'auteur par Robert David Lion Gardiner.

Entretiens de l'auteur pour ce chapitre : John Meyer, Peter Lawford, Carl Killingsworth, George Plimpton, Taki Theodoracopulos, John Kenneth Galbraith, C. Douglas Dillon, Clark Clifford, Pierre Salinger, Paul Mathias, Katharine Graham, Blair Clark, Robert David Lion Gardiner et Sidney Schwartz.

CHAPITRE 8

[p. 166] « *Que veut-elle ?* » : entretien avec George Plimpton.

[p. 172] *Nigel Hamilton* : entretiens avec Nigel Hamilton et Chuck Spalding. Voir aussi Bradford, *op. cit.*, p. 103-104, et Evans, *op. cit.*

[p. 173] *Une série d'entretiens vidéo* : les vidéos (et leurs transcriptions) de Truman Capote ont été confiées à l'auteur par Lester Persky, producteur aujourd'hui décédé, qui les a filmées au cours des deux dernières années de la vie de Capote.

[p. 174] *Peter Evans* : Evans, *op. cit.*, p. 140.

[p. 186] *est « tombée amoureuse »* : récit oral de Peter Edelman, bibliothèque JFK.

[p. 186] « *distant et rêveur* » : entretien avec Larry O'Brien.

[p. 187] « *plutôt tôt que tard* » : *ibid.*

[p. 187] *Lilly Lawrence* : entretien avec Lilly Lawrence. Voir aussi Evans, *op. cit.*, p. 180-181.

Entretiens de l'auteur pour ce chapitre : George Plimpton, Arthur Schlesinger Jr., Larry O'Brien, Robert McNamara, Angier Biddle Duke, Jay Rutherfurd, Truman Capote, Peter Lawford, Janet Auchincloss, Carl Killingsworth, Joan Braden, Dick Banks, Pierre Salinger, Nigel Hamilton, Sarah Bradford, Franklin D. Roosevelt Jr., Lester Persky, John Meyer, Andy Warhol, George Smathers, Larry Rivers, Simon Wiesenthal, Sam Murphy, Kenneth McKnight, Diana Vreeland, Lilly Lawrence, Bill Walton, Charles Addams et Doris Lilly.

CHAPITRE 9

[p. 194] « *Pourquoi ne pas t'adresser au Grec ?* » : entretien avec George Plimpton.

[p. 195] « *Je vous ai de toute évidence fait de la peine* » : lettre de RFK à Katharine Graham, 1er mars 1967, communiquée à l'auteur par Katharine Graham.

[p. 202] « *Jackie s'en va seule* » : les détails de cet épisode sont issus d'une lettre de Jacqueline Kennedy à Thomas T. Hendrick, datée du 7 août 1967, dossiers du Secret Service.

[p. 204] *Leo Lerman* : Lerman, qui a parlé au *Daily Mail* de Londres de Jackie et de Lord Harlech, a également inclus l'information dans ses Mémoires, *The Grand Surprise*, p. 487.

[p. 213] « *Quand la mort met fin* » : Evans, *op. cit.*, p. 181.

Entretiens de l'auteur pour ce chapitre : Sid Mandell, Dave Powers, Pierre Salinger, Anna Stigholz, Ernest Lowy, Katharine Graham, Ken O'Donnell, Larry O'Brien, George Plimpton, Mary De Grace, Truman Capote, David Susskind, David Ormsby Gore (lord Harlech), Robert McNamara, Evangeline Bruce, Leo Lerman, Clark Clifford, John Meyer, Jack Newfield, Franklin D. Roosevelt Jr., Art Buchwald, Jan Cushing Amory, Carl Killingsworth, Ron Galella, John Kenneth Galbraith et Bill Walton.

CHAPITRE 10

[p. 221] *la parade de St. Patrick's Day* : James Steven, « Bobby on parade », *New York Times*, 17 mars 2008.

[p. 222] *Charles Masson* : la date exacte de l'incident au restaurant est sujette à caution. Dans son article « An immovable feast », paru dans *Vanity Fair* en septembre 2008, David McGrath le situe au milieu des années 1960. Jack Newfield, pour sa part, se référant à ce qu'il a écrit dans son journal, puisqu'il était présent ce jour-là, a la certitude qu'il s'est produit en 1968, le jour de la Saint-Patrick. C'est à sa version que l'auteur a choisi de se fier, d'où la légère différence avec la présentation de *Vanity Fair*.

[p. 224] *Laurence Leamer* : Laurence Leamer, *op. cit.*, p. 624.

[p. 225] « *L'Amérique court à sa perte* » : entretien de l'auteur avec Ken O'Donnell.

[p. 225] *Bernard Fensterwald Jr.* : C. David Heymann, *Jackie, un mythe américain*, p. 392.

[p. 226] « *Jackie est vraiment spéciale* » : entretien de l'auteur avec Pierre Salinger. Voir aussi Paul Frances, *Teddy and Jackie*, magazine *Globe*, 8 septembre 2008.

[p. 228] *Ron Galella* : entretien de l'auteur avec Ron Galella. Voir aussi Emily Nussbaum, « The man in the bushes », *New York Magazine*, 22 septembre 2008.

[p. 228] « *C'était la plus grande hypocrite* » : *ibid.*

[p. 228] *Le seul album dont elle s'occupe*, entretien de l'auteur avec Roswell Gilpatric.

[p. 232] « *Je suis arrivé avec ma voiture* » : entretien de l'auteur avec Bob Davidoff.

[p. 234] « *Mme Kennedy est une femme tout à fait incomprise* » : entretien de l'auteur avec John Meyer. Voir aussi Heymann, *Jackie, un mythe américain*, p. 392.

Entretiens de l'auteur pour ce chapitre : Ken O'Donnell, George Plimpton, Costa Gratsos, Roswell Gilpatric, John Meyer, Agnes Ash, Arthur Schlesinger Jr., Pierre Salinger, Evangeline Bruce, Ron Galella, Joan Braden, George Smathers, Eugene Girden, Jean Kennedy Smith, Bob Davidoff et Kenneth McKnight.

CHAPITRE 11

[p. 237] *Il s'abstient de solliciter la protection du Secret Service* : la protection du Secret Service est accordée à tous les principaux candidats à l'élection présidentielle qui en font la demande. Ce n'est qu'après l'assassinat de RFK que, par décret, Johnson l'a rendue obligatoire.

[p. 241] *John J. Lindsay* : entretien de l'auteur avec George Plimpton. Voir aussi Evans, *op. cit.*, p. 196.

[p. 243] *« LBJ, s'il doit apporter son soutien à quelqu'un »* : lettre de Jacqueline Kennedy à RFK, datée du 20 mai 1968. Source confidentielle.

[p. 244] *« Pour ton prochain discours là-bas »* : télégramme de Jacqueline à RFK, 25 mai 1968, copie du télégramme fournie à l'auteur par Roswell Gilpatric.

[p. 245] *Le vrai vainqueur* : C. David Heymann, *RFK*, p. 483.

[p. 245] *« toute la fichue pizza »* : entretien de l'auteur avec Jean Kennedy Smith.

[p. 246] *« Toi et Freckles »* : Jacqueline Kennedy à RFK, 31 mai 1968, copie du message fournie à l'auteur par Pierre Salinger.

[p. 247] *« Les fleurs sont pour »* : entretien de l'auteur avec Pierre Salinger.

[p. 251] *Beverly Hills Hotel* : dans un article de Bush & Molloy paru dans le *New York Post* le 2 août 2007, le réalisateur de films documentaires Ken Morgan assure avoir interviewé un agent de la police de Los Angeles chargé de tenir Ethel Kennedy à distance parce que Bobby avait fait venir une call-girl au Beverly Hills Hotel, qu'il avait prévu de rejoindre après sa victoire à la primaire de Californie. L'identité de l'agent en question ne figure pas dans l'article du *Post*.

[p. 261] « *C'est au moment de la mort que* » : récit oral de Frank Mankiewicz, bibliothèque JFK.

[p. 261] « *Y a-t-il le moindre espoir* » : entretien de l'auteur avec George Plimpton, qui a parlé à Jackie peu après la conversation entre la famille et le médecin de RFK.

[p. 261] *Selon Richard Goodwin* : Bradford, *op. cit.*, p. 331.

[p. 262] « *Nous souhaiterions arrêter* » : entretien de l'auteur avec George Plimpton.

Entretiens de l'auteur pour ce chapitre : Arthur Schlesinger Jr., Ken O'Donnell, Larry O'Brien, Pierre Salinger, George Plimpton, Roswell Gilpatric, Jean Kennedy Smith, Jeremy Larner, Kristi Witker, John Frankenheimer, William Manchester, Charles Spalding, Sarah Bradford, Costa Gratsos, John Meyer et Margaret Shannon.

CHAPITRE 12

[p. 264] « *Jackie est enfin libérée* » : Evans, *op. cit.*, p. 181-182.

[p. 264] « *quelqu'un allait régler son compte* » : *ibid.*, p. 201.

[p. 265] *Henry Lax* : la conversation entre Jacqueline Kennedy et le docteur Lax a été racontée à l'auteur par Renee Luttgen, assistante administrative et compagne du médecin.

[p. 270] *en présence de leurs enfants* : les autres invités de Jackie à la cérémonie étaient sa mère, son beau-père, sa sœur, Jean Kennedy Smith et Pat Kennedy Lawford.

[p. 270] *Joan Thring* : Evans, *op. cit.*, p. 198.

[p. 271] *Après son mariage* : lettre de Jacqueline Kennedy à Rose Kennedy, 1er décembre 1968, bibliothèque JFK.

[p. 271] « *Allons amis* » : les vers de Tennyson sont : « Allons amis, il est encore temps de chercher un monde nouveau. »

Entretiens de l'auteur pour ce chapitre : Mort Downey Jr., Roswell Gilpatric, Leonard Bernstein, William Manchester, Robert McNamara, Renee Luttgen, Larry O'Brien, Pierre Salinger, Costa Gratsos, John Meyer, George Smathers, Cecil Stoughton, George Plimpton, Arthur Schlesinger Jr. et Carl Killingsworth.

Bibliographie

Aarons, Slim, *A Wonderful Time : An Intimate Portrait of the Good Life,* New York, Harper & Row, 1974.

Abbe, Kathryn McLaughlin, and Frances McLaughlin Gill, *Twins on Twins,* New York, Clarkson Potter, 1980.

Abernathy, Ralph, *And the Walls Came Tumbling Down : An Autobiography,* New York, Harper & Row, 1989.

Acheson, Dean, *Power and Diplomacy,* Cambridge, Mass., Harvard University Press, 1958.

Adams, William Howard, *Atget's Gardens,* Garden City, N.Y., Doubleday, 1979.

Adler, Bill, *The Kennedy Children : Triumphs & Tragedies,* New York, Franklin Watts, 1980.

Agel, Jerome, and Eugene Boe, *22 Fires,* New York, Bantam Books, 1977.

Aikman, Lonnelle, *The Living White House,* préfacé par Nancy Reagan, Washington, D.C., White House Historical Association of the National Geographic Society, 1982.

Alderman, Eileen, and Caroline Kennedy, *In Our Defense : The Bill of Rights in Action,* New York, William Morrow & Co., 1991.

–, *The Right to Privacy,* New York, Knopf, 1995.

291

Alexander, Lois K., *Blacks in the History of Fashion,* New York, Harlem Institute of Fashion, 1982.

Alexander, Shana, *When She Was Bad : The Story of Bess, Hortense, Sukreet & Nancy,* New York, Random House, 1990.

Alphand, Hervé, *L'étonnement d'être : Journal, 1939-1973,* Paris, Fayard, 1977.

Alsop, Susan Mary, *To Marietta From Paris, 1945-1960,* Garden City, N.Y., Doubleday, 1975.

Amory, Cleveland, *Who Killed Society ?* New York, Harper & Brothers, 1966.

« An Honorable Profession » : A Tribute to Robert F. Kennedy, sous la direction de Pierre Salinger, Garden City, N.Y., Doubleday and Company, 1968.

Andersen, Christopher, *The Day John Died,* New York, William Morrow & Co., 2000.

–, *Jackie après John,* Paris, J.-C., Lattès, 1998 ; traduit de l'américain par François Corre.

–, *Sweet Caroline ou la mémoire des Kennedy,* Paris, J.-C. Lattès, 2003 ; traduit de l'américain par Christine Godbille-Lambert.

Anderson, Jack, *Washington Exposé,* Washington, D.C., Public Affairs Press, 1967.

Angeli, Daniel, and Jean-Paul Dousset, *Private Pictures,* New York, Viking, 1980.

Anger, Kenneth, *Hollywood Babylone,* Paris, R. Deforges, 1977.

–, *Hollywood Babylon II,* New York, E. P. Dutton, 1984.

Anson, Robert Sam, *Ils ont tué Kennedy : Mafia, CIA ? Révélations explosives sur l'assassinat de John F. Kennedy,* Paris, Denoël, 1976 ; traduit de l'américain par France-Marie Watkins.

Anthony, Carl Sferrazza, *As We Remember Her : Jacqueline Kennedy Onassis in the Words of Her Family and Friends,* New York, HarperCollins, 1997.

Ardoin, John, and Gerald Fitzgerald, *Callas,* Londres, Thames & Hudson, 1984.

Aronson, Steven M. L., *Hype,* New York, William Morrow & Co., 1983.

Astor, Brooke, *Footprints : An Autobiography,* New York, Doubleday, 1980.

Auchincloss, Joanna Russell, and Caroline Auchincloss Fowler, *The Auchincloss Family,* Freeport, Maine, The Dingley Press, 1957.

A Time It Was : Bobby Kennedy in the Sixties, photographies et texte de Bill Eppridge, essai de Pete Hamill, New York, Abrams, 2008.

Bacall, Lauren, *Par moi-même,* Paris, Stock, 1995 ; traduit de l'américain par Janine Hérisson et Henri Robillot.

Bacon, James, *Made in Hollywood,* Chicago, Contemporary Books, 1977.

Bair, Marjorie, *Jacqueline Kennedy in the White House,* New York, Paperback Library, 1963.

Baker, Bobby, *Wheeling and Dealing : Confessions of a Capitol Hill Operator,* New York, W. W. Norton & Co., 1978.

Baker, Carlos, *Hemingway : histoire d'une vie,* Paris, R. Laffont, 1971 ; traduit de l'anglais par Claude Noël et Andrée R. Picard.

Baldrige, Leticia, *Leticia Baldrige's Complete Guide to Executive Manners,* New York, Rawson, 1985.

–, *Of Diamonds and Diplomats,* Boston, Houghton Mifflin, 1968.

Baldwin, Billy, *Billy Baldwin Remembers,* New York, Harcourt Brace Jovanovich, 1974.

Baldwin, Billy, avec Michael Gardine, *Billy Baldwin : An Autobiography,* Boston, Little, Brown and Company, 1985.

Barrow, Andrew, *Gossip : A History of High Society from 1920 to 1970,* New York, Coward, McCann & Geoghegan, 1978.

Bayh, Marvella, *Marvella, A Personal Journey,* New York, Harcourt Brace Jovanovich, 1979.

Beaton, Cecil, *Self Portrait with Friends : The Selected Diaries of Cecil Beaton 1926-1974,* edited by Richard Buckle, New York, Times Books, 1979.

Bego, Mark, *Jackson Browne : His Life and Music,* New York, Citadel Press, 2005.

Bergin, Michael, *L'Autre Homme,* Neuilly, M. Lafon, 2004 ; traduit de l'américain par Clothilde Maréchal.

Beschloss, Michael R., *Kennedy and Roosevelt : The Uneasy Alliance,* New York, W. W. Norton & Co., 1980.

Best-Loved Poems of Jacqueline Kennedy Onassis, The, sélectionnés et préfacés par Caroline Kennedy, New York, Hyperion, 2001.

Bevington, Helen, *Along Came the Witch : A Journal in the 1960's,* New York, Harcourt Brace Jovanovich, 1976.

Birmingham, Stephen, *Jacqueline Bouvier Kennedy Onassis,* New York, Grosset & Dunlap, 1978.

–, *Real Lace : America's Irish Rich,* New York, Harper & Row, 1973.

–, *« The Rest of Us » : The Rise of America's Eastern European Jews,* Boston, Little, Brown and Company, 1984.

–, *The Right People : A Portrait of the American Social Establishment,* Boston, Little, Brown and Company, 1968.

Bishop, Jim, *Un jour avec le Président Kennedy,* Paris, Buchet-Chastel, 1964 ; traduit de l'américain par Geneviève Hurel.

Blackwell, Earl, *Earl Blackwell's Celebrity Register,* Towson, Md., Times Publishing Group, 1986.

Blair, John, and Clay Blair Jr., *The Search for JFK,* New York, Berkley, 1976.

Blakey, George Robert, and Richard N. Billings, *The Plot to Kill the President,* New York, Times Books, 1981.

Blow, Richard, *American Son : A Portrait of John F. Kennedy Jr.*, New York, Henry Holt and Company, 2002.

Boller Jr., Paul F., *Presidential Anecdotes*, New York, Oxford University Press, 1988.

–, *Presidential Wives : An Anecdotal History*, New York, Oxford University Press, 1988.

Bouvier, Jacqueline, et Lee Bouvier, *One Special Summer*, écrit et illustré par Jacqueline et Lee Bouvier, New York, Delacorte Press, 1974.

Bouvier Jr., John Vernon, *Our Forebears*, imprimé à compte d'auteur, 1931, 1942, 1944, 1947.

Bouvier, Kathleen, *To Jack with Love : Black Jack Bouvier, A Remembrance*, New York, Kensington, 1979.

Bradford, Sarah, *America's Queen : The Life of Jacqueline Kennedy Onassis*, New York, Viking, 2000.

Bradlee, Benjamin C., *Conversations avec Kennedy*, Paris, Fayard, 1975 ; traduit de l'américain par France-Marie Watkins.

Brady, Frank, *Onassis : An Extravagant Life*, Englewood Cliffs, N. J., Prentice-Hall, 1977.

Bragg, Rick, *All Over but the Shoutin'*, New York, Vintage, 1977.

Branch, Taylor, *Parting the Waters : America in the King Years, 1954-63*, New York, Simon & Schuster, 1988.

Brauer, Carl M., *John F. Kennedy and the Second Reconstruction*, New York, Columbia University Press, 1977.

Bray, Howard, *The Pillars of the Post : The Making of a News Empire in Washington*, New York, W. W. Norton & Company, 1980.

Brenner, Marie, *Great Dames : What I Learned from Older Women*, New York, Three Rivers Press, 2000.

Brokaw, Tom, *Boom ! Voices of the Sixties : Personal Reflections on the '60s and Today*, New York, Random House, 2007.

Brolin, Brent C., *The Battle of St. Bart's : A Tale of Heroism, Connivance and Bumbling*, New York, William Morrow & Co., 1971.

Brown, Coco, *American Dream : The Houses at Sagaponac : Modern Living in the Hamptons*, essais de Richard Meier et Alastair Gordon, New York, Rizzoli, 2003.

Bruno, Jerry, and Jeff Greenfield, *The Advance Man*, New York, William Morrow & Co., 1971.

Bryan III, J., and Charles J.V. Murphy, *The Windsor Story*, New York, William Morrow, 1979.

Bryant, Traphes, and Frances Spatz Leighton, *Dog Days at the White House : The Outrageous Memoirs of the Presidential Kennel Keeper*, New York, Macmillan Publishing Co., 1975.

Buchwald, Art, *The Establishment Is Alive and Well in Washington*, New York, Putnam, 1968.

Buck, Pearl S., *Les femmes Kennedy*, Paris, Stock, 1970 ; traduit de l'américain par Lola Tranec.

Bugliosi, Vincent, *Reclaiming History : The Assassination of President John F. Kennedy*, New York, W. W. Norton & Company, 2007.

Burns, James MacGregor, *Edward Kennedy and the Camelot Legacy*, New York, W. W. Norton & Company, 1976.

–, *John Kennedy : A Political Profile*, New York, Harcourt Brace Jovanovich, 1960.

Bushnell, Candace, *Sex and the City*, Paris, Albin Michel, 2000 ; traduit de l'américain par Dominique Rinaudo.

Cafarakis, Christian, avec Jack Harvey, *The Fabulous Onassis : His Life and Loves*, New York, William Morrow & Co., 1972.

Cameron, Gail, *Rose : A Biography of Rose Fitzgerald Kennedy*, New York, Putnam, 1971.

Canfield, Michael, and Alan Weberman, *Coup d'Etat in America : The CIA and the Assassination of John F. Kennedy*, New York, Third Press, 1975.

Capote, Truman, *Prières exaucées*, Paris, Grasset, 1988 ; traduit de l'américain par Marie-Odile Fortier-Masek.

–, *A Capote Reader*, New York, Random House, 1987.

–, *Musique pour caméléons*, Paris, Gallimard, 1982 ; traduit de l'américain par Henri Robillot.

Caroli, Betty Boyd, *First Ladies*, New York, Oxford University Press, 1987.

Carpozi Jr., George, *The Hidden Side of Jacqueline Kennedy*, New York, Pyramid Books, 1967.

Carter, Ernestine, *Magic Names of Fashion*, Englewood Cliffs, N.J., Prentice-Hall, 1980.

Carter, Rosalynn, *First Lady from Plains*, Boston, Houghton Mifflin, 1984.

Cassini, Igor, *I'd Do It All Over Again*, New York, Putnam, 1977.

Cassini, Oleg, *In My Own Fashion : An Autobiography*, New York, Simon & Schuster, 1987.

Celebrity Homes : Architectural Digest Presents the Private Worlds of Thirty International Personalities, sous la direction de Paige Rense, New York, Viking Press, 1977.

Cerf, Bennett, *At Random : The Reminiscences of Bennett Cerf*, New York, Random House, 1977.

Chellis, Marcia, *Living with the Kennedys : The Joan Kennedy Story*, New York, Simon & Schuster, 1985.

Cheshire, Maxine, *Maxine Cheshire, Reporter*, Boston, Houghton Mifflin, 1978.

Childs, marquis William, *Witness to Power*, New York, McGraw-Hill, 1975.

Churcher, Sharon, *New York Confidential*, New York, Crown Publishers, 1986.

Churchill, Sarah, *Keep on Dancing : An Autobiography,* New York, Coward, McCann & Geoghegan, 1981.

Clift, Eleanor, and Tom Brazaitis, *Madam President : Women Blazing the Leadership Trail,* New York, London, Routledge, 2003.

Clinch, Nancy Gager, *The Kennedy Neurosis,* New York, Grosset & Dunlap, 1973.

Clinton, Bill, *Ma vie,* Paris, Odile Jacob, 2004 ; traduit de l'américain par Michel Bessières, Agnès Botz, Jean-Luc Fidel [*et al.*]

Clinton, Hillary Rodham, *Mon histoire,* Paris, Fayard, 2003 ; traduit de l'américain par Odile Demange, Jean-Paul Mourlon et Marie-France de Paloméra.

Colby, Gerard, *DuPont Dynasty : Behind the Nylon Curtain,* Secaucus, N.J., Lyle Stuart, 1984.

Collier, Peter, and David Horowitz, *Les Kennedy : une dynastie américaine,* Paris, Payot, 1986.

Concise Compendium of the Warren Commission Report on the Assassination of John F. Kennedy, A., New York, Popular Library, 1964.

Condon, Dianne Russell, *Jackie's Treasures : The Fabled Objects from the Auction of the Century,* préface de Dominick Dunne, New York, Cader Books, 1996.

Cooney, John, *The American Pope : The Life and Times of Francis Cardinal Spellman,* New York, Times Books, 1984.

–, *The Annenbergs,* New York, Simon & Schuster, 1982.

Cooper, lady Diana, *The Rainbow Comes and Goes,* Boston, Houghton Mifflin, 1958.

Coover, Robert, *Sesion de cine o Tocala de neuvo, Sam,* traduccion de Mariano Antolin Rato, Barcelona, Editorial Anagrama, 1993.

Cormier, Frank, *Presidents Are People Too,* Washington, D.C., Public Affairs Press, 1966.

Coulter, Laurie, *When John and Caroline Lived in the White House,* New York, Hyperion, 2000.

Coward, Noël, *The Noël Coward Diaries,* édités par Graham Payn et Sheridan Morley, Boston, Little, Brown and Company, 1982.

Cowles, Virginia, *The Astors,* New York, Knopf, 1979.

Curtis, Charlotte, *First Lady,* New York, Pyramid Books, 1962.

—, *The Rich and Other Atrocities,* New York, Harper & Row, 1976.

Cutler, John Henry, *Cardinal Cushing of Boston,* New York, Hawthorne Books, 1970.

Dallas, Rita, and Jeanira Ratcliffe, *The Kennedy Case,* New York, Putnam, 1973.

Damore, Leo, *The Cape Cod Years of John Fitzgerald Kennedy,* Englewood Cliffs, N. J., Prentice-Hall, 1967.

—, *Senatorial Privilege : The Chappaquiddick Cover-Up,* Washington, D.C., Regnery-Gateway, 1988.

Dareff, Hal, *Jacqueline Kennedy : A Portrait in Courage,* New York, Parents' Magazine Press, 1966.

David, John H., *The Bouviers : A Portrait of an American Family,* New York, Farrar, Strauss & Giroux, 1969.

—, *The Kennedys : Dynasty and Disaster 1848-1983,* New York, McGraw-Hill, 1984.

David, Lester, *Joan – The Reluctant Kennedy : A Bibliographical Profile,* New York, Funk & Wagnalls, 1974.

David, Lester, and Irene David, *Bobby Kennedy : The Making of a Folk Hero,* New York, Dodd, Mead, 1986.

David, William, and Christina Tree, *The Kennedy Library,* Exton, Pa., Schiffer Publishing, 1980.

Davis, Deborah, *Katharine the Great : Katharine Graham and the Washington Post,* New York, Harcourt Brace Jovanovich, 1979.

Davis, L. J., *Onassis : Aristotle and Christina,* New York, St. Martin's Press, 1986.

Davison, Jean, *Oswald's Game,* New York, W. W. Norton & Co., 1983.

Deaver, Michael K., with Mickey Hershkowitz, *Behind the Scenes,* New York, William Morrow & Co., 1988.

De Combray, Richard, *Goodbye Europe, A Novel in Six Parts,* Garden City, N.Y., Doubleday, 1983.

de Gaulle, Charles, *Lettres, Notes et Carnets, Janvier 1964-Juin 1966,* Paris, Plon, 1987.

Delany, Kevin, *A Walk Through Georgetown : A Guided Stroll That Details the History and Charm of Old Georgetown,* illustrated by Sally Booher, [Washington ? 1971].

Demaris, Ovid, *Le dernier mafioso : le monde traître de Jimmy Fratianno,* Paris, Presses de la Cité, 1982 ; traduit de l'américain par René Boldy et Guydon de Dives.

De Massy, baron Christian, *Palace : My Life in the Royal Family of Monaco,* New York, Atheneum, 1986.

De Pauw, Linda Grant, Conover Hunt, and Miriam Schneir, *Remember the Ladies : Women in America, 1750-1815,* New York, The Viking Press, 1976.

De Toledano, Ralph, *R.F.K. : The Man Who Would Be President,* New York, Putnam, 1967.

Devi, Gayatri, and Santha Rama Rau, *Une Princesse se souvient : mémoires de la maharani de Jaipur,* Paris, Robert Laffont, 1979 ; traduit de l'anglais par Elisabeth Chayet.

Dherbier, Yann-Brice, et Pierre-Henri Verlhac, *John F. Kennedy : les images d'une vie,* Paris, Phaidon, 2003.

Dickerson, Nancy, *Among Those Present : A Reporter's View of Twenty-five Years in Washington,* New York, Random House, 1976.

Dickinson, Janice, *Everything About Me Is Fake... and I'm Perfect,* New York, Regan-Books, 2004.

–, *No Lifeguard On Duty : The Accidental Life of the World's First Supermodel,* New York, ReganBooks, 2002.

Dixon Healy, Diana, *America's First Ladies : Private Lives of the Presidential Wives, 1789-1989*, New York, Atheneum, 1988.

Donovan, Robert J., *Patrouilleur 109*, Paris, Presses Pocket, 1964 ; traduit de l'américain par René Jouan.

Drosnin, Michael, *Citizen Hughes : l'homme qui acheta l'Amérique*, Paris, Robert Laffont, 2005 ; traduit de l'américain par Serge Quadruppani.

Druitt, Michael, *John F. Kennedy Jr. : A Life in the Spotlight*, Kansas City, Ariel Books, 1996.

DuBois, Diana, *In Her Sister's Shadow : An Intimate Biography of Lee Radziwill*, Boston, Little, Brown and Company, 1995.

Dumas, Timothy, *Greentown : Murder and Mystery in Greenwich, America's Wealthiest Community*, New York, Arcade Publishing, 1998.

Eban, Abba, *Autobiographie*, Paris, Buchet-Chastel, 1979 ; traduit de l'anglais par Anne Joba et Benoît Cras.

Eisenhower, Julie Nixon, *Pat Nixon : The Untold Story*, New York, Simon & Schuster, 1986.

Englund, Steven, *Grace of Monaco*, Garden City, N.Y., Doubleday, 1984.

Epstein, Edward Jay, *Inquest : The Warren Commission and the Establishment of the Truth*, New York, Viking, 1966.

–, *The Rise and Fall of Diamonds : The Shattering of a Brilliant Illusion*, New York, Simon & Schuster, 1982.

Evans, Peter, *Ari : La vie et le monde d'Aristote Onassis*, Paris, Presses de la Renaissance, 1987.

–, *Vengeance*, Paris, Michel Lafon, 2004 ; traduit par Isabelle Lecorné et Joseph Antoine.

Evans, Rowland, and Robert Novak, *Lyndon B. Johnson : The Exercise of Power*, New York, New American Library, 1966.

Evica, George Michael, *And We Are All Mortal : New Evidence and Analysis in the John F. Kennedy Assassination,* Hartford, Conn., University of Hartford Press, 1978.

Exner, Judith, *My Story,* New York, Grove Press, 1977.

Fairlee, Henry, *The Kennedy Promise : The Politics of Expectation,* New York, Doubleday, 1972.

Fay Jr., Paul B., *The Pleasure of His Company,* New York, Harper & Row, 1966.

Fensterwald, Bernard J., *Coincidence or Conspiracy,* New York, Zebra Books, 1977.

Fisher, Eddie, *Eddie : My Life, My Loves,* New York, Harper & Row, 1981.

Flaherty, Tina Santi, *What Jackie Taught Us : Lessons from the Remarkable Life of Jacqueline Kennedy,* New York, Perigree, 2004.

Folsom, Merrill, *More Great American Mansions and Their Stories,* New York, Hastings House Book Publishers, 1967.

Fontaine, Joan, *No Bed of Roses : An Autobiography,* New York, William Morrow & Co., 1978.

Forrestier, François, *Marilyn et JFK,* Paris, Albin Michel, 2008.

Four Days : The Historical Record of the Death of President Kennedy, compilé par United Press International et *American Heritage* Magazine, New York, American Heritage Press, 1964.

Francisco, Ruth, *The Secret Memoirs of Jacqueline Kennedy Onassis : A Novel,* New York, St. Martin's Griffin, 2006.

Frank, Sid, and Arden Davis Melick, *Presidents : Tidbits and Trivia,* Maplewood, N.J., Hammond World Atlas Corp., 1986.

Franklin, Marc A., David A. Anderson, and Fred H. Cate, *Mass Media Law : Cases and Materials,* 6th ed., New York, Foundation Press, 2000.

Fraser, Nicholas, Philip Jacobson, Mark Ottaway, and Lewis Chester, *Onassis le Grand,* Paris, Robert Laffont, 1978 ; traduit de l'américain par Serge et Jacqueline Ouvaroff.

Friedman, Stanley P., *The Magnificent Kennedy Women,* Derby, Conn., Monarch Books, 1964.

Fries, Chuck, and Irv Wilson, with Spencer Green, « *We'll Never Be Young Again* » : *Remembering the Last Days of John F. Kennedy,* Los Angeles, Tallfellow Press, 2003.

Frischauer, Willi, *Qui donc êtes-vous Monsieur Onassis ?,* Paris, éditions de Trévise, 1969 ; traduit de l'anglais par Irène Caftiros.

Fuhrman, Mark, *Murder in Greenwich : Who Killed Martha Moxley ?* préface de Dominick Dunne, Thorndike, Maine, Thorndike, 1998.

Gabor, Zsa Zsa, *Zsa Zsa Gabor : My Story,* written by Gerold Frank, Cleveland, World Pub. Co., 1963.

Gadney, Reg, *Kennedy,* New York, Holt, Rinehart and Winston, 1983.

Gage, Nicholas, *Onassis et la Callas : une tragédie grecque des temps modernes,* Paris, Robert Laffont, 2000 ; traduit de l'américain par Bella Arman et Catherine Vachera.

Gaines, Steven, and Sharon Churcher, *Obsession : The Lives and Times of Calvin Klein,* New York, Carol Publishing Group, 1994.

Galbraith, John Kenneth, *Journal d'un ambassadeur,* Paris, Denoël, 1970 ; traduit de l'américain par Sylvie Laroche.

Galella, Ron, *Jacqueline,* New York, Sheed and Ward, 1974.

–, *Off-Guard : Beautiful People Unveiled Before the Camera Lens,* New York, McGraw-Hill Education, 1976.

Gallagher, Mary Barelli, *Ma vie avec Jacqueline Kennedy,* Paris, Presses de la Cité, 1970 ; traduit de l'américain par France-Marie Watkins.

Gardiner Jr., Ralph, *Young, Gifted and Rich : The Secrets of America's Most Successful Entrepreneurs,* New York, Simon & Schuster, 1984.

Gatti, Arthur, *The Kennedy Curse,* Chicago, Regnery, 1976.

Getty, J. Paul, *As I See It : The Autobiography of J. Paul Getty,* New York, Berkley, 1976.

Giancana, Antoinette, and Thomas C. Renner, *La Mafia,* Paris, Carrère, 1985 ; traduit de l'américain par Françoise Laurent.

Gibson, Barbara, and Ted Schwarz, *The Kennedys : The Third Generation,* New York, Thunder's Mouth Press, 1993.

Gibson, Barbara, with Caroline Lathum, *Life with Rose Kennedy : An Intimate Account,* New York, Warner Books, 1986.

Gibson, Barbara, and Ted Schwarz, *Rose Kennedy and Her Family : The Best and Worst of Their Lives and Times,* Secaucus, N.J., Carol Publishing Company, 1995.

Gingras, Angèle de T., *« From Bussing to Bugging » : The Best in Congressional Humor,* Washington, D.C., Acropolis Books, 1973.

Gold, Arthur, and Robert Fizdale, *Misia : la vie de Misia Sert,* Paris, Gallimard, 1984 ; traduit de l'anglais par Janine Hérisson.

Goldman, Eric F., *The Tragedy of Lyndon Johnson,* New York, Knopf, 1979.

Goodwin, Doris Kearns, *The Fitzgeralds and the Kennedys : An American Saga,* New York, Simon & Schuster, 1987.

Goodwin, Richard N., *Remembering America : A Voice from the Sixties,* Boston, Little, Brown and Company, 1988.

Granger, Stewart, *Sparks Fly Upward,* New York, Putnam, 1981.

Gray, Earle, *Wildcatters : The Story of Pacific Petroleum and Westward Expansion,* Toronto, McClelland and Stewart, 1982.

Bobby et Jackie

Greenberg, Carol, and Sara Bonnett Stein, *Pretend Your Nose Is a Crayon and Other Strategies for Staying Younger Longer*, Boston, Houghton Mifflin, 1991.

Grier, Roosevelt, *Rosey, An Autobiography : The Gentle Giant*, Tulsa, Okla., Honor Books, 1986.

Grobel, Lawrence, *Conversations avec Truman Capote*, Paris, Gallimard, 1987 ; traduit de l'anglais par Henri Robillot.

Guiles, Fred Lawrence, *Legend : The Life and Death of Marilyn Monroe*, New York, Stein and Day Publishing, 1984.

Gulley, Bill, and Mary Ellen Reese, *Breaking Cover*, New York, Simon & Schuster, 1980.

Guthman, Edwin, *We Band of Brothers : A Memoir of Robert F. Kennedy*, New York, Harper & Row, 1971.

Guthrie, Lee, *Jackie : The Price of the Pedestal*, New York, Drake Publishers, 1978.

Haban, Rita Miller, *Arlington National Cemetery and the Women in Military Service Memorial : A Walk in a Time Capsule*, Shirley P. Meyer ed., photography Edward Haban, 2nd pbk. ed. [Reynoldsburg, Ohio, édité à compte d'auteur], 1998.

Halberstam, David, *On les disait les meilleurs et les plus intelligents*, Paris, Robert Laffont/Hachette, 1974 ; traduit de l'américain par Jean Rosenthal.

Hall, Gordon Langley, and Ann Pinchot, *Jacqueline Kennedy : A Biography*, New York, Frederick Fell, 1964.

Halle, Kay, *The Grand Original : Portraits of Randolph Churchill by His Friends*, Boston, Houghton Mifflin, 1971.

Hamilton, Ian, *Robert Lowell : A Biography*, New York, Random House, 1982.

Harris, Bill, *John Fitzgerald Kennedy : A Photographic Tribute*, New York, Crescent, 1983.

Harris, Fred R., *Potomac Fever*, New York, W.W. Norton and Company, 1977.

305

Harris, Kenneth, *Conversations,* London, Hodder & Stoughton, 1967.

Harris, Warren G., *Cary Grant : A Touch of Elegance,* Garden City, N.Y., Doubleday, 1987.

Heller, Deanne, and David Heller, *A Complete Story of America's First Lady,* Derby, Conn., Monarch Books, 1961.

–, *Jacqueline Kennedy : The Warmly Human Story of the Woman All Americans Have Taken to Their Heart,* New York, Monarch Books, 1961.

Hemingway, Mary Walsh, *How It Was,* New York, Knopf, 1976.

Herbert, David, *Second Son : An Autobiography,* London, Owen, 1972.

Hersh, Burton, *Bobby and J. Edgar : The Historic Face-Off Between the Kennedys and J. Edgar Hoover That Transformed America,* New York, Perseus Publishing, 2007.

–, *The Education of Edward Kennedy : A Family Biography,* New York, William Morrow & Co., 1972.

Hersh, Seymour M., *The Dark Side of Camelot,* Boston, Little, Brown and Company, 1997.

Heymann, C. David, *American Aristocracy : The Lives and Times of James Russell, Amy and Robert Lowell,* New York, Dodd, Mead, 1980.

–, *The Georgetown Ladies' Social Club : Power, Passion, and Politics in the Nation's Capital,* New York, Atria Books, 2003.

–, *Pauvre petite fille riche : la vie extravagante de Barbara Hutton,* Paris, Presses de la Cité, 1987 ; traduit de l'américain par Annie Hamel.

–, *RFK : A Candid Biography of Robert F. Kennedy,* New York, Dutton, 1998.

–, *Jackie, un mythe américain,* Paris, Robert Laffont, 1989 ; traduit de l'américain par Perrine Dulac et Sara Oudin.

Hibbert, Christopher, *The Royal Victorians : King Edward VII, His Family and Friends,* Philadelphia, J. B. Lippincott, 1976.

Higham, Charles, *Marlène : la vie d'une star,* Paris, Calmann-Lévy, 1978 ; traduit de l'américain par Marie-France de Paloméra.

–, *Rose Kennedy,* Paris, Le Cherche Midi, 2007 ; traduit de l'américain par Carole Reyes.

–, *Sisters : The Story of Olivia de Havilland and Joan Fontaine,* New York, Putnam Publishing Group, 1984.

Hohenberg, John, *The Pulitzer Prizes : A History of the Awards in Books, Drama, Music, and Journalism, Based on the Private Files over Six Decades,* New York, Columbia University Press, 1974.

Holland, Max, *The Kennedy Assassination Tapes,* New York, Knopf, 2004.

Honan, William H., *Ted Kennedy : Profile of a Survivor,* New York, Quadrangle Books, 1972.

Hosmer Jr., Charles Bridgham, *Preservation Comes of Age : From Williamsburg to the National Trust, 1926-1949,* vol. II, Charlottesville, Va., University of Virginia Press, 1981.

Hurt, Henry, *Reasonable Doubt : An Investigation into the Assassination of John F. Kennedy,* New York, Holt, Rinehart and Winston, 1985.

Huste, Annemarie, *Annemarie's Personal Cook Book,* London, Bartholomew House, 1968.

Isaacson, Walter, and Evan Thomas, *The Wise Men. Six Friends and the World They Made : Acheson, Bohlen, Harriman, Kennan, Lovett, McCloy,* New York, Simon & Schuster, 1986.

Jackson, Michael, *Moonwalk,* Paris, Michel Lafon, 1988 ; traduit de l'américain par Françoise Hayward.

Jamieson, Katherine Hall, *Packaging the Presidency : A History and Criticism of Presidential Campaign Advertising,* New York, Oxford University Press, 1984.

JFK, Jr. : The Untold Story (périodique), *Edition 5ᵉ anniversaire,* New York, American Media Mini Mags Inc., 2004.

Joesten, Joachim, *Onassis,* New York, Tower, 1973.

John F. Kennedy Library, *Historical Materials in the John F. Kennedy Library,* compiled and edited by Ronald E. Whealan, Boston (Columbia Point, Boston 02125), The Library, 2000.

Johnson, lady Bird, *A White House Diary,* New York, Holt, Reinhart & Winston, 1970.

Johnson, Lyndon Baines, *Ma vie de Président : 1963-1969,* Paris, Buchet-Chastel, 1972 ; traduction française établie par Florence Herbulot, Christine Durieux, Denys Ferrando-Durfort [*et al.*].

Johnson, Sam Houston, *My Brother Lyndon,* New York, Cowles, 1969.

Josephson, Matthew, *The Money Lords : The Great Finance Capitalists, 1925-1950,* New York, Weybright and Talley, 1972.

Kane, Elizabeth, *Jackie O : A Life in Pictures,* New York, Barnes & Noble Books, 2004.

Kantor, Seth, *The Ruby Cover-up,* New York, Kensington, 1978.

Kaspi, André, *Kennedy,* Paris, Masson, 1978.

Kearns, Doris, *Lyndon Johnson and the American Dream,* New York, Harper & Row, 1976.

Keenan, Brigid, *The Women We Wanted to Look Like,* New York, St. Martin's Press, 1978.

Kellerman, Barbara, *All the President's Kin,* New York, The Free Press, 1981.

Kelley, Kitty, *Elizabeth Taylor : la dernière star,* Paris, S. Messinger, 1982 ; traduit de l'américain par Marc Duchamp.

–, *Frank Sinatra,* Paris, Presses de la Cité, 1986.

–, *Oh ! Jackie,* Paris, Buchet-Chastel, 1979 ; traduction française de Christine Durieux.

Kelly, Tom, *The Imperial Post : The Meyers, the Grahams, and the Paper That Rules Washington,* New York, William Morrow & Co., 1983.

Kennedy, Caroline, *A Family of Poems : My Favorite Poetry for Children,* New York, Hyperion Books, 2005.

Kennedy, Edward M., ed., *The Fruitful Bough : Reminiscences of Joseph P. Kennedy,* édité à compte d'auteur, 1970.

Kennedy, John F., *As We Remember Joe,* édité à compte d'auteur, 1945.

–, *Le Courage dans la politique, quelques grandes figures de l'histoire politique américaine,* Paris, Bruxelles, éditions Séquoïa, 1961 ; traduit de l'américain par Jean Rosenthal.

–, *Public Papers of the Presidents of the United States, 1961, 1962, 1963,* 3 vol., U.S. Government Printing Office, 1962, 1963, 1964.

–, *Why England Slept,* New York, Wilfred Funk, 1940.

Kennedy, Joseph P., *Hostage to Fortune : The Letters of Joseph P. Kennedy,* édité par Amanda Smith, New York, Viking, 2001.

Kennedy, Robert F., *Ma lutte contre la corruption,* Paris, Robert Laffont, 1964 ; traduit de l'américain par Gloria de Cherisey Philips.

–, *In His Own Words : The Unpublished Recollections of the Kennedy Years,* edited by Edwin O. Guthman and Jeffrey Shulman, New York, Bantam Books, 1988.

–, *Thirteen Days : A Memoir of the Cuban Missile Crisis,* New York, W. W. Norton & Company, 1969.

–, *Vers un monde nouveau,* Paris, Stock, 1978 ; traduit de l'américain par Denise Meunier.

Kennedy Jr., Robert F., *Crimes Against Nature : How George W. Bush and His Corporate Pals Are Plundering the Country and Hijacking Our Democracy*, New York, HarperCollins Publishers, 2004.

Kennedy, Sheila Rauch, *Shattered Faith : A Woman's Struggle to Stop the Catholic Church from Annulling Her Marriage*, New York, Henry Holt and Company, 1998.

The Kennedys : A New York Times Profile, sous la direction de Gene Brown, New York, Arno Press, 1980.

Kern, Montague, Patricia W. Levering, and Ralph B. Levering, *The Kennedy Crisis : The Press, the Presidency, and Foreign Policy*, Chapel Hill, N.C., University of North Carolina Press, 1983.

Kessler, Judy, *Inside People : The Stories Behind the Stories*, New York, Villard, 1994.

King, Coretta Scott, *Ma vie avec Martin Luther King*, Paris, Stock, 1970 ; traduit de l'américain par Anne-Marie Soulac.

King, Larry, avec Peter Occhiogrosso, *Tell It to the King*, New York, G. P. Putnam's Sons, 1988.

Klapthor, Margaret Brown, *The First Ladies*, Washington, D.C., The White House Historical Association, 1975.

Klein, Edward, *Adieu Jackie, ses derniers jours*, Paris, J.-C. Lattès, 2004 ; traduit de l'américain par Laure Joanin.

–, *Jackie, la vérité sur sa vie privée*, Paris, Presses de la Cité, 1999 ; traduit de l'américain par Claude Deschamps.

–, *La Malédiction des Kennedy*, Paris, Presses de la Cité, 2003 ; traduit de l'américain par Hubert Tézenas.

Knightly, Phillip, and Caroline Kennedy, *An Affair of State : The Profumo Case and the Framing of Stephen Ward*, New York, Atheneum, 1987.

Konolige, Kit, *Les Femmes les plus riches du monde*, Monaco-Paris, éditions du Rocher, 1986.

Koskoff, David E., *Joseph P. Kennedy : A Life and Times*, Englewood Cliffs, N.J., Prentice-Hall, 1974.

Kramer, Freda, *Jackie : A Truly Intimate Biography*, New York, Funk & Wagnalls, 1968.

Krock, Arthur, *In the Nation : 1932-1966,* New York, McGraw-Hill, 1966.
Kwitny, Jonathan, *Endless Enemies : The Making of an Unfriendly World,* New York, Congdon & Weed, 1984.
Lamarr, Hedy, *Ecstasy and Me : My Life as a Woman,* New York, Fawcett Crest, 1967.
Lambro, Donald, *Washington, City of Scandals : Investigating Congress and Other Big Spenders,* Boston, Little, Brown and Company, 1984.
Landau, Elaine, *John F. Kennedy Jr.,* Brookfield, Conn., Twenty-First Century Books, 2000.
Lane, Mark, *L'Amérique fait appel, le mystère Kennedy,* préface de Hugh Trevor-Roper, Paris, Arthaud, 1966 ; traduit de l'américain par Gérard Mézières.
Lanham, Robert, *The Hipster Handbook,* New York, Anchor Books, 2003.
Lash, Joseph P., *Eleanor : The Years Alone,* New York, W. W. Norton and Company, 1972.
Lasky, Victor, *J.F.K. : The Man and the Myth,* New York, Macmillan, 1963.
–, *Robert F. Kennedy : The Myth and the Man,* New York, Trident Press, 1968.
Latham, Caroline, and Jeannie Sakol, *The Kennedy Encyclopedia : An Illustrated Guide to America's Royal Family,* New York, NAL Books, 1989.
Lawford, Christopher Kennedy, *Symptoms of Withdrawal : A Memoir of Snapshots and Redemption,* New York, William Morrow & Co., 2005.
Lawford, lady May, *Bitch ! The Autobiography of Lady Lawford,* Brookline Village, Mass., Branden Books, 1986.
Lawford, Patricia Seaton, with Ted Schwarz, *The Peter Lawford Story : Life with the Kennedys, Monroe and the Rat Pack,* New York, Carroll and Graf Publishers, 1988.

Lax, Henry, *Sidelights from the Surgery,* London, Pallas, 1929.

Leamer, Laurence, *Fantastic : The Life of Arnold Schwarzenegger,* New York, St. Martin's Press, 2005.

–, *Les Femmes Kennedy : la saga d'une famille américaine,* Paris, B. Grasset, 1996 ; traduit de l'américain par Sabine Boulongne.

–, *Make-Believe : The Story of Nancy and Ronald Reagan,* New York, Harper & Row, 1983.

–, *Sons of Camelot : The Fate of an American Dynasty,* New York, William Morrow & Co., 2004.

Leaming, Barbara, *Mrs. Kennedy : The Missing History of the Kennedy Years,* New York, The Free Press, 2001.

Leary, Timothy, *Changing My Mind, Among Others : Lifetime Writings, Selected and Introduced by the Author,* Englewood Cliffs, N.J., Prentice-Hall, 1982.

–, *Mémoires acides,* Paris, Robert Laffont, 1984 ; traduit de l'américain par Emmanuel Jouanne.

Lecomte-Dieu, Frédéric, *John & Robert Kennedy : l'autre destin de l'Amérique,* préface de Pierre Salinger, avant-propos d'Arthur Schlesinger Jr., introduction de Felix Rohatyn, Barbentane, Equinoxe, 2003.

Lee, Martin A., and Bruce Shlain, *LSD et CIA : quand l'Amérique était sous acide,* Paris, Les éditions du Lézard, 1994 ; traduit de l'américain par Isabelle Chapman.

Leigh, Wendy, *Prince Charming : The John F. Kennedy Jr. Story,* New York, Signet, 1994.

Lerman, Leo, *The Grand Surprise : The Journals of Leo Lerman,* edited by Stephen Pascal, New York, Knopf, 2007.

Lerner, Max, *Ted and the Kennedy Legend : A Study in Character and Destiny,* New York, St. Martin's Press, 1980.

Lifton, David S., *Best Evidence : Disguise and Deception in the Assassination of John F. Kennedy,* New York, Macmillan, 1980.

Lilienthal, David E., *The Journals of David E. Lilienthal, Volume V : The Harvest Years, 1959-1963*, New York, Harper & Row, 1972.

Lilly, Doris, *Those Fabulous Greeks : Onassis, Niarchos, and Livanos*, London, W. H. Allen, 1971.

Lincoln, Anne H., *The Kennedy White House Parties*, New York, Viking Press, 1967.

Lincoln, Evelyn, *My Twelve Years with John F. Kennedy*, New York, David McKay Company, 1965.

Littell, Robert T., *The Men We Became : My Friendship with John F. Kennedy Jr.*, New York, St. Martin's Press, 2004.

Logan, Joshua, *Movie Stars, Real People and Me*, New York, Delacorte Press, 1989.

Louchheim, Katie, *By the Political Sea*, Garden City, N.Y., Doubleday, 1970.

Lowe, Jacques, *Kennedy : A Time Remembered*, London, Quartet Books, 1983.

–, *Remembering Jack : Intimate and Unseen Photographs of the Kennedys*, Boston, Bulfinch Press, 2003.

Lowell, James Russell, *Selected Literary Essays from James Russell Lowell*, introduction de Will David Howe et Norman Zoerster, Boston, Houghton Mifflin, 1914.

Lowell, Robert, *History*, New York, Farrar, Straus & Giroux, 1973.

Macmillan, Harold, *At the End of the Day, 1961-1963*, New York, Harper & Row, 1973.

MacPherson, Myra, *The Power Lovers : An Intimate Look at Politics and Marriage*, New York, Putnam, 1975.

Maier, Thomas, *The Kennedys : America's Emerald Kings*, New York, Basic Books, 2003.

Mailer, Norman, *Marilyn : une biographie*, Paris, Stock-Albin Michel, 1974 ; traduit de l'américain par Magali Berger.

–, *Of Women and Their Elegance*, New York, Simon & Schuster, 1980.

—, *The Presidential Papers,* New York, Dell, 1963.

Makower, Joel, *Boom ! Talkin' About Our Generation,* New York, Contemporary Books, 1985.

Manchester, William, *Controversy and Other Essays in Journalism, 1950-1975,* Boston, Little, Brown and Company, 1963.

—, *Mort d'un Président : 20-25 novembre 1963,* Paris, Robert Laffont, 1967 ; traduit de l'anglais par Jean Perrier.

—, *One Brief Shining Moment : Remembering Kennedy,* Boston, Little, Brown and Company, 1983.

—, *Portrait of a President : John F. Kennedy in Profile,* Boston, Little, Brown and Company, 1962.

Manso, Peter, *Brando : la biographie non autorisée,* Paris, Presses de la Cité, 1994 ; traduit de l'américain par Thierry Arson, Claire Beauvillard, Danièle Berdou [*et al.*].

—, *Mailer : His Life and Times,* New York, Simon & Schuster, 1985.

Marsh, Lisa, *The House of Klein : Fashion, Controversy, and a Business Obsession,* Hoboken, N.J., Wiley, 2003.

Martin, John Bartlow, *Adlai Stevenson and the World : The Life of Adlai Stevenson,* Garden City, N.Y., Doubleday and Company, 1977.

Martin, Ralph G., *Cissy : The Extraordinary Life of Eleanor Medill Patterson,* New York, Simon & Schuster, 1979.

—, *A Hero for Our Time : An Intimate Story of the Kennedy Years,* New York, Ballantine Books, 1983.

Maxwell, Elsa, *The Celebrity Circus,* New York, Appleton-Century, 1963.

—, *R.S.V.P. : Elsa Maxwell's Own Story,* Boston, Little, Brown and Company, 1954.

May, Ernest R., and Philip D. Zelikow, éditeurs, *Kennedy Tapes, The : Inside the White House During the Cuban Missile Crisis,* Cambridge, Mass., Belknap Press of Harvard University, 1997.

McCarthy, Dennis V. N., *Protecting the President : The Inside Story of a Secret Service Agent,* New York, William Morrow & Co., 1985.

McCarthy, Joe, *The Remarkable Kennedys,* New York, Dial Press, 1960.

McConnell, Brian, *The History of Assassination,* Nashville, Aurora Publishers, 1970.

McKnight, Frank Kenneth, *Frank-ly McKnight : A Mini-Autobiography,* Laguna Hills, Calif., McKnight Enterprises, 1992.

McMahon MD, Edward B., and Leonard Curry, *Medical Cover-ups in the White House,* Washington, D.C., Farragut Publishing Company, 1987.

McMillan, Priscilla Johnson, *Marina and Lee,* New York, Harper & Row, 1977.

McTaggart, Lynne, *Kathleen Kennedy, Her Life and Times,* New York, Dial Press, 1983.

Means, Marianne, *The Woman in the White House,* New York, Random House, 1963.

Meneghini, Giovanni Battista, *Maria Callas, ma femme,* Paris, Flammarion, 1983 ; traduit de l'italien par Isabelle Reinharez.

Meyers, Joan, ed., *John Fitzgerald Kennedy as We Remember Him,* New York, Atheneum, 1965.

Michaelis, David, *The Best of Friends : Profiles of Extraordinary Friendships,* New York, William Morrow & Company, 1983.

Miers, Earl Schenck, *America and Its Presidents,* New York, Grosset & Dunlap, 1959.

Miller, Alice P., *A Kennedy Chronology,* New York, Birthdate Research, 1968.

Miller, Arthur, *Timebends : A Life,* New York, Grove Press, 1987.

Bobby et Jackie

Miller, Hope Ridings, *Embassy Row : The Life & Times of Diplomatic Washington,* New York, Holt, Reinhart and Winston, 1969.

Miller, Merle, *Plain Speaking : An Oral Biography of Harry S. Truman,* New York, Berkley Publishing Corporation, 1973.

—, *Scandals in the Highest Office : Facts and Fictions in the Private Lives of Our Presidents,* New York, Random House, 1973.

Miller, William « Fishbait », and Frances Spatz Leighton, *Fishbait : The Memoirs of the Congressional Doorkeeper,* Englewood Cliffs, N.J., Prentice-Hall, 1977.

Monsigny, Jacqueline, et Frank Bertrand, *Moi, Jackie Kennedy,* Paris, Michel Lafon, 2004.

Montgomery, Ruth Shick, *Flowers at the White House : An Informal Tour of the House of the Presidents of the United States,* New York, M. Barrows, 1967.

—, *Hail to the Chiefs : My Life and Times with Six Presidents,* New York, Coward-McCann, 1970.

Moon, Vicky, *The Private Passion of Jackie Kennedy Onassis : Portrait of a Rider,* New York, ReganBooks, 2005.

Mooney, Booth, *LBJ : An Irreverent Chronicle,* New York, Crowell, 1976.

Morella, Joe, *Paul et Joanne : une biographie de Paul Newman et Joanne Woodward,* Paris, Denöel, 1990 ; traduit de l'américain par Reine Silbert.

Morella, Joe, and Edward Z. Epstein, *Forever Lucy : The Life of Lucille Ball,* Secaucus, N.J., Lyle Stuart, 1986.

Morrow, Lance, *The Chief : A Memoir of Fathers and Sons,* New York, Random House, 1984.

Morrow, Robert D., *The Senator Must Die : The Murder of Robert Kennedy,* Santa Monica, Calif., Roundtable Publishing, 1988.

316

Moutsatsos Feroudi, Kiki, avec la collaboration de Phyllis Karas, *Les Femmes d'Onassis,* Paris, Plon, 2000 ; traduit de l'américain par Claude Nesle.

Mulvaney, Jay, *Kennedy Weddings : A Family Album,* New York, St. Martin's Press, 1999.

Newfield, Jack, *Robert Kennedy : A Memoir,* New York, Berkley, 1969.

Nicholas, William, *The Bobby Kennedy Nobody Knows,* New York, Fawcett Publications, 1967.

Nin, Anais, *Journal, 1947-1955,* vol. 5, établi et présenté par Gunther Stuhlmann, Paris, Stock, 1977 ; traduit de l'anglais par Marie-Claire Van der Elst.

Niven, David, *Décrocher la lune,* Paris, Robert Laffont, 1971 ; traduit de l'américain par Simone Hilling.

Nixon, Richard, *Mémoires,* New York, Stanké, diffusion Hachette, 1978 ; traduit de l'américain par Michel Ganstel, Henry Rollet et France-Marie Watkins.

Nizer, Louis, *Reflections Without Mirrors : An Autobiography of the Mind,* New York, Doubleday & Company, 1978.

Noguchi, Thomas T., avec Joseph Dimona, *Médecin Légiste,* Paris, Presses de la Cité, 1983 ; traduit par René Baldy.

Noonan, William Sylvester, avec Robert Huber, *Forever Young : My Friendship with John F. Kennedy Jr.,* New York, Viking, 2006.

Nowakowski, Tadeusz, *The Radziwills : The Social History of a Great European Family,* New York, Delacorte Press, 1974.

Nunnerley, David, *President Kennedy and Britain,* New York, St. Martin's Press, 1972.

Oates, Stephen B., *Let the Trumpet Sound : The Life of Martin Luther King Jr.,* New York, Harper & Row, 1982.

–, *William Faulkner : The Man & the Artist,* New York, Harper & Row, 1987.

O'Brien, Lawrence F., *No Final Victories : A Life in Politics, from John F. Kennedy to Watergate,* New York, Doubleday, 1974.

O'Donnell, Helen, *A Common Good : The Friendship of Robert F. Kennedy and Kenneth P. O'Donnell,* New York, William Morrow, 1998.

O'Donnell, Kenneth P., and David F. Powers, with Joe McCarthy, *« Johnny We Hardly Knew Ye » : Memories of John Fitzgerald Kennedy,* Boston, Little, Brown and Company, 1970.

Onassis, Jacqueline Kennedy, *The Eloquent Jacqueline Kennedy Onassis : A Portrait in Her Own Words,* edited by Bill Adler, New York, HarperCollins, 2004.

–, *In the Russian Style,* New York, The Viking Press, 1976.

–, *The Last Will and Testament of Jacqueline Kennedy Onassis,* New York, Carroll and Graf Publishers, 1997.

O'Neill, Tip, with William Novak, *Man of the House : The Life and Political Memoirs of Speaker Tip O'Neill,* New York, Random House, 1987.

Osmond, Humphry, *Predicting the Past : Memos on the Enticing Universe of Possibility,* New York, Macmillan Publishing Company, 1981.

Pancol, Catherine, *Une si belle image : Jackie Kennedy, 1929-1994,* Paris, Seuil, 1994.

Paper, Lewis J., *The Promise and the Performance : The Leadership of John F. Kennedy,* New York, Crown Publishers, 1975.

Parker, Robert, with Richard Rashke, *Capitol Hill in Black and White,* New York, Dodd, Mead, 1987.

Parmet, Herbert S., *Jack : The Struggles of John F. Kennedy,* New York, Dial Press, 1980.

A Patriot's Handbook : Songs, Poems, Stories, and Speeches Celebrating the Land We Love, textes choisis et présentés par Caroline Kennedy, New York, Hyperion, 2000.

People Weekly : Private Lives, ouvrage collectif, New York, Oxmoor House, 1991.

Persico, Joseph E., *The Imperial Rockefeller : A Biography of Nelson A. Rockefeller*, New York, Simon & Schuster, 1982.

Peters, Charles, *Tilting at Windmills : An Autobiography*, Reading, Mass., Addison-Wesley, 1988.

Peyser, Joan, *Bernstein, A Biography*, New York, Beech Tree Books, 1987.

Phillips, John, with Jim Jerome, *Papa John : An Autobiography*, Garden City, N.Y., Doubleday, 1986.

Phillips, Julia, *You'll Never Eat Lunch in This Town Again*, New York, Random House, 1991.

Political Profiles : The Johnson Years, New York, Facts on File, 1976.

Political Profiles : The Kennedy Years, New York, Facts on File, 1976.

Potter, Jeffrey, *Men, Money & Magic : The Story of Dorothy Schiff*, New York, Coward, McCann & Geoghegan, 1976.

Pottker, Jan, *Celebrity Washington, Who They Are, Where They Live, and Why They're Famous*, Potomac, Md., Writer's Cramp Books, 1996.

–, *Jackie et Janet : l'histoire passionnelle de Jackie Kennedy et sa mère*, Paris, J.-C. Lattès, 2002 ; traduit de l'américain par Michèle Garène.

Powers, Thomas, *Les Secrets bien gardés de la CIA*, Paris, Plon, 1981 ; traduit et adapté de l'américain par Jacques Martinache.

Rapport de la Commission Warren sur l'assassinat du Président John F. Kennedy, texte intégral, Paris, Robert Laffont, 1965.

Profiles in Courage for Our Time, textes présentés par Caroline Kennedy, New York, Hyperion, 2002.

Profiles in History : Catalogue 4, Beverly Hills, Calif., Joseph M. Menddalena, n.d.

Rachlin, Harvey, *The Kennedys : A Chronological History 1823 – Present,* New York, World Almanac Books, 1986.

Radziwill, Carole, *What Remains : A Memoir of Fate, Friendship, and Love,* New York, Scribner, 2005.

Radziwill, Lee, *Happy Times : les années Kennedy,* Paris, Assouline, 2002 ; traduit de l'américain par Florence Leroy.

Rainie, Harrison, and John Quinn, *Growing Up Kennedy : The Third Wave Comes of Age,* New York, Putnam Publishing Group, 1983.

Randall, Monica, *The Mansions of Long Island's Gold Coast,* New York, Hastings House, 1979.

Rapaport, Roger, *The Super-Doctors,* Chicago, Playboy Press, 1975.

Rather, Dan, and Gary Paul Gates, *The Palace Guard,* New York, Harper & Row, 1974.

Rather, Dan, and Mickey Herskowitz, *The Camera Never Blinks : Adventures of a TV Journalist,* New York, William Morrow & Co., 1977.

Rattray, Jeanette Edwards, *Fifty Years of the Maidstone Club, 1891-1941,* publication souvenir, imprimée à compte d'auteur pour le club (1941).

Reeves, Richard, *President Kennedy : Profile of Power,* New York, Simon & Schuster, 1993.

Reeves, Thomas C., *Le Scandale Kennedy,* Paris, Plon, 1992 ; traduit de l'américain par Edith Ochs et Frank Straschitz.

Reich, Cary, *Un financier de génie, André Meyer,* Paris, Belfond, 1986 ; traduit de l'américain par Claudine Stora avec la collaboration d'Alexandre Wickham.

Report of the Warren Commission on the Assassination of President Kennedy, New York, Bantam Books, 1964.

Rhea, Mini, *I Was Jacqueline Kennedy's Dressmaker*, New York, Fleet, 1962.

Riese, Randall, and Neal Hitchens, *The Unabridged Marilyn : Her Life from A to Z*, New York, Congdon & Weed, 1987.

Romero, Gerry, *Sinatra's Women*, New York, Parallax, 1967.

Roosevelt, Felicia Warburg, *Doers and Dowagers*, Garden City, N.Y., Doubleday & Co., 1975.

Rowe, Robert, *The Bobby Baker Story*, New York, Parallax Publishing Company, 1967.

Rush, George, *Confessions of an Ex-Secret Service Agent*, New York, Donald I. Fine, 1988.

Rust, Zad, *Teddy Bare : The Last of the Kennedy Clan*, Boston, Western Islands, 1971.

Salinger, Pierre, *De mémoire*, Paris, Denoël, 1995 ; traduit de l'américain par Reine Silbert.

–, *Avec Kennedy*, Paris, Buchet-Chastel, 1967 ; traduit de l'américain par Jean Queval.

Saunders, Frank, with James Southwood, *Torn Lace Curtain*, New York, Holt, Reinhart & Winston, 1982.

Schaap, Dick, *R.F.K.*, New York, New American Library, 1967.

Scheim, David E., *Dallas, 22 novembre 1963 : les assassins du Président John F. Kennedy*, Paris, Acropole, 1990 ; traduit de l'américain par Paule Vincent.

Schlesinger Jr., Arthur M., *The Cycles of American History*, Boston, Houghton Mifflin, 1986.

–, *The Imperial Presidency*, New York, Atlantic Monthly, 1973.

–, *Journals 1952-2000*, edited by Andrew Schlesinger and Stephen Schlesinger, New York, Penguin 2007.

–, *Robert Kennedy and His Times,* Boston, Houghton Mifflin, 1978.

–, *A Thousand Days : John F. Kennedy in the White House,* Boston, Houghton Mifflin, 1965.

Schoenbaum, Thomas J., *Waging Peace & War : Dean Rusk in the Truman, Kennedy & Johnson Years,* New York, Simon & Schuster, 1988.

Schoor, Gene, *Young John Kennedy,* New York, Harcourt, Brace & World, 1963.

Schwartz, Charles, *Cole Porter : A Biography,* New York, Dial Press, 1977.

Sciacca, Tony, *Kennedy and His Women,* New York, Manor Books, 1976.

Sealy, Shirley, *The Celebrity Sex Register,* New York, Simon & Schuster, 1982.

Seaman, Barbara, *Lovely Me : The Life of Jacqueline Susann,* New York, William Morrow & Co., 1987.

Searls, Hank, *The Lost Prince : Young Joe, the Forgotten Kennedy,* New York, The World Pub. Co., 1969.

Sgubin, Marta, and Nancy Nicholas, *Cooking for Madam : Recipes and Reminiscences from the Home of Jacqueline Kennedy Onassis,* New York, Scribner, 1998.

Shannon, William V., *The Heir Apparent : Robert Kennedy and the Struggle for Power,* New York, Macmillan, 1967.

Shaw, Mark, *The John F. Kennedys : A Family Album,* New York, Farrar, Strauss, 1964.

Shaw, Maud, *White House Nanny : My Years with Caroline and John Kennedy Jr.,* New York, New American Library, 1965.

Shephard Jr., Tazewell, *John F. Kennedy : Man of the Sea,* New York, William Morrow & Co., 1965.

Shesol, Jeff, *Mutual Contempt : Lyndon Johnson, Robert Kennedy, and the Feud That Defined a Decade,* New York, London, W. W. Norton & Co., 1997.

Shriver, Maria, *What's Happening to Grandpa ?*, illustrated by Sandra Spiedel, Boston, Little, Brown Young Readers, 2004.

Shulman, Irving, *« Jackie ! »* : *The Exploitation of a First Lady*, New York, Trident Press, 1970.

Sidey, Hugh, *John F. Kennedy, Président*, Grenoble, Arthaud, 1964 ; traduit de l'américain par Gérard Mézières.

Sills, Beverly, and Lawrence Linderman, *Beverly : An Autobiography*, New York, Bantam Books, 1987.

Silverman, Debora, *Selling Culture : Bloomingdale's, Diana Vreeland, and the New Aristocracy of Taste in America*, New York, Pantheon Books, 1986.

Slatzer, Robert F., *Marilyn Monroe : enquête sur une mort suspecte*, Paris, Julliard, 1974 ; traduit de l'américain par Mike Marshall.

Smith, Jane S., *Elsie de Wolfe : A Life in the High Style*, New York, Atheneum, 1982.

Smith, Liz, *Natural Blonde : A Memoir*, New York, Hyperion, 2000.

Smith, Malcom E., *John F. Kennedy's 13 Great Mistakes in the White House*, Smithtown, N.Y., Suffolk House, 1980.

Smith, Marie, *Entertaining in the White House*, Washington, D.C., Acropolis Books, 1967.

Smith, Sally Bedell, *La Vie privée des Kennedy à la Maison Blanche*, Paris, First, 2004 ; traduit de l'américain par Françoise Fauchet.

Smolla, Rodney A., *Suing the Press*, New York, Oxford University Press, 1986.

Sommer, Shelley, *John F. Kennedy : His Life and Legacy*, introduction de Caroline Kennedy, New York, HarperCollins, 2005.

Sorensen, Theodore C., *Kennedy*, New York, Harper & Row, 1965.

Sotheby's (Catalogue), *Property from Kennedy Family Homes : Hyannisport, Martha's Vineyard, New Jersey, New York, Virginia, New York Tuesday, Wednesday, & Thursday, February 15, 16, & 17th, 2005*, New York, Sotheby's, 2005.

Spada, James, *Grace : les vies secrètes d'une princesse*, Paris, J.-C. Lattès, 1988 ; traduit de l'américain par Jacqueline Susini et Annie Hamel.

—, *John and Caroline : Their Lives in Pictures*, New York, St. Martin's Press, 2001.

—, *Peter Lawford : The Man Who Kept the Secrets*, New York, Bantam Books, 1991.

Sparks, Fred, *Lune de miel à 20 millions de dollars : première année de mariage, Aristote Onassis, Jacqueline Kennedy*, Paris, Presses de la Cité, 1970 ; traduit de l'américain par Nathalie Kahn.

Spender, Stephen, *Journaux 1939-1983*, Paris, Actes Sud, 1990 ; traduit de l'anglais par Hubert Nyssen.

Speriglio, Milo, *The Marilyn Conspiracy*, New York, Pocket Books, 1986.

Spignesi, Stephen, *J.F.K., Jr.*, New York, Carol Publishing Group, 1999.

Stack, Robert, with Mark Evans, *Straight Shooting*, New York, Macmillan, 1980.

Stassinopoulos, Arianna, *Maria Callas par-delà sa légende*, Paris, Fayard, 1981 ; traduit de l'anglais par Philippe Delamare, Eric Diacon et Claude Gilbert.

Steel, Ronald, *Walter Lippman and the American Century*, Boston, Little, Brown and Company, 1980.

Stein, Jean, *American Journey : The Times of Robert Kennedy*, New York, Harcourt Brace Jovanovich, 1970.

—, *Edie : An American Biography*, New York, Knopf, 1983.

Steinem, Gloria, *Outrageous Acts and Everyday Rebellions*, New York, Holt, Rinehart and Winston, 1983.

Storm, Tempest, with Bill Boyd, *Tempest Storm : The Lady Is a Vamp,* Atlanta, Peachtree Publishing, 1987.

Stoughton, Cecil, and Chester V. Clifton, *The Memories of Cecil Stoughton, the President's Photographer, and Major General Chester V. Clifton, the President's Military Aide,* New York, W.W. Norton & Company, 1973.

Straight, N. A., *Ariabella : The First,* New York, Random House, 1981.

Strait, Raymond, *The Tragic Secret Life of Jayne Mansfield,* Chicago, Regnery Co., 1974.

Suero, Orlando, *Camelot at Dawn : Jacqueline and John Kennedy in Georgetown, May 1954,* photographies d'Orlando Suero, textes d'Anne Garside, Baltimore, Johns Hopkins University Press, 2001.

Sullivan, Gerald, and Michael Kenney, *The Race for the Eighth : The Making of a Congressional Campaign : Joe Kennedy's Successful Pursuit of a Political Legacy,* New York, Harper & Row, 1987.

Sullivan, William C., *The Bureau : My Thirty Years in Hoover's FBI,* New York, W. W. Norton & Company, 1979.

Sulzberger, Iphigene Ochs, *Iphigene,* New York, Times Books, 1987.

Summers, Anthony, *Conspiracy,* New York, McGraw-Hill, 1980.

–, *Les Vies secrètes de Marilyn Monroe,* Paris, Presses de la Renaissance, 1986 ; traduit de l'anglais par Denis Authier.

Susann, Jacqueline, *Dolores,* Paris, J'ai lu, 1977 ; traduit de l'américain par Florent B. Peiré.

Swanberg, W. A. *Luce and His Empire,* New York, Charles Scribners Sons, 1972.

Swanson, Gloria, *Swanson par elle-même,* Paris, Stock-Ramsay, 1986 ; traduit de l'américain par Frank Straschitz.

Sykes, Christopher, *Nancy : The Life of Lady Astor,* London, William Collins, Sons & Co., 1972

Sykes, Plum, *Blonde Attitude,* Paris, Fleuve Noir, 2005 ; traduit de l'américain par Christine Barbaste.

Talbot, David, *Brothers : The Hidden History of the Kennedy Years,* New York, Free Press, 2007.

Taraborrelli, J. Randy, *Jackie, Ethel, Joan : Women of Camelot,* New York, Warner Books, 2000.

Taylor, Robert, *Marilyn Monroe in Her Own Words,* New York, Delilah-Putnam, 1983.

Teltscher, Henry O., *Handwriting, Revelation of Self : A Source Book of Psychographphology,* New York, Hawthorn Books, 1971.

Ten Year Report 1966-1967 to 1976-1977, Cambridge, Mass., The Institute of Politics, John Fitzgerald Kennedy School of Government, Harvard University, 1977.

Teodorescu, Radu, *Radu's Simply Fit,* New York, Cader Books, 1996.

terHorst, J. F., and Ralph Albertazzi, *The Flying White House : The Story of Air Force One,* New York, Coward, McCann & Geoghegan, 1979.

Teti, Frank, *Kennedy : The New Generation,* New York, Delilah, 1983.

Thayer, Mary Van Rensselaer, *Jacqueline Bouvier Kennedy,* Garden City, N.Y., Doubleday, 1961.

–, *Jacqueline Kennedy : The White House Years,* Boston, Little, Brown and Company, 1971.

Theodoracopulos, Taki, *Princes, Playboys & High-class Tarts,* Princeton, New York, Karz-Cohl Pub., 1984.

Thomas, Evan, *Robert Kennedy : His Life,* New York, Simon & Schuster, 2000.

Thomas, Helen, *Dateline : White House,* New York, Macmillan, 1975.

Thompson, Hunter S., *Fear and Loathing in America : The Brutal Odyssey of an Outlaw Journalist, 1968-1976,* préface de David Halberstam ; édité par Douglas Brinkley, New York, Simon & Schuster, 2000.

Thompson, Jim, *Les Arnaqueurs*, Paris, Rivages, 1988 ; traduit de l'américain par Claude Mussou.

Thompson, Josiah, *Six Seconds in Dallas : A Micro-study of the Kennedy Assassination*, New York, Bernard Geis Associates, 1967.

Thompson, Lawrence, and R. H. Winnick, *Robert Frost : The Later Years, 1938-1963*, New York, Holt, Reinhart & Winston, 1976.

Thompson, Nelson, *The Dark Side of Camelot*, Chicago, Playboy Press, 1976.

Thorndike Jr., Joseph J., *The Very Rich : A History of Wealth*, New York, American Heritage, 1976.

Tierney, Gene, avec Mickey Herskowitz, *Mademoiselle, vous devriez faire du cinéma*, Paris, Hachette/Ramsay, 1985 ; traduit de l'américain par Françoise Cartano, présenté par Marie-France Pisier.

Travell, Janet, *Office Hours : Day and Night – The Autobiography of Janet Travell, M.D.*, New York, World Publishing Co., 1968.

Trewhitt, Henry L., *McNamara*, New York, Harper & Row, 1971.

Triumph and Tragedy : The Story of the Kennedys, ouvrage collectif, Associated Press, New York, William Morrow & Co., 1968.

Troy, Ann A., *Nutley : Yesterday – Today*, Nutley, N.J., the Nutley Historical Society, 1961.

Truman, Margaret, *First Ladies : An Intimate Group Portrait of White House Wives*, New York, Fawcett Books, 1995.

–, *Harry S. Truman*, New York, William Morrow & Co., 1972.

–, *The President's House : A First Daughter Shares the History and Secrets of the World's Most Famous Home,* New York, Ballantine Books, 2003.
Trump, Donald, *The America We Deserve,* Los Angeles, Renaissance Books, 2000.
Ungar, Sanford J., *FBI,* Boston, Little, Brown and Company, 1975.
United States Senate, *Final Report of the Select Committee to Study Governmental Operations with Respect to Intelligence Activities,* Book V, *The Investigation of the Assassination of John F. Kennedy : Performance of the Intelligence Agencies,* Washington, D.C., U.S. Government Printing Office, April 23, 1976.
Valenti, Jack, *This Time, This Place : My Life in War, the White House, and Hollywood,* New York, Harmony Books, 2007.
Valentine, Tom, and Patrick Mahn, *Daddy's Duchess : The Unauthorized Biography of Doris Duke,* Secaucus, N.J., Lyle Stuart, 1987.
vanden Heuvel, William, and Milton Gwirtzman, *On His Own : Robert F. Kennedy 1964-1968,* Garden City, N.Y., Doubleday, 1970.
Van Riper, Frank, *Glenn : The Astronaut Who Would Be President,* New York, Empire Books, 1983.
Vickers, Hugo, *Cecil Beaton : A Biography,* Boston, Little, Brown and Company, 1985.
Vidal, Gore, *The Best Man,* Boston, Little, Brown and Company, 1960.
–, *Homage to Daniel Shays : Collected Essays, 1952-1972,* New York, Random House, 1972.
–, *Julian,* Paris, Robert Laffont, 1966 ; traduit de l'américain par Jean Rosenthal.
Vreeland, Diana, *Allure,* Garden City, N.Y., Doubleday, 1980.

Bobby et Jackie

Walker, John, *Self-Portrait with Donors : Confessions of an Art Collector,* Boston, Little, Brown and Company, 1974.

Wallace, Irving, *The Sunday Gentleman,* New York, Simon & Schuster, 1965.

Warhol, Andy, *Andy Warhol's Exposures,* photographies d'Andy Warhol, textes d'Andy Warhol avec Bob Colacello, New York, Andy Warhol Books/Grosset & Dunlap, 1979.

Warren Report, The, New York, Associated Press, 1964.

Watney, Hedda Lyons, *Jackie O.,* Paris, éditions N°1, 1994 ; traduit de l'anglais par Simone Mouton di Giovanni.

Wead, Doug, *All the Presidents' Children : Triumph and Tragedy in the Lives of America's First Families,* New York, Atria Books, 2003.

Weatherby, W. J., *Conversations with Marilyn,* New York, Ballantine Books, 1977.

Weisberg, Harold, *John F. Kennedy Assassination Post Mortem,* Frederick, Md., édition à compte d'auteur, 1975.

–, *Whitewash,* vol. I & II, New York, Dell, 1966 ; vol. III and IV, publié à compte d'auteur, 1967.

Weiss, Murray, and Bill Hoffman, *Palm Beach Babylon : Sins, Scams, and Scandals,* New York, Carol Publishing Group, 1992.

West, Darrell M., *Patrick Kennedy : The Rise to Power,* Upper Saddle River, N.J., Prentice-Hall, 2001.

West, J. B., with Mary Lynn Kotz, *Upstairs at the White House : My Life with the First Ladies,* New York, Coward, McCann & Geoghegan, 1973.

Whalen, Richard J., *The Founding Father : The Story of Joseph P. Kennedy and the Family He Raised to Power,* New York, New American Library, 1964.

White House Historical Association, *The White House : An Historical Guide,* Washington, D.C., 1979.

White, Ray Lewis, *Gore Vidal,* New York, Twayne Pub., 1968.

White, Theodore H., *A la quête de l'histoire,* Montréal, Stanké, Paris, diffusion Hachette, 1979 ; traduit de l'américain par Henri Rollet.

–, *La Victoire de Kennedy ou comment on fait un Président,* Paris, Robert Laffont, 1962 ; traduit de l'américain par Léo Dilé.

White, William S., *The Professional : Lyndon B. Johnson,* Boston, Houghton Mifflin, 1964.

Wicker, Tom, *On Press,* New York, Viking, 1975.

Wills, Garry, *The Kennedy Imprisonment : A Meditation on Power,* Boston, Little, Brown and Company, 1982.

Wilroy, Mary Edith, and Lucie Prinz, *Inside Blair House,* Garden City, N.Y., Doubleday, 1982.

Wilson, Earl, *Show Business Laid Bare,* New York, G. P. Putnam's Sons, 1974.

–, *The Show Business Nobody Knows,* New York, Cowles Book Co., 1971.

–, *Sinatra : An Unauthorized Biography,* New York, Macmillan, 1976.

Winter-Berger, Robert N., *The Washington Pay-Off,* New York, Dell, 1972.

Wirth, Conrad L., *Parks, Politics, and People,* Norman, Okla, University of Oklahoma Press, 1980.

Wise, David, *L'Etat espion,* Paris, Temps Actuels, 1982 ; traduit de l'américain par Roger Faligot et Michel Muller.

The Witnesses, selected and edited from the Warren Commission's Hearings by *The New York Times,* with an introduction by Anthony Lewis, New York, McGraw-Hill, 1964.

Wofford, Harris, *Of Kennedys and Kings : Making Sense of the Sixties,* New York, Farrar, Straus & Giroux, 1980.

Wolff, Perry, *A Tour of the White House with Mrs. John F. Kennedy,* Garden City, N.Y., Doubleday, 1962.

Youngblood, Rufus W., *20 Years in the Secret Service : My Life with Five Presidents,* New York, Simon & Schuster, 1973.

Ziegler, Philip, *Diana Cooper : A Biography,* New York, Knopf, 1982.

Remerciements

Je voudrais avant toute chose remercier Mel Berger, mon agent littéraire à l'Agence William Morris, pour ses encouragements et ses conseils, ainsi que son assistant, Graham C. Jaenicke, pour son humeur toujours égale. Je suis tout aussi redevable à Emily Bestler, mon éditrice chez Atria Books/Simon & Schuster. Sarah Branham, toujours chez Atria, m'a elle aussi apporté ses grandes compétences de correctrice. Laura Stern, l'assistante d'Emily Bestler chez Atria, mérite d'être mentionnée pour avoir contribué à faire un livre de mon manuscrit. Mon ami Gerry Visco, journaliste et secrétaire général du département de lettres classiques de Columbia University, mon premier lecteur, m'a été d'une aide précieuse pour les premières corrections. Comme pour mon précédent ouvrage *American Legacy*, paru en 2007, les photographies de ce livre ont été rassemblées et agencées par Lewanne Jones. Mark Padnos, documentaliste à l'université publique de New York, sur son temps libre, a piloté les recherches. Alma Schieren a contribué à la bibliographie. George Brown a soutenu la cause en organisant puis en collationnant la montagne de données (parmi lesquelles des transcriptions et des interviews enregistrées). Victoria Carrion a pris en charge l'indispensable travail de comptabilité.

Ont aussi participé à ce livre, principalement dans le cadre des recherches : Finn Dusenbery, Marilyn Farnell, Brigitte Golde, Margaret Shannon, Stefanos Tsigrimanis et Abe Vélez.

J'aimerais d'autre part exprimer toute ma gratitude à Maître John A. Mintz, pour m'avoir permis l'accès à certains dossiers du FBI jusque-là inaccessibles. De même qu'à Michael Sampson, archiviste, pour les documents du Secret Service. Martha Murphy et Martin F. McGann m'ont quant à eux servi de guides au cœur de la documentation foisonnante des Archives nationales. Thomas C. Taylor, directeur adjoint de la réglementation interne au département de la Justice, nous a permis l'accès à des documents de son ministère qui n'avaient jamais été divulgués jusque-là. Mes remerciements tout particuliers, par ailleurs, à Kristen Nyitray, responsable des collections spéciales et des archives universitaires sur le campus de Stony Brook College, de l'université de l'Etat de New York, où j'ai déposé mes archives personnelles, tous les documents sur les Kennedy que j'ai pu rassembler en l'espace de quatre livres.

Les informations contenues dans le présent ouvrage proviennent notamment des bibliothèques suivantes : la bibliothèque présidentielle et le musée John F. Kennedy ; la bibliothèque présidentielle et le musée Lyndon B. Johnson ; la bibliothèque et maison natale de Richard Nixon ; la bibliothèque du Congrès ; la bibliothèque de la ville de New York (branche principale) ; la Houghton Library (université d'Harvard) ; la bibliothèque de la New York Society ; les services de la bibliothèque de l'université Columbia (division des manuscrits) ; la bibliothèque de New York University ; la bibliothèque de l'université de la ville de New York ; la bibliothèque de l'université de Boston (collections spéciales) ; la Palm Beach Historical Society ; la New York Historical Society ; la Newport Historical Society ; la Boston Historical

Society and Museum ; la Georgetown Historical Society ; les bibliothèques de la ville de Washington ; la White House Historical Association ; le musée Andy Warhol ; la bibliothèque de l'Ordre des avocats de New York ; la Long Island Historical Society ; l'école d'administration publique John F. Kennedy (université d'Harvard) ; la bibliothèque de l'université d'Arizona (division des manuscrits).

Un grand merci à tous ceux qui ont accepté d'être interviewés dans le cadre de ce projet. Plutôt que de les énumérer tous ici, j'ai préféré les mentionner chapitre par chapitre dans les notes.

J'aimerais enfin remercier Beatrice Schwartz, dont le dévouement et l'esprit positif, dans les bons jours comme dans les mauvais, m'ont rendu la tâche plus facile et moins solitaire.

Index

Abernathy, Ralph, 266
Addams, Charles, 188, 189
Agnelli, Gianni, 86, 103
Albe, duc et duchesse d', 167, 168
Alphand, Hervé, 97, 138, 139, 188
Alsop, Joseph, 74, 142, 194
Alsop, Susan Mary, 74
Ash, Agnes, 219, 220
Auchincloss, Hugh, 25, 95, 149
Auchincloss, Janet Jennings, 25, 171

Bacall, Lauren, 112
Baldwin, Billy, 112
Bartlett, Charles, 205, 207
Bausset, Philippe de, 76
Beaton, Cecil, 147
Beatty, Warren, 128
Bergen, Candice, 138, 139, 140, 143

Bernstein, Leonard, 112, 154, 181, 264, 266
Bhumibo, roi de Thaïlande, 207
Billings, LeMoyne « Lem », 76, 85, 95
Bissell, Polly, 141
Bjorkman, Carol, 55, 56
Bouvier, John Vernon, 41, 45, 46
Braden, Joan, 98, 170, 229
Bradlee, Ben, 50, 68
Bradlee, Tony, 68
Brando, Marlon, 88, 89, 90
Breslin, Jimmy, 241, 252
Bruce, David, 103
Bruce, Evangeline, 103, 144, 185, 227
Buchwald, Art, 65, 212, 213
Bundy, McGeorge, 142
Burton, Richard, 119

Callas, Maria, 187, 217, 233, 272

Capote, Truman, 53, 90, 116, 140, 154, 170, 173, 174, 187, 198, 199
Carter, Jimmy, 271
Cassini, Igor, 40, 41, 104, 105
Cassini, Marina, 105
Cassini, Oleg, 39, 105
Castro, Fidel, 80, 81, 177, 178
Cavendish, William, 38
Chavez, Cesar, 201, 209, 245, 254
Churchill, Randolph, 68
Clifford, Clark, 155, 156, 157, 201
Cohn, Roy, 182, 272
Collins, Joan, 137
Connally, John, 13
Curtis, Tony, 136
Cushing, cardinal Richard, 30, 151, 266
Cushing, Freddy, 114
Cushing, Natalie Fell, 114

Davis Jr., Sammy, 125, 137, 181
De Grace, Mary, 196, 197
De Valera, Eamon, 31, 201
Deneuve, Catherine, 139
Dickinson, Angie, 42, 136
Dillon, C. Douglas, 118, 153
DiMaggio, Joe, 119
Downey Jr., Morton, 49, 135, 136, 137, 263
Duke, Angier Biddle, 22, 28, 167, 168, 169
Duke, Doris, 227

Dutton, Fred, 226, 243, 244, 251, 253, 258

Edelman, Peter, 120, 186
Eisenhower, Dwight, 37
Elisabeth, princesse de Yougoslavie, 50
Elizabeth II, reine, 146
Evans, Peter, 82, 107, 174, 213
Evtouchenko, Evguéni, 185
Exner, Judith Campbell, 46, 107

Fairchild, John, 220
Farrow, Mia, 137, 138, 140
Fay, Red, 96, 97, 115, 145
Feldman, Charlie, 45, 46
Fell, Mme John, 114
Fensterwald Jr., Bernard, 225
Fitzwilliam, Peter, 38
Fonteyn, Margot, 85
Ford, Gerald, 177, 271
Forrestal, Michael V., 204, 206, 207
Francis, Arlene, 181, 200, 243
Frankenheimer, John, 248, 251
Fullbright, William J., 80

Galbraith, John Kenneth, 67, 70, 112, 152, 166
Galella, Ron, 228, 229
Gardiner, Robert David Lion, 161, 162, 163
Garrigues, Antonio, 167, 168, 169, 170

Gary, Romain, 240, 241
Gaulle, Charles de, 31, 205, 241
Giancana, Sam, 46, 99, 107
Gilpatric, Roswell, 218, 219, 220, 221, 229, 242, 249, 250, 255, 256, 264, 267
Glenn, John, 216, 244, 269
Goldwater, Barry, 266
Goodwin, Richard, 145, 251, 252, 261
Grace de Monaco, princesse, 168
Graham, Katharine, 69, 159, 194, 195
Graham, Phil, 194, 195
Grant, Cary, 266
Gratsos, Costa, 217, 218, 264, 272
Grier, Roosevelt, 237, 254, 257, 263

Hackett, Dave, 252
Hailé Sélassié, 31
Hardwick, Elizabeth, 159
Harlech, David Ormsby-Gore, 97, 201, 204, 205, 206, 208
Harlech, Pamela, 204
Harriman, Averell, 67, 68, 70, 108, 180, 205, 266
Harriman, Marie, 67
Harriman, Pamela Churchill Hayward, 87, 90
Harrington, Mary, 125, 126, 127
Hoffa, Jimmy, 36, 80, 156, 182

Holden, William, 45, 46
Hoover, Herbert, 90
Hoover, J. Edgar, 16, 41, 47, 82, 107, 108, 136, 145, 155, 156, 157, 177, 182, 225, 238, 246
Humphrey, Hubert, 122, 243, 245, 266, 271

Jagger, Mick, 128
Johnson, Lady Bird, 13, 15, 29, 70, 266, 267, 270
Johnson, Lyndon B., 15, 18, 19, 20, 22, 26, 29, 68, 69, 70, 98, 106, 107, 108, 113, 116, 122, 147, 155, 156, 157, 166, 200, 205, 208, 209, 224, 243, 264, 266
Johnson, Rafer, 248, 254, 257, 263
Juan Carlos, prince, 170

Keating, Kenneth B., 98, 112, 114, 116, 120, 121, 122, 127
Kennan, George, 68
Kennedy, Caroline, 26, 27, 30, 32, 46, 67, 68, 70, 72, 73, 74, 75, 76, 78, 79, 83, 84, 86, 91, 98, 106, 109, 110, 111, 112, 128, 143, 144, 147, 149, 151, 158, 170, 186, 196, 198, 200, 203, 220, 265, 272, 273
Kennedy, David, 251, 272
Kennedy, Douglas Harriman, 195

Kennedy, Edward M., 17, 30, 32, 39, 45, 52, 53, 55, 68, 69, 70, 98, 100, 118, 146, 177, 178, 187, 200, 208, 209, 226, 227, 230, 231, 232, 252, 254, 259, 262, 264, 266, 269, 272

Kennedy, Ethel Skakel, 18, 25, 36, 39, 40, 56, 68, 79, 91, 92, 96, 97, 101, 114, 116, 117, 118, 119, 122, 127, 128, 131, 133, 135, 138, 139, 141, 142, 143, 174, 191, 195, 196, 197, 209, 213, 215, 216, 219, 221, 223, 224, 226, 227, 230, 231, 234, 244, 246, 247, 248, 250, 252, 253, 254, 255, 258, 259, 262, 265, 268, 270

Kennedy, Joan, 39, 45, 68, 231, 234

Kennedy, John F., 13, 15, 27, 28, 29, 35, 37, 39, 41, 42, 43, 44, 46, 47, 48, 49, 50, 51, 55, 57, 59, 62, 63, 64, 70, 73, 75, 80, 82, 84, 105, 107, 120, 126, 154, 173, 177, 178, 206, 211, 212, 218, 227, 230, 238, 239, 241, 249, 269, 271, 273

Kennedy, John F. Jr., 26, 27, 30, 32, 47, 68, 70, 74, 83, 84, 86, 91, 98, 106, 110, 111, 112, 128, 143, 144, 147, 149, 157, 158, 167, 170, 186, 198, 200, 203, 220, 232, 233, 265, 272, 273

Kennedy, Joseph P., 17, 35, 38, 39, 44, 49, 61, 104, 113, 167, 217, 244, 259, 264

Kennedy, Joseph P. Jr., 17, 38, 260, 269

Kennedy, Kathleen, 38, 41, 260

Kennedy, Michael, 272

Kennedy, Patrick Bouvier, 26, 31, 62

Kennedy, Robert F. Jr., 128, 260

Kennedy, Rory Elizabeth Katherine, 271

Kennedy, Rose Fitzgerald, 17, 40, 140, 166, 220, 259, 271

Kennedy, Rosemary, 39

Killingsworth, Carl, 153, 154, 158, 161, 273

King, Coretta Scott, 225, 226, 266

King, Martin Luther, 225, 241, 261

Kopechne, Mary Jo, 229, 230, 231, 232

Lansky, Meyer, 178

Lawford, Christopher, 149, 150

Lawford, Patricia Kennedy, 17, 39, 40, 68, 115, 252, 259

Lawford, Peter, 32, 39, 48, 51, 56, 57, 119, 125, 137, 149, 150, 151, 170

Lax, Henry, 129, 130, 265

Lilly, Doris, 53, 188
Lincoln, Evelyn, 74, 75, 133, 144
Longet, Claudine, 136, 138
Lopez Bravo, Gregorio, 170
Lowell, Robert, 159, 160, 161
Luttgen, Renee, 129, 130

MacLaine, Shirley, 137, 139, 140
MacMillan, Harold, 146
Manchester, William, 78, 145, 146, 267
Mankiewicz, Frank, 145, 240, 259, 262
Mansfield, Jayne, 30, 42, 52
Mansfield, Mike, 30
Marcello, Carlos, 82, 99
Marx, Barbara, 125, 126
Marx, Groucho, 125
Marx, Zeppo, 125
McCarthy, Eugene, 210, 220, 243, 244, 245, 246, 253, 254, 266
McCarthy, Joseph, 36, 113, 182
McCone, John, 18
McKnight, Kenneth, 183, 184
McNamara, Robert, 22, 24, 68, 72, 73, 165, 200, 205, 207, 268
Mellon, Bunny, 91, 150, 181
Mellon, Paul, 91, 103, 150
Meyer, André, 100, 103, 129, 130, 227
Meyer, Bella, 129, 131

Meyer, Johnny, 132, 175, 182, 187, 203, 212, 264, 272
Meyer, Mary Pinchot, 50, 59, 178
Monroe, Marilyn, 42, 52, 80, 119, 120, 133, 155, 156, 157, 263
Moorer, Thomas, 200

Nehru, Jawaharlal, 89
Newfield, Jack, 209, 210, 211, 222, 223, 225
Newley, Anthony, 137
Newman, Paul, 137
Niarchos, Stravros, 175
Nichols, Mike, 112, 154, 180
Nixon, Richard, 47, 239, 247, 266, 271
Noureiev, Rudolf, 161, 182, 270
Novak, Kim, 136

O'Brien, Larry, 20, 21, 22, 23, 24, 81, 82, 93, 111, 113, 141, 208, 239, 268
O'Donnell, Ken, 14, 15, 16, 18, 19, 20, 21, 23, 31, 32, 82, 98, 114, 195, 203, 208, 215, 226, 238, 255
Onassis, Alexander, 272
Onassis, Aristote, 10, 31, 32, 58, 86, 87, 88, 93, 103, 129, 131, 132, 137, 138, 150, 162, 163, 165, 169, 170, 171, 172, 173, 175, 176, 179, 181, 182, 183, 186, 187, 188, 198, 199, 203,

204, 212, 213, 217, 218, 219, 221, 226, 228, 229, 232, 233, 234, 235, 250, 264, 270
Onassis, Christina, 87
Oswald, Lee Harvey, 24, 28, 81, 218, 273

Pearson, Drew, 87, 217
Peck, Gregory, 227
Pei, I. M., 102, 227
Pell, Mme Claiborne, 151
Persky, Lester, 91, 173
Philip d'Edimbourg, prince, 31
Plimpton, George, 75, 111, 138, 151, 179, 181, 188, 216, 241, 244, 252, 255, 257
Powers, Dave, 20, 21, 27, 110, 192
Preminger, Otto, 199

Radziwill, Lee, 17, 28, 31, 58, 68, 86, 88, 89, 90, 91, 102, 104, 106, 144, 151, 173, 180, 181, 198, 199, 200, 217
Radziwill, Stanislas « Stas », 17, 28, 68, 87, 91, 104, 144, 182, 256, 259
Rainier de Monaco, prince, 168
Redmon, Coates, 79, 116, 117, 139
Remick, Lee, 56, 57

Rivers, Larry, 179, 180, 181, 182
Rockefeller, Nelson, 266
Rohatyn, Felix, 227
Rometsch, Ellen, 81
Roosevelt Jr., Franklin D., 73, 119, 181
Roosevelt, Franklin D., 30, 37
Ruby, Jack, 28, 81, 82
Rusk, Dean, 146

Salinger, Pierre, 47, 48, 51, 52, 57, 68, 69, 76, 87, 118, 137, 138, 172, 181, 192, 203, 211, 234, 235, 240, 247, 253, 254, 260, 269
Schlesinger Jr., Arthur, 96, 97, 106, 112, 208, 209, 224, 238, 273
Schneider, Edgar, 139
Seberg, Jean, 240
Seigenthaler, John, 145, 245
Shaw, Irwin, 90
Shaw, Maud, 26, 30, 68, 83, 84, 106, 133, 143, 144
Shriver, Eunice Kennedy, 17, 40, 115, 174
Shriver, R. Sargent, 17, 184
Sihanouk, prince Norodom, 205, 206, 207
Sinatra, Frank, 46, 125, 137
Sirhan, Sirhan, 256, 262, 272, 273
Sirikit, reine de Thaïlande, 207
Sklover, Susan, 51, 52
Smathers, George, 43, 44, 176, 177, 178, 229, 230, 270

Smith, Jean Kennedy, 17, 39, 68, 96, 114, 115, 118, 122, 235, 252, 259, 260
Smith, Stephen, 17, 39, 68, 70, 76, 88, 96, 114, 118, 122, 166, 208, 209, 245, 253, 254, 259, 260
Sorensen, Ted, 42, 208, 209, 217, 252
Spalding, Charles « Chuck », 25, 91, 92, 172, 173, 183, 184, 252, 255, 256, 257, 259
Stearns, Jessie, 58, 59
Stevens Jr., George, 96
Stevenson, Adlai, 43, 80, 158, 159
Stoughton, Cecil, 20, 271
Styron, William, 141

Taylor, Maxwell, 22
Tennyson, Alfred lord, 120, 271
Theodoracopulos, Taki, 151
Tierney, Gene, 42, 199
Timmins, Robert N., 171
Trafficante, Santos, 178
Trujillo, Rafael, 104, 105
Truman, Harry, 37, 155
Tuckerman, Nancy, 68, 70, 167
Turnure, Pamela, 48, 171, 172

Udall, Stewart, 68

Unruh, Jesse, 245, 252, 254, 257

vanden Heuvel, William, 112, 152, 185
Vanderbilt, Gloria, 112
Vidal, Gore, 95
Vreeland, Diana, 37, 157, 185, 224

Walinsky, Adam, 120, 242
Walton, Bill, 45, 46, 57, 188
Warhol, Andy, 111, 179, 192, 249
Warnecke, John Carl, 115, 152, 170
Warren (Commission), 91, 177, 217
White, Theodore H., 26, 41, 61, 62, 63, 64, 65, 68, 83, 251
Wiesenthal, Simon, 185, 186
Williams, Andy, 136, 137, 138, 266
Witker, Kristi, 247, 252, 253, 254
Wrightsman, Charlene, 104, 105
Wrightsman, Charles, 104, 105, 227, 233
Wrightsman, Jayne, 104, 105

Zauderer, Audrey, 133, 134

Composition Nord Compo
Impression CPI Bussière en mars 2010
à Saint-Amand-Montrond (Cher)
Editions Albin Michel
22, rue Huyghens, 75014 Paris
www.albin-michel.fr

ISBN 978-2-226-20609-1
N° d'édition : 18977/01. – N° d'impression : 100658/4.
Dépôt légal : avril 2010.
Imprimé en France.